A REENCARNAÇÃO

A REENCARNAÇÃO

Gabriel Delanne

Nascer, morrer, renascer e progredir sempre, tal é a lei.
ALLAN KARDEC

Tradução de Carlos Imbassahy

Copyright © 1937 *by*
FEDERAÇÃO ESPÍRITA BRASILEIRA – FEB

14ª edição – Impressão pequenas tiragens – 8/2025

ISBN 978-85-69452-38-6

Todos os direitos reservados. Nenhuma parte desta publicação pode ser reproduzida, armazenada ou transmitida, total ou parcialmente, por quaisquer métodos ou processos, sem autorização do detentor do *copyright*.

FEDERAÇÃO ESPÍRITA BRASILEIRA – FEB
SGAN 603 – Conjunto F – Avenida L2 Norte
70830-106 – Brasília (DF) – Brasil
www.febeditora.com.br
editorial@febnet.org.br
+55 61 2101 6161

Pedidos de livros à FEB
Comercial
Tel.: (61) 2101 6161 – comercial@febnet.org.br

Adquirindo esta obra, você está colaborando com as ações de assistência e promoção social da FEB e com o Movimento Espírita na divulgação do Evangelho de Jesus à luz do Espiritismo.

Dados Internacionais de Catalogação na Publicação (CIP)
(Federação Espírita Brasileira – Biblioteca de Obras Raras)

D337r   Delanne, Gabriel, 1857–1926

        A reencarnação / Gabriel Delanne: tradução de Carlos Imbassahy. – 14. ed. – Impressão pequenas tiragens – Brasília: FEB, 2025.

        352 p.; 23 cm

        ISBN 978-85-69452-38-6

        1. Reencarnação. 2. Espiritismo. I. Federação Espírita Brasileira. II. Título.

                                          CDD 133.9
                                          CDU 133.7
                                          CDE 30.02.00

À Senhora Baronesa L. de Watteville,
Dedico este livro como prova de minha antiga
e respeitosa amizade.

SUMÁRIO

Introdução 15

CAPÍTULO 1
Revista histórica sobre a teoria das vidas sucessivas 23

Antiguidade da crença nas vidas sucessivas. — A Índia. — A Pérsia. — O Egito. — A Grécia. — A Judeia. — A Escola Neoplatônica de Alexandria. — Os romanos. — Os druidas. — A Idade Média. — Nos tempos modernos: pensadores e filósofos que admitiram essa doutrina. — Um inquérito sobre o assunto pelo Dr. Calderone.

CAPÍTULO 2
As bases científicas da reencarnação. As propriedades do perispírito 41

Espiritismo demonstra cientificamente a existência da alma e do perispírito. — Este é inseparável do princípio pensante. — Demonstração dessa grande verdade pelo estudo das manifestações da alma durante a vida e depois da morte. — O perispírito é a ideia diretriz pela qual é construído o corpo humano. — Ele entretém e repara o organismo. — Ele não pode ser um produto da matéria. — Ele leva consigo para o espaço essa faculdade organizadora que lhe serial inútil se não devesse voltar à Terra. — Onde pôde adquirir essas propriedades? — Na Terra, evidentemente. — É lógico admitir que ele passou pela escala animal.

CAPÍTULO 3

A ALMA ANIMAL. EXPOSIÇÃO DA UNIDADE DAS LEIS DA VIDA EM TODA A ESCALA ORGÂNICA 75

A hipótese da passagem da alma pela série animal é admitida por Allan Kardec. — As teorias da evolução. — Lamarck. — Darwin. — Quinton e de Vries. — Formação e desenvolvimento gradual do Espírito. — Passagem do princípio inteligente pela série animal. — Não há diferenças absolutas entre a alma animal e a nossa.

CAPÍTULO 4

A INTELIGÊNCIA ANIMAL 87

Observações que parecem favoráveis à hipótese da evolução anímica. — Os cavalos de Elberfeld. — O cão Rolf. — A cadela Lola. — Zou.

CAPÍTULOS 5

AS FACULDADES SUPRANORMAIS NOS ANIMAIS E SEU PRINCÍPIO INDIVIDUAL 105

Analogias existentes entre as faculdades animais e humanas. — A telepatia. — Casos auditivos coletivos que parecem demonstrar a existência de um fantasma animal. — Pressentimento de um cão. — Visão de uma forma invisível por um cão. — Fantasma de um cão visto por um gato. — Fantasmas percebidos coletivamente por humanos e animais. — Precedência da visão animal sobre a do homem. — Fantasma visível por duas pessoas e um cão. — Lugares assombrados por animais. — Cavalos que morrem de terror. — Estudo de fatos que provam a sobrevivência da alma animal. — O caso da Sra. d'Espérance. — Muitos exemplos de visões de animais falecidos. — O caso da Sra. Humphries. — O cão vidente. — O caso de Tweedale; o fantasma do cão é visível, em pleno dia, por muitas pessoas. — O caso citado por Dassier. — Fantasmas de animais nas sessões de materialização. — O pitecantropo nas sessões com o médium Kluski. — Os Nœvi — Resumo.

CAPÍTULO 6
A MEMÓRIA INTEGRAL... 135

Ensaio de demonstração experimental das vidas sucessivas. — Algumas notas sobre a memória. — Condições de uma boa memória, segundo Théodule Ribot. — A intensidade e a duração. — A memória não reside no cérebro, está contida no perispírito. — Experiências de Desseoir e Dufay. — A Ecmenésia segundo Pitres. — Regressão da memória. — Associação dos estados fisiológicos e psicológicos; eles são inseparáveis. — História de Jeanne R. — Os exemplos citados por Pierre Janet. — História de Louis V. — Ligação indissolúvel dos estados físicos e mentais. — A memória latente se revela por diferentes processos. — Despertar das recordações antigas durante a anestesia. — Visão por meio de bola de cristal. — Observação de Pierre Janet. — Criptomnésia.

CAPÍTULO 7

AS EXPERIÊNCIAS DE RENOVAÇÕES DA MEMÓRIA 157

O perispírito é o conservador de todas as aquisições fisiológicas e intelectuais. — Depois da morte, o perispírito conserva as sensações terrestres. — O período de perturbações obnubila as faculdades intelectuais. — Como na Terra, também no espaço a memória é fragmentária nos seres pouco evolvidos. — Ela pode revelar-se, como aqui, pela ação magnética. — O Dr. Cailleu. — Estudos sobre as sessões em que se produzem pretendidas revelações sobre as vidas anteriores do paciente ou dos assistentes. — Dificuldades da experimentação magnética para obter a regressão da memória das vidas anteriores: 1º Simulação; 2º Personalidade fictícia; 3º Clarividência. — Os casos de Estevan Marata, Gastin, Cornilier, Henri Sausse, Bouvier. — A reencarnação na Inglaterra. — As vidas sucessivas do Sr. Albert de Rochas. — *Des Indes à la planète Mars*, do professor Flournoy. O caso da Princesa Simandini. — Despertar das lembranças durante o transe, ainda na Inglaterra. — O relatório do Príncipe Wittgenstein. — O despertar, num paciente, da memória de uma língua estranha, na Alemanha. — O caso do louco Sussiac. — Resumo.

CAPÍTULO 8

A HEREDITARIEDADE E AS CRIANÇAS-PRODÍGIO. 199

Alguns reparos sobre a hereditariedade.

— A hereditariedade específica e certa. — A hereditariedade psicológica não existe. — As hipóteses dos sábios para explicar a hereditariedade. — Exemplos de sábios que saíram de famílias inteiramente ignorantes; reciprocamente, homens de gênio que têm filhos degenerados. — Diferentes categorias entre as crianças-prodígio. — Os músicos. — Os pintores. — Os sábios. — Os literatos. — Os poetas. — Os calculistas.

CAPÍTULO 9

Estudos sobre as reminiscências 213

Reparos gerais sobre a interpretação dos fenômenos. — Dificuldades no perscrutar as verdadeiras causas de um fato. — Não se devem confundir as reminiscências com o já visto. — Exemplos de clarividência durante o sono. — Esta, quando se revela, no correr da existência, é uma reminiscência de coisas percebidas durante a vida atual. — O caso Berthelay e da senhora inglesa. — Reminiscências que parecem provocadas pela visão de certos lugares. — As narrativas do Major Welesley e do clérigo. — Curiosa coincidência. — Reminiscência ou clarividência da Sra. de Krappoff. — Recordações persistentes, durante a mocidade, de uma vida anterior.

CAPÍTULO 10

As recordações de vidas anteriores 241

Reminiscência certa relativa ao século XVIII. — O despertar das lembranças da Sra. Katherine Rates. — O caso de Laure Raynaud.

CAPÍTULO 11

**OUTROS FATOS QUE IMPLICAM A
LEMBRANÇA DE VIDAS ANTERIORES**.................. 265

Grandes homens que se lembram de terem vivido anteriormente. — Juliano, o Apóstata. — Empédocles. — Lamartine. — Ponson du Terrail. — O padre Graty. — Méry. — Professor Damiani. — O caso de Nellie Foster. — Conhecimentos inatos de um país estrangeiro. — O caso de Rangoon de Maung Kan. — Casos extraídos do inquérito do Dr. Calderone, relativos a reencarnações na Índia. — Inquérito confirmativo do Dr. Moutin. — O professor Vincenzo Tummolo. — O caso Tucker. — Do Messager de Liège. — Blanche Courtain. — O caso de Havana. — Esplugas Cabrera. — Resumo.

CAPÍTULO 12

**OS CASOS DE REENCARNAÇÃO ANUNCIADOS
ANTECIPADAMENTE**... 285

Existem casos em que a reencarnação foi predita com bastante exatidão, para que se lhe pudesse verificar a realidade. — A clarividência do médium não basta para explicar essa premonição. — Exemplos de crianças que dizem à sua mãe que voltarão. — Um duplo anúncio de reencarnação. — Lembrança de uma canção aprendida na vida precedente. — Um caso quase pessoal. — Uma ata de Lyon, do grupo Nazaré. — O caso de Engel. — Os dois casos contados por Bouvier. — O caso de E. B. de Reyle. — O caso Jaffeux. — História da menina Alexandrina, narrada pelo Dr. Carmelo Samona.

CAPÍTULO 13

VISTA DE CONJUNTO DOS ARGUMENTOS QUE MILITAM EM FAVOR DA REENCARNAÇÃO.............. 319

A alma é um ser transcendental. — O perispírito e suas propriedades. — Onde puderam ser adquiridas? Passando através da fieira animal. — Analogia entre o princípio intelectual dos animais e o do homem. — As provas que possuímos. — A reencarnação humana e a memória integral. — O esquecimento das existências não é sinônimo de aniquilamento da memória. — A hereditariedade e as crianças-prodígio. — As reminiscências e as verdadeiras lembranças das vidas anteriores. — Aviso de futuras reencarnações. — A palingenesia é uma lei universal.

CAPÍTULO 14

CONCLUSÃO 339

A explicação lógica das desigualdades intelectuais e morais. — O esquecimento do passado. — O problema da existência do mal. — O progresso. — Consequências morais da Doutrina.

Introdução

"A imortalidade" disse Pascal, "importa-nos de tal forma e tão profundamente nos toca que é preciso ter perdido todo o senso para ficar indiferente ao seu conhecimento".[1]

A necessidade de perscrutar nosso destino tem sido a preocupação de inumeráveis gerações, pois as grandes revoluções que transformaram as sociedades foram feitas por chefes religiosos. Entretanto, em nossos dias, reina a incerteza na maioria de nossos contemporâneos a respeito de tão importante assunto, porque a Religião perdeu grande parte de sua autoridade moral e viu diminuir seu poder sugestivo.

Com os filósofos espiritualistas, a alma, ávida de verdade, erra, atônita, nos obscuros dédalos de uma metafísica abstrata, muitas vezes contraditória e por vezes incompreensível.

O último século foi notável pelo extraordinário desenvolvimento das pesquisas psíquicas, em todos os ramos da Ciência. Os novos conhecimentos que adquirimos revolucionaram nossas condições de existência e melhoraram nossa vida material, em proporções que pareceriam inverossímeis a nossos antepassados. Entretanto, pode-se acusar a Ciência de ter iludido todas as nossas esperanças, porque, se ela triunfa no domínio da matéria, fica voluntariamente estranha ao que mais nos importa saber, isto é, se temos uma alma imortal, e, na

---

[1] PASCAL, Blaise. *Pensées* (1670).

afirmativa, em que se tornará ela depois da morte, e, com mais forte razão, se existe antes do nascimento. Porém, se a Ciência foi incapaz de edificar, tornou-se poderoso instrumento de destruição.

Os descobrimentos da Astronomia, da Geologia e da Antropologia levantaram o véu de nossas origens, e, à luz dessas grandiosas revelações naturais, as ficções religiosas sobre a origem da Terra e a do homem desvaneceram-se, como aconteceu às lendas, diante da História.

Por outra parte, a crítica intensa dos exegetas tirou à *Bíblia* seu caráter de revelação divina, de sorte que muitos Espíritos sinceros se recusam a submeter-se, agora, à sua autoridade. Essa ruina da fé resulta, também, do antagonismo que existe entre o ensino religioso e a razão. As antigas concepções do Céu e do Inferno caducaram porque não mais se compreende a eternidade do sofrimento como punição de uma existência, que, em relação à imensidade do tempo, é menos de um segundo, assim como não se concebe a felicidade ociosa e beata, cuja eterna monotonia seria um verdadeiro suplício.

Para trazer novas luzes a assunto tão longamente controvertido, como o da existência da alma, é preciso abandonar, resolutamente, o terreno das estéreis discussões filosóficas, as quais, na maioria dos casos, chegam, apenas, a soluções contraditórias, e aportar ao assunto pela observação e pela experiência.

A alma existe substancialmente; se ela, de fato, é diferente do corpo, deve ser possível encontrar-lhe, nas manifestações, provas de sua independência em relação ao organismo. Ora, essas provas existem e é fácil convencer-nos, estudando imparcialmente os fatos hoje classificados sob as denominações de clarividência, telepatia, premonição, exteriorização da sensibilidade ou da motricidade e desdobramento do ser humano.

Durante muito tempo, a Ciência permaneceu cética em face dos fenômenos em que não acreditava, e foram necessários os esforços

A reencarnação

perseverantes dos espiritistas,[2] há mais de 70 anos, para orientar, em tão recentes vias, os pesquisadores independentes.

Soou, enfim, a hora da justiça, desde que o professor Charles Richet depôs na mesa dos trabalhos da Academia de Ciências, no mês de março de 1922, seu *Tratado de metapsíquica*, que é um reconhecimento formal da indiscutível realidade dos fenômenos de que falamos acima. Se o célebre fisiologista se conserva, ainda, em oposição à teoria espírita dos fatos, é timidamente, apenas, que combate essa explicação. Muitos sábios ilustres não tiveram tais escrúpulos, visto que Crookes, Alfred Russel, Wallace, Myers, *Sir* Oliver Lodge, Lombroso e vários outros aceitam, plenamente, para explicar os mesmos fatos, a teoria espírita, que é a única que a eles se poderá adaptar. A Sociedade Inglesa de Pesquisas Psíquicas, composta de homens de ciência de primeira ordem e de psicólogos eminentes, tem feito, desde 1882, milhares de observações, tem instituído experiências irrepreocháveis,[3] e, graças à vulgarização dos processos hipnóticos, o público letrado começa a familiarizar-se com esses casos, que revelam, em nós, a presença da alma humana.

Não basta, porém, estabelecer que o ser pensante é uma realidade; é necessário, também, provar que sua individualidade sobrevive à morte, e isto com o mesmo luxo de demonstrações positivas como as que tornam certa sua existência durante a vida.

Os espiritistas responderam a essa expectativa, mostrando que as relações entre os vivos e os mortos se realizam sob formas muito variadas da escrita, da tipologia, da vidência, da audição, etc. Eles empregam a fotografia, a balança, as impressões e as moldagens para estabelecer a objetividade dos fantasmas, que aparecem nas sessões de materialização, e a corporeidade temporária dessas aparições é

---

[2] N.E.: Palavra originalmente empregada para designar os adeptos do Espiritismo; não foi consagrada pelo uso, prevalecendo o termo *espírita* (KARDEC, *O livros dos médiuns*, cap. 32).

[3] N.E.: Irreprochável significa "aquilo que não se pode fazer qualquer crítica; intatável, irrepreensível" (*Houaiss*).

irrecusável, desde que todos aqueles documentos subsistem depois que os fantasmas se desvanecem.

Todas as objeções de fraudes, alucinações etc. foram refutadas diante das reiteradas investigações empreendidas no mundo inteiro pelos sábios mais qualificados; e, em face da massa de provas acumuladas, pode-se, agora, afirmar que a materialidade dos atos não é mais contestável. Sem dúvida, a luta contra os preconceitos ainda será longa, porque vemos unidos, em coligação eclética, os padres e os materialistas, ambos igualmente ameaçados por esta ciência nova; é tão grande, porém, a força demonstrativa do Espiritismo, que já conquistou ele milhões de aderentes, em todas as classes da sociedade, e viceja sobre as ruínas do passado.

Não nos podendo estender em tão variadas demonstrações, reenviamos o leitor, desejoso de instruir-se, às obras já publicadas.

Temos como irrecusável que a alma humana possui uma existência certa durante a vida, que sobrevive à desagregação do corpo, e que leva para o Além as faculdades e os poderes que possuía aqui.

Impõe-se, agora, a questão de saber se ela existia antes do nascimento e quais provas podemos reunir para apoiar a teoria da preexistência. São elas de duas espécies:

a) Argumentos filosóficos;
b) Observações cientificas.

Examinemos, rapidamente, esses dois aspectos da questão.

A crença na pluralidade das existências foi admitida pelos Espíritos mais eminentes da Antiguidade, sob formas, a princípio, um tanto obscuras, mas que, com o tempo, se definiram de maneira compreensível. Tendo o Cristianismo repelido tal teoria, os homens de hoje se familiarizaram pouco com essa ideia eminentemente racional. Veremos que há argumentos irresistíveis em seu favor, se quisermos conciliar as desigualdades intelectuais e morais que existem entre os homens, com uma justiça imanente.

A reencarnação

Se admitirmos que a alma do homem não vem à Terra pela primeira vez, que sua aparição não é súbita, seremos levados a supor, remontando até a origem da Humanidade, que ela passou, anteriormente, pelo reino animal, que o percorreu todo, desde a origem da vida no Globo.

Veremos que os descobrimentos da Ciência esteiam[4] fortemente essa opinião, porque é possível verificar, pela filiação dos seres vivos, uma correlação progressivamente crescente entre os organismos materiais e as formas cada vez mais desenvolvidas das faculdades psíquicas.

É nesse momento que fazemos intervir as experiências do Espiritismo, buscando dar a essa teoria filosófica uma base experimental, ou seja, procurando fazê-la entrar na Ciência.

Eis, ligeiramente resumidos, os pontos mais notáveis dessa demonstração.

A experiência nos mostra que a alma é inseparável de um corpo fluídico, chamado *perispirito*. Esse invólucro contém em si todas as leis que presidem a organização e a manutenção do corpo material, e, ao mesmo tempo, as que regem o funcionamento psicológico do Espírito.

As manifestações dos Espíritos fazem ver, objetivamente, esse poder formador e plástico, e nos fazem supor que aquilo que sucede, momentânea e anormalmente, em uma sessão espírita, produz-se, lenta e naturalmente, no instante do nascimento. Desde então, cada ser traz consigo o poder de desenvolvimento, e só a forma, isto é, o tipo estrutural interno e externo é edificado pelas leis de hereditariedade, que lhe podem perturbar, mais ou menos, o funcionamento.

Tentei um esboço dessa demonstração há 30 anos, no meu livro *A evolução anímica*, e em um relatório apresentado em 1898 ao Congresso Espiritualista de Londres.

Se os fatos precedentes são exatos, devemos encontrar na série animal os mesmos fenômenos que no ser humano e poderemos

---

[4] N.E.: Estear significa "sustentar", "fundamentar" (*Houaiss*).

fiscalizá-los experimentalmente. Exporei as provas fisiológicas e psicológicas que possuímos a esse respeito e ver-se-á que, se os documentos ainda não são em número suficiente para impor uma convicção absoluta, possuem, entretanto, bastante valor para obrigar-nos a tê-los na maior conta.

Outra série de argumentos pode ser extraída do testemunho dos Espíritos, e terei o máximo de cuidado em não esquecer essa fonte de informações, fazendo as necessárias reservas sobre o valor que devemos atribuir às afirmações dessa natureza.

Existe, com efeito, divergência assaz sensível sobre este ponto, entre os Espíritos que se manifestam nas diferentes partes do mundo. Os seres desencarnados dos países latinos ensinam, quase unanimemente, as vidas sucessivas; graças a eles, adotou Allan Kardec esta teoria, à qual se opunha anteriormente. Nos países saxões, pelo contrário, a maioria dos Espíritos rejeita essa hipótese. Não nos espantemos com esse desacordo, porque, assim no Espaço que na Terra, as opiniões sobre as grandes Leis da Natureza estão divididas, e entre os Espíritos, como entre nós, não são os mais instruídos, ou os mais evolvidos, os que acabam por demonstrar bom fundamento de suas ideias.

Verifica-se, agora, que há vinte anos a reencarnação vem sendo admitida por grande número de Espíritos, na Inglaterra e nos Estudos Unidos, e daí concluímos que essa teoria teria sido, até então, posta de lado pelos guias espirituais, para não chocar rudemente as crenças antigas e comprometer, por isso, o desenvolvimento do Espiritismo.

Agora que essa doutrina conta com milhões de adeptos no Novo Mundo, já não existe o perigo, e a teoria das vidas sucessivas ganha terreno cada vez mais.

Podem-se encontrar nas comunicações espirituais duas espécies de provas da reencarnação:

a) As que provêm de Espíritos, que afirmam lembrar-se de suas vidas anteriores;

A reencarnação

b) Aquelas nas quais os Espíritos anunciam, de antemão, quais serão suas reencarnações aqui, com a especificação do sexo e dos caracteres particulares pelos quais poderão ser reconhecidos. Discutiremos, cuidadosamente, esses documentos e ver-se-á que muitos resistem a todas as críticas.

Há, ainda, duas séries de provas concernentes às vidas sucessivas: são, a princípio, as fornecidas pelos seres humanos, os quais se lembram de ter vivido na Terra. Nesse material, uma comparação entre esses fenômenos e a paramnésia permitir-nos-á conservar tão somente documentos inatacáveis. Seguem-se as que se deduzem da existência dos meninos-prodígio. A hereditariedade psíquica é inadmissível, visto como sabemos que a alma não é gerada pelos pais; assim, a reencarnação é a única explicação lógica das anomalias aparentes.

Esses fatos, tão negligenciados até agora pelos filósofos, têm considerável importância: se os quisermos examinar atentamente e deduzir-lhes as consequências, chegaremos praticamente a uma certeza da teoria das vidas sucessivas e compreenderemos a grandiosa evolução da alma humana, desde as formas inferiores até os graus mais elevados da vida normal e moral.

Essa doutrina tem um alcance filosófico e social de considerável importância para o futuro da Humanidade, porque estabelece as bases de uma psicologia integral, que maravilhosamente se adapta a todas as ciências contemporâneas, em suas mais altas concepções.

Estudemo-la, pois, com imparcialidade, e veremos que é ela mais que uma teoria científica, porque uma verdade imponente, irrecusável.

CAPÍTULO 1

Revista histórica sobre a teoria das vidas sucessivas

ANTIGUIDADE DA CRENÇA NAS VIDAS SUCESSIVAS. — A ÍNDIA. — A PÉRSIA. — O EGITO. — A GRÉCIA. — A JUDEIA. — A ESCOLA NEOPLATÔNICA DE ALEXANDRIA. — OS ROMANOS. — OS DRUIDAS. — A IDADE MÉDIA. — NOS TEMPOS MODERNOS: PENSADORES E FILÓSOFOS QUE ADMITIRAM ESSA DOUTRINA. — UM INQUÉRITO SOBRE O ASSUNTO PELO DR. CALDERONE.

1.1 A Índia

A doutrina das vidas sucessivas ou reencarnação é também chamada *palingenesia*, de duas palavras gregas — *palin*, de novo; *gênesis*, nascimento.[5] O que há de muito notável é que, desde os albores da

---

[5] Nota do autor: Para a parte histórica, consulte-se a muito bem-feita obra de André Pezzani, intitulada *A pluralidade das existências*; ver igualmente o livro de Théophile Pascal, *Ensaio sobre a evolução humana*; *A palingenesia* de Charles Bonnet e o *Ensaio de palingenesia social* de Pierre-Simon Ballanche.

civilização, ela foi formulada na Índia, com uma precisão que o estado intelectual dessa época longínqua não fazia pressagiar.

Com efeito, desde a mais alta antiguidade, os povos da Ásia e da Grécia acreditavam na imortalidade da alma e, mais ainda, muitos procuravam saber se essa alma fora criada no momento do nascimento ou se existia antes.

Lembrarei, ligeiramente, as opiniões dos autores que estudaram a questão.

A Índia é muito provavelmente o berço intelectual da Humanidade e é interessante que se encontrem nos *Vedas* e no *Bhagavad-Gita* passagens como a que se segue:

> A alma não nasce nem morre nunca; ela não nasceu outrora nem deve renascer; sem nascimento, sem fim, eterna, antiga, não morre quando se mata o corpo.
> Como poderia aquele que a sabe impecável, eterna, sem nascimento e sem fim, matar ou fazer matar alguém?
> Assim como se deixam as vestes gastas para usar vestes novas, também a alma deixa o corpo usado para revestir novos corpos.
> Eu tive muitos nascimentos e também tu, Arjuna; eu as conheço todas, mas tu não as conheces...

Aqui se afirma, na doutrina védica, a eternidade da alma e sua evolução progressiva pelas reencarnações múltiplas, as quais tem por objeto a destruição de todo o desejo e de todo o pensamento de recompensa pessoal. Com efeito, prossegue ainda o instrutor (e sempre a voz celeste que fala):

> Chegadas até mim essas grandes almas que atingiram a perfeição suprema, não entram mais nessa vida perecível, morada dos males.
> Os mundos voltarão a Brahma, ó Arjuna; mas aquele que me atingiu não deve mais renascer.

A reencarnação

1.2 A Pérsia e a Grécia

Encontra-se no Masdeísmo, religião da Pérsia, uma concepção muito elevada, a da redenção final concedida a todas as criaturas, depois de haverem, entretanto, experimentado as provas expiatórias que devem conduzir a alma humana à sua felicidade final. É a contestação de um inferno eterno, que estaria em contradição absoluta com a bondade do Autor de todos dos seres.

Pitágoras foi o primeiro a introduzir na Grécia a doutrina dos renascimentos da alma, doutrina que havia conhecido em suas viagens ao Egito e à Pérsia. Ele tinha duas doutrinas: uma reservada aos iniciados, que frequentavam os Mistérios,[6] e outra destinada ao povo; esta última deu nascimento ao erro da metempsicose.[7]

Para os iniciados, a ascensão era gradual e progressiva, sem regressão às formas inferiores, enquanto que ao povo, pouco evoluído, ensinava-se que as almas ruins deviam renascer em corpos de animais, como o expõe, nitidamente, seu discípulo Timeu de Locres[8] na seguinte passagem:

> Pela mesma razão, é preciso estabelecer penas passageiras [fundadas na crença] da transformação das almas [ou da metempsicose], de sorte que os espíritos [dos homens] tímidos passem [depois de morte] para corpos de mulheres, expostas ao desprezo e às injúrias; as almas dos assassinos, para os corpos de animais ferozes, a fim de aí receberem punições; as dos impudicos, para os porcos e javalis; as dos inconstantes e leviaos, para os pássaros que voam nos ares; e dos preguiçosos, dos vagabundos, dos ignorantes e dos loucos, para as formas de animais aquáticos.

---

[6] N.E.: Do grego *mystêrion*, "segredo dos ritos religiosos". Trata-se das religiões antigas de caráter mágico-religioso ou filosófico — como o Pitagorismo —, nas quais a admissão de novos adeptos se fazia mediante rituais secretos conhecidos apenas pelos iniciados (*Dicionário de filosofia*).

[7] N.E.: Do grego *metempsychosis*, "passagem da alma de um corpo para outro". Doutrina, criada por Pitágoras, segundo a qual a alma é imortal e renasce em encarnações humanas e animais (*Dicionário de filosofia de Cambridge*).

[8] Nota do autor: *Timée de Locres*, em grego e em francês, pelo Marquês d'Argens. Berlim, 1763, p. 252. Traduzo o texto.

É de assinalar que Heródoto, falando, entre os gregos, da doutrina dos egípcios, tivesse pressentido a necessidade de passagem da alma através da fieira[9] animal, atribuindo-lhe, porém, um caráter de penalidade, que confirmou o erro de metempsicose.

O "Pai da História" acreditava, entretanto, que as almas puras podiam evolver em outros astros do céu.

Diz-se que os hierofantes de Mitre, entre os persas, representavam as transmigrações das almas nos corpos celestes, sob o símbolo misterioso de uma escala ou escada com sete pontes, cada uma de metal diferente, que representavam os sete astros, aos quais eram dedicados os dias de semana, mas dispostos em ordem inversa, conforme relata Celso: Saturno, Vênus, Júpiter, Mercúrio, Marte, a Lua e o Sol.

Havia, pois, na antiguidade grega, dois ensinos: um para a multidão e outro para os homens instruídos, aos quais se revelava a verdade, depois que eles tinham passado pela iniciação, a que chamavam *Mistérios*.

Aristófanes e Sófocles denominam os Mistérios de "esperanças da morte".

Dizia Porfírio:

> Nossa alma deve ser, no momento da morte, tal como era durante os mistérios, isto é, isenta de paixões, de inveja, de ódio e de cólera.

Vê-se qual era a importância moral e civilizadora dos Mistérios. Com efeito, ensinavam-se secretamente:

a) A Unidade de Deus;

b) A pluralidade dos mundos e a rotação da Terra, tal como foi afirmada mais tarde por Copérnico e Galileu;

c) A multiplicidade das existências sucessivas da alma.

---

[9] N.E.: Experiência ou vivência por que se fez alguém passar (*Houaiss*).

Platão adota a ideia pitagórica da palingenesia. Ele a fundou em duas razões principais, expostas em *Fédon*. A primeira é que, na Natureza, a morte sucede à vida, e, sendo assim, é lógico admitir que a vida sucede à morte, porque nada pode nascer do nada e, se os seres que vemos morrer não devessem mais voltar à Terra, tudo acabaria por se absorver na morte. Em segundo lugar, o grande filósofo baseia-se na reminiscência, porque, segundo ele, aprender é recordar. Ora — declara —, se nossa alma se lembra de já haver vivido, antes de descer ao corpo, por que não acreditar que, em o deixando, poderá ela animar sucessivamente muitos outros?

Elevando-se ainda mais, Platão afirma que a alma, desembaraçada de suas imperfeições, aquela que se ligou à divina virtude, torna-se, de alguma sorte, santa, e não vem mais à Terra.

Mas, antes de chegar a esse grau de elevação, as almas giram durante mil anos no Hades, e, quando têm de voltar, bebem as águas do Letes,[10] que lhes tiram a lembrança das existências passadas.

1.3 A Escola Neoplatônica

A Escola Neoplatônica de Alexandria ensina a reencarnação, precisando, ainda, as condições, para a alma, dessa evolução progressiva. Plotino, o primeiro de todos, trata muitas vezes de tal questão, no curso de suas *Enéadas*. É dogma — diz ele — de toda Antiguidade e universalmente ensinado, que, se a alma comete faltas, é condenada a expiá-las, recebendo punições em infernos tenebrosos; depois, é obrigada a passar a outro corpo, para recomeçar suas provas. No livro IX da segunda *Enéada*, ele afirma ainda mais seu pensamento, na seguinte frase:

---

[10] N.E.: Segundo a mitologia grega, é um dos rios do Hades cujas águas provocam completo esquecimento em quem as bebe ou as toca.

> A providência dos deuses assegura a cada um de nós a sorte que lhe convém, e que é harmônica com seus antecedentes, conforme suas vidas sucessivas.

Aí já se vê toda a doutrina moderna sobre a evolução do princípio inteligente, que se eleva gradativamente até o ápice da espiritualidade.

Porfírio não crê na metempsicose nem mesmo como punição das almas perversas e, segundo ele, a reencarnação só se opera no gênero humano.

Não havia, pois, penas eternas para os adeptos de Pitágoras e de Platão. Todas as almas deviam chegar a uma redenção final, por seus próprios esforços. É esta uma doutrina eminentemente moral, pois que incita o homem a libertar-se voluntariamente dos vícios e das más paixões, para aproximar-se progressivamente da fonte de todas as virtudes.

Jâmblico assim sintetiza a doutrina das vidas sucessivas:

> A justiça de Deus não é a justiça dos homens. O homem define a justiça sob o ponto de vista de sua vida atual e de seu estado presente. Deus a define relativamente às nossas existências sucessivas e à universalidade de nossas vidas. Assim, as penas que nos afligem são, muitas vezes, castigos de um pecado de que a alma se tornou culpada em vida anterior. Algumas vezes, Deus nos oculta a razão delas; não devemos, porém, deixar de atribuí-las à sua justiça.

Assim, segundo Jâmblico, não há acaso nem fatalidade, mas uma justiça inflexível, que regula a existência de todos os seres e, se alguns se veem acabrunhados de aflições, não é em virtude de uma decisão arbitrária da divindade, mas consequência inelutável das faltas cometidas anteriormente. Ver-se-á, mais tarde, que o Espírito que volta à Terra aceita, por vezes livremente, penosas provas, não já como castigo, mas para chegar mais depressa a um grau superior de sua evolução.

1.4 A Judeia

Entre os hebreus, a ideia das vidas anteriores era geralmente admitida. Elias, diz o Apóstolo Tiago em sua epístola,[11] não era diferente do que somos; não teve um decreto de predestinação diferente do que possuímos; apenas, sua alma, quando Deus a enviou à Terra, tinha chegado a um grau muito eminente de perfeição, que lhe atraiu, em sua nova vida, graças mais eficazes e mais elevadas.

A crença nos renascimentos da alma encontra-se indicada de maneira velada na *Bíblia*,[12] porém muito mais explicitamente nos Evangelhos, como é fácil verificar nas passagens que se seguem.

Com efeito, os judeus acreditavam que a volta de Elias à Terra devia preceder à do Messias. É esta a razão por que, nos Evangelhos, quando seus discípulos perguntaram a Jesus se Elias voltara, ele lhes respondeu afirmativamente: "Elias já veio e não o reconheceram, antes lhe fizeram tudo quanto quiseram". E os discípulos compreenderam, diz o Evangelista, que era de João que ele falava.

Outra vez, tendo encontrado em seu caminho um cego de nascença, que mendigava, seus discípulos lhe perguntaram se foram os pecados que ele cometera ou os de seus pais a causa da cegueira; acreditavam, por consequência, que ele podia ter pecado antes de haver nascido.

Jesus não estranha semelhante pergunta, e sem os desenganar, como parece que o faria se estivessem em erro, contentou-se em responder-lhes: "Nem ele pecou nem seus pais; mas foi assim para que se manifestem nele as obras de Deus" (*João*, 9:3).

No evangelho de João, um senador judeu, o fariseu Nicodemos, pede a Jesus explicações sobre o dogma da vida futura. Jesus responde: "Na verdade, na verdade te digo que aquele que não nascer de novo, não pode ver o Reino de Deus".

---

[11] *Tiago*, 5:17.
[12] Nota do autor: Ver *Isaías*, 24:19, e *Jó*, 14:10 e 14 (tradução de Ostervald).

Nicodemos fica perturbado com esta resposta, porque a tomou em seu sentido material:

> Disse-lhe Nicodemos: Como pode um homem nascer, sendo velho? Pode, porventura, tornar a entrar no ventre de sua mãe, e nascer?
>
> Jesus respondeu: Na verdade, na verdade te digo que aquele que não nascer da água e do Espírito, não pode entrar no Reino de Deus.
>
> O que é nascido da carne é carne, e o que é nascido do Espírito é espírito.
>
> Não te maravilhes de te ter dito: Necessário vos é nascer de novo.
>
> O vento assopra onde quer, e ouves a sua voz, mas não sabes de onde vem, nem para onde vai; assim é todo aquele que é nascido do Espírito.
>
> Nicodemos respondeu, e disse-lhe: Como pode ser isso?
>
> Jesus respondeu, e disse-lhe: Tu és mestre de Israel, e não sabes isto?[13]

Esta última observação do Cristo mostra bem que ele se surpreendeu com o fato de um de um mestre em Israel não conhecer a reencarnação, porque era ela ensinada como doutrina secreta aos intelectuais da época. Uma das provas que se pode apresentar é a de que existiam ensinos ocultos ao comum dos homens, e que foram compilados nas diferentes obras que constituem a *Cabala*.[14]

No ensino secreto, reservado aos iniciados, proclamava-se a imortalidade da alma, as vidas sucessivas e a pluralidade dos mundos habitados. Encontram-se estas doutrinas no *Zohar*,[15] redigido por Simão ben Yochal, provavelmente no ano 121 de nossa era, mas conhecido na Europa somente em fins do século III. Por outra parte, a transmigração das almas, a acreditarmos em Jerônimo de Estridão,[16]

---

[13] *João* 3:4 a 10.
[14] N.E.: Do hebraico *qabbalah*, "tradição". Sistema de misticismo e teosofia judaicos praticado entre os séculos XIII e XVIII; de maneira geral, refere-se a todas as formas do misticismo judaico (*Dicionário de filosofia de Cambridge*).
[15] Nota do autor: Ver FRANCK, Adolphe. *La Kabbale*, p. 51.
[16] N.E.: Jerônimo de Estridão (347–420) foi um dos quatro doutores latinos da Igreja Católica (*Dicionário cultural do cristianismo*).

foi ensinada por muito tempo como uma verdade esotérica e tradicional, que só devia ser confiada a pequeno número de eleitos. Orígenes de Alexandria[17] admitia a preexistência da alma como uma necessidade lógica, na explicação de certas passagens da *Bíblia*, sem o que, dizia ele, poder-se-ia acusar Deus de iniquidade.

Essas concepções, posto que repelidas pelos concílios, foram conservadas, mesmo no clero, por espíritos independentes, tal como o Cardeal Nicolas de Cusa, e, entre os filósofos, pelos adeptos das ciências secretas, que transmitiam uns aos outros essas tradições, sob a chancela do sigilo.

1.5 Os romanos

Entre os romanos, que receberam a maior parte dos seus conhecimentos da Grécia, Virgílio exprime claramente a ideia da palingenesia nestes termos:

> Todas essas almas, depois de haverem, durante milhares de anos, girado em torno dessa existência [no Elísio ou no Tártaro], são chamadas por Deus, em grandes enxames, para o rio Letes, a fim de que, privadas da lembrança, revejam os lugares superiores e convexos, e comecem a querer voltar ao corpo.[18]

Diz também Ovídio que sua alma, quando for pura, irá habitar os astros que povoam o firmamento, o que estende a palingenesia até os outros mundos semeados no espaço.

---

[17] N.E.: Orígenes de Alexandria (185–253) foi teólogo, biblista e um dos principais expoentes da interpretação alegórica das Escrituras (*Dicionário de filosofia de Cambridge*).

[18] N.E.: Trata-se de tradução em prosa que o francês André Pezzani fez, em *A pluralidade das existências da alma* (1865), dos seguintes versos de *Eneida* (livro VI), de Virgílio: *Has omnes, ubi Mille rotam volvere per anos/ Lethaeum ad fluvium Deus evocat agmine magno:/ Scilicet immemores supera ut convexa revisant,/ Rursus et incipiant in corpora velle reverti.*

1.6 Druidismo

Os gauleses, nossos antepassados,[19] praticavam a religião dos druidas, acreditavam na unidade de Deus e nas vidas sucessivas. Diz César:

> Uma crença que eles procuram sempre estabelecer é a de que as almas não perecem e que, depois da morte, passam de um corpo para outro.[20]

O historiador Amiannus Marcellinus[21] relata que, em conformidade com a opinião de Pitágoras, eles afirmavam que as almas são imortais e que devem animar outros corpos. Assim, quando queimavam seus mortos, lançavam na fogueira cartas que dirigiam aos parentes ou amigos dos defuntos, como se estes as devessem receber e ler.

Os druidas ensinavam que há três ciclos:

a) O de *Ceugant,* que só pertence a Deus;

b) O de *Gwynfid,* ou morada da felicidade;

c) O de *Abred,* ou ciclo das viagens, ao qual pertenciam nossa Terra e os outros planetas.

A Terra era um lugar de passagem para mundos superiores. A ideia de preexistência, e não de metempsicose, é nitidamente formulada pelo bardo Taliesin, quando diz:

> Fui víbora no lago, cobra mosqueada na montanha; fui estrela, fui sacerdote. Desde que fui pastor, escoou-se muito tempo; dormi em cem mundos, agitei-me em cem círculos.

---

[19] N.E.: O autor se refere aos ancestrais dos franceses.
[20] CÉSAR, Caio Júlio. *Commentarii de Bello Gallico.* Livro VI, cap. XIV e cap. XIX *ad finem.*
[21] MARCELLINUS, Amiannus. *História de Roma,* Livro XV, cap. IX.

A reencarnação

1.7 Idade Média

Durante todo o período da Idade Média, a doutrina palingenésica ficou velada porque era severamente proscrita pela Igreja, então toda-poderosa; esse ensino esteve confinado nas sociedades secretas ou se transmitiu, oralmente, entre iniciados que se ocupavam com ciências ocultas.

1.8 Tempos modernos

Foi preciso chegar aos tempos modernos e à liberdade de pensar e de discutir publicamente para que a verdade das vidas sucessivas pudesse renascer à grande luz da publicidade.

Um dos mais eminentes filósofos do século, Leibniz, estudando o problema da origem da alma, julga que o princípio inteligente, sob forma de mônada, pôde desenvolver-se na sequência animal.

Dupont de Nemours, profundo pensador do século XVIII, admite, só pela força do raciocínio, como Charles Bonnet, que a alma, desprendida do corpo, está sempre unida a uma forma espiritual, que lhe permite conservar a individualidade, e que, depois de uma estação no espaço, volta à Terra para aí aperfeiçoar-se, adquirindo moralidade, cada vez mais elevada.

Dupont de Nemours, como Leibniz, supõe que o princípio inteligente passou por todos os organismos vivos antes de chegar à Humanidade.

Escreve o filósofo Lessing:

> O que impede que cada homem tenha existido muitas vezes no mundo? É essa hipótese ridícula por ser a mais antiga? Por que não teria eu, no mundo, dado todos os passos sucessivos para meu aperfeiçoamento, os quais, só por si, podem constituir, para o homem, penas e recompensas temporais?

Pode-se citar Ballanche, Schlegel, Saint-Martin, que exprimem, cada um a seu modo, ideias aproximadas das de Dupont de Nemours, a respeito da palingenesia.

Constant Savy, que vivia no começo do século XIX, não admite o inferno eterno porque esse castigo seria uma vingança cega e implacável, já que puniria, com uma eternidade de suplícios, as faltas de uma vida, a qual, por mais longa que seja, não passa de alguns instantes em relação à eternidade. Crê na teoria das vidas sucessivas porque, diz ele, a imortalidade do homem consiste em uma vida progressiva; prepara a vida em que entra por meio daquela que deixou; enfim, uma vez que há dois mundos, necessariamente um material e outro intelectual, esses dois mundos, que compõem a vida futura, devem ter relações harmônicas com a nossa. Progredindo, o homem fará progredir o mundo.

Os filósofos da escola espiritualista, tais como Pierre Leroux e Fourier, admitiram a pluralidade das existências da alma.

Fourier, porém, com seu espírito sistemático e aventureiro, imagina períodos entremeados de vidas humanas e extraterrestres. Assim, teria ele tido, precisamente, 810 existências, divididas em cinco períodos de desigual duração, e que abraçaram uma extensão de oitenta mil anos.

Afirma Esquiros que "cada um de nós é o autor e por assim dizer o obreiro de seus destinos futuros".[22] Os seres ignorantes ou aviltados, que não souberam fazer a alma desabrochar, entram no seio de uma mulher para aí se revestir de novo corpo e preencher nova existência terrestre. Esta reencarnação se faz em virtude de uma grande lei de equilíbrio, que leva todos os seres ao castigo ou à recompensa de suas obras. Os renascimentos na Terra são limitados, e a alma depurada vai habitar mundos superiores.

Em seu belo livro *Terre et Ciel*, Jean Reynaud expõe, admiravelmente, a necessidade das vidas sucessivas, que, a princípio, se

---

[22] ESQUIROS, Alphonse. *De la vie future au point de vue socialiste*, 1850, p. 126.

desenvolvem na Terra e, em seguida, em outros mundos espalhados no Infinito. Apesar da ausência da memória de nossas vidas passadas, trazemos sempre em nós o princípio do que seremos mais tarde, e subiremos sempre. Ele crê que na vida perfeita recobraremos a memória integral de todo o nosso passado, e será para nós grandioso espetáculo porque abraçará todo o curso de nossos conhecimentos terrestres. Nascer, pois, não é começar, é tão só mudar de figura. Teve por discípulos Eugène Peletan e Henri Martin.

Se se admite, como já acreditavam os druidas, que a evolução ascendente da alma se realiza no infinito do Cosmos, a pluralidade dos mundos habitados torna-se um corolário lógico da pluralidade das existências. Foi o que pôs em foco meu eminente amigo Camille Flammarion, em meados do último século.

Resumindo seu pensamento, eis o que ele diz:

> Se o mundo intelectual e o mundo físico formam uma unidade absoluta, e o conjunto das Humanidades siderais forma uma série progressiva de seres pensantes, desde as inteligências rudimentares, apenas saídas das faixas da matéria, até as divinas potências que podem contemplar Deus em sua glória e compreender-lhe as obras mais sublimes, tudo se explica, tudo se harmoniza; a Humanidade terrestre encontra-se nos graus inferiores desta vasta hierarquia, e a unidade do plano divino está estabelecida.[23]

Foi em 1857 que Allan Kardec publicou *O livro dos espíritos*, no qual expõe todas as razões filosóficas que o conduziram à admissão da teoria das vidas sucessivas, e é a ele, principalmente, que se deve a propagação dessa grande verdade nos países de língua latina.

Voltarei mais tarde aos poderosos argumentos que ele reuniu e que arrastam à convicção todo espírito imparcial.

---

[23] FLAMMARION, Camille. *A pluralidade dos mundos habitados*, 1862, p. 263.

É bom notar que a doutrina das vidas sucessivas foi vulgarizada no último século, entre o grande público, por vários romancistas, tais como Balzac, Théophile Gautier, George Sand, assim como pelo grande poeta Victor Hugo.

1.9 O inquérito de Calderone

Um inquérito instituído por Calderone,[24] diretor da revista *Filosofia della Scienza*, em 1915, provou que muitos pensadores e filósofos adotaram a magnífica teoria palingenésica.

O Dr. Joseph Maxwell, autor do livro *Le Phénomène Psychique*, declara:

> Quanto a mim, parece-me muito aceitável a hipótese da reencarnação. Ela explica a evolução e a hereditariedade. Ela é moralizadora. É uma fonte de energia e, ao mesmo tempo, auxilia o desenvolvimento das sociedades pelo sentimento que impõe de uma hierarquia necessária.

Maxwell, porém, não acredita que a reencarnação se possa demonstrar cientificamente. Tentarei provar o contrário no decorrer deste volume.

O Dr. Moutin admite a possibilidade das vidas sucessivas, mas as concebe em outras terras do céu, em vez de se confinarem na Terra.

Albert de Rochas crê na evolução do ser humano e reconhece, lealmente, que suas experiências, com pacientes magnéticos, em quem provocava a regressão da memória até as vidas anteriores, não deram resultados positivos. Acredita, entretanto, no princípio das vidas sucessivas, assim como admite, pelo raciocínio, a existência de Deus.

---

[24] Nota do autor: Ver *Revue Scientifique et Morale du Spiritisme*, ago./set. 1913.

A reencarnação

O Dr. Gustave Geley é nitidamente afirmativo, e escreve:

> Sabes, meu caro amigo, que sou reencarnacionista e isto por três razões: porque a doutrina palingenésica me parece, no ponto de vista moral, perfeitamente satisfatória; no ponto de vista filosófico, absolutamente racional; no ponto de vista científico, verossímil, ou melhor, provavelmente verdadeira.

Lancelin, na resposta ao inquérito, afirma sua crença na reencarnação porque considera que a subconsciência é a resultante de todas as nossas consciências anteriores.

Léon Denis responde, é claro, afirmativamente, tanto mais quanto obteve, diz ele, por médiuns desconhecidos uns dos outros, pormenores concordantes sobre suas vidas anteriores. Ele crê, por introspecção, na realidade dessas revelações, visto que elas são conformes ao estudo analítico de seu caráter e de sua natureza psíquica.

Na Itália, o professor Vincenzo Tummolo é um ardente defensor da ideia reencarnacionista. Enrico Carreras admite que já se obteve um começo de provas científicas. Cesare de Vesme, diretor dos *Annales des Sciences Psychiques*, acha-se indeciso, mas tende a supor que chegaremos, um dia, a instituir experiências que nos permitirão penetrar o mistério de nossas existências.

Ao estabelecimento desse começo de demonstração científica é que é consagrado este livro, e tenho esperança de que ele não será inútil à constituição da futura ciência concernente à alma humana.

Assistimos, há alguns anos, a vulgarização da crença nas vidas sucessivas, por meio do romance. Assim é que vimos aparecer, quase seguidamente, *A cidade do silêncio* (*La Ville du Silence*) de Paul Bodier; *Reencarnado* (*Reincarné*) do Dr. Lucien Graux; *O filho de Marousia* (*Le Fils de Marousia*) de Gobron; *Um morto vivia entre nós* (*Un mort vivait parmi nous*), de Jean Galmot, e outros ainda que apresentam aquela doutrina por meio de ficções mais ou menos verossímeis.

Gabriel Delanne

A palingenesia tem, por vezes, inspirado poetas, tais como Théophile Gautier, Gerard de Nerval e Jean Lahor. Deste último, transcrevemos os seguintes versos:

Comme au fond des forêts et des chastes fontaines
Tremple un pâle rayon de lune enseveli,
Ami, le souvenir d'existences lointaines
Frissonne dans mon coeur sous les flots de l'oubli.

Je sens un monde en moi de confuses pensées,
Je sens obscurément que j'ai vécu toujours,
Que j'ai longtemps erré dans les forêts passés
Et que la bête encor garde en moi des amours.

Je sens confusément, l'hiver, quand le soir tombe,
Que jadis, animal ou plante, j'ai suffert,
Lorsque Adonis saignant dormait pâle en sa tombe,
Et mon coeur reverdit valid tout redevient vert.

Quand mon esprit aspire a la pure lumière,
Je sens tout un passé que le tient enchaîné;
Je sens couler en moi l'obscurité première,
La terre était si sombre aux temps où je suis né.

Mon âme a trop dormi dans la nuit maternelle;
Pour monter vers le jour, qu'il me fallut d'efforts!
Je voudrais être pur: la honte originelle,
Le vieux sang de la bête est resté dans mon corps![25]

---

[25] N.E.: Trata-se de fragmentos do poema *Réminiscences* (1875), que Jean Lahor (pseudônimo de Henri Cazalis) dedicou ao naturalista inglês Charles Darwin (1809–1882).

A reencarnação

Por mais interessantes e demonstrativos que sejam os arrazoados filosóficos que acabamos de expor, é preciso dar-lhes, necessariamente, a consagração científica da observação e da experiência para que possamos fazer passar para o domínio científico a grande lei das vidas sucessivas.

Vou, pois, em primeiro lugar, expor nos fatos que demonstram, irrefutavelmente, a existência da alma, sua verdadeira natureza, tão diferente do que as religiões e as filosofias nos haviam ensinado a este respeito.

CAPÍTULO 2

As bases científicas da reencarnação. As propriedades do perispírito

Espiritismo demonstra cientificamente a existência da alma e do perispírito. — Este é inseparável do princípio pensante. — Demonstração dessa grande verdade pelo estudo das manifestações da alma durante a vida e depois da morte. — O perispírito é a ideia diretriz pela qual é construído o corpo humano. — Ele entretém e repara o organismo. — Ele não pode ser um produto da matéria. — Ele leva consigo para o espaço essa faculdade organizadora que lhe serial inútil se não devesse voltar à Terra. — Onde pôde adquirir essas propriedades? — Na Terra, evidentemente. — É lógico admitir que ele passou pela escala animal.

O grande mérito dos magnetizadores[26] espiritualistas e dos espiritistas é o de haver tentado fazer com que o estudo da alma humana passasse do domínio da Psicologia propriamente dita para o da observação científica, pela verificação das manifestações objetivas do ser pensante.

Durante todo o século XIX, a filosofia oficial limitou-se ao domínio da introspeção, esquecendo, sistematicamente, dos numerosos e interessantes fatos das ações extrassensoriais do ser humano. Graças, porém, à Sociedade Inglesa de Pesquisas Psíquicas, foi estabelecido agora que a telepatia é uma realidade indiscutível, que a clarividência, quer durante o sono, quer em estado de vigília, é bem real, e, enfim, que a previsão do futuro foi muitas vezes averiguada.

Essas faculdades pertencem, propriamente, à alma, e não se podem explicar por nenhuma propriedade fisiológica do corpo.

Tais verificações são de importância considerável, mas esses descobrimentos são ultrapassados, ainda, pelo do corpo fluídico da alma, a que dos espiritistas chamam *perispírito*. Esse corpo espiritual foi suspeitado em todas as épocas, porque os hindus já lhe chamavam *Linga Sharira;* os hebreus, *Nephesh;* dos egípcios, *Ka ou Bai;* os gregos, *Ochêma;* Pitágoras, o *carro sutil da alma ou Eidolon;* o filósofo Cudworth, o *mediador plástico;* e os ocultistas, o *corpo astral*.

Esse duplo do organismo foi assinalado pelos sonâmbulos, que o viram sair do corpo material no momento da morte, ou desprender-se de si próprios, quando eles se exteriorizavam. É este princípio intermediário entre o espírito e a matéria que individualiza a alma; permite àquele conservar a consciência e a lembrança depois da morte, do mesmo passo que, durante a vida, mantém o tipo corporal, o entretém e o repara durante toda a existência. Vou, pois, tratar

---

[26] N.E.: Magnetizador é todo aquele que se utiliza do magnetismo para tratamentos fisiológicos e espirituais, com base na manipulação, em geral pela imposição de mãos, do fluido universal; é também sinônimo de hipnotizador (MICHAELUS, *Magnetismo espiritual*). Decorre do exposto que nem todo magnetizador é espírita, ou médium; e, embora todo médium passista seja magnetizador, nem todo passista é médium.

A reencarnação

ligeiramente dos diferentes gêneros de provas que possuímos, para estabelecer a realidade desse organismo suprassensível, ainda tão desconhecido da Ciência atual.

2.1 Aparição de vivos

Resumi, no 1° volume da obra *As aparições materializadas dos vivos e dos mortos*, certo número de exemplos autênticos, os quais demonstram que, durante a vida, a alma pode sair do seu corpo físico para mostrar-se ao longe com um segundo corpo idêntico ao primeiro, e, em certos casos, capaz de gozar, temporariamente, as mesmas propriedades. Não se trata aqui de teorias mais ou menos contestáveis: é a própria Natureza que fala.

Entre cem outras provas, citemos a referida pelo ilustre jornalista inglês William T. Stead;[27] ele viu, durante mais de uma hora, o duplo materializado de uma de suas amigas que, durante esse tempo, estava deitada em seu quarto.

O sósia tinha força suficiente para empurrar uma porta, manter um livro e caminhar. O duplo era de tal forma idêntico ao corpo carnal, que os assistentes não duvidaram estar em presença da aparição materializada de um vivo.

Existem muitos outros casos semelhantes e não seria demais chamar a atenção dos pesquisadores para essas manifestações espontâneas. Aqui não é necessário o médium. O Espírito encontra em seu próprio organismo as forças suficientes para dar a seu corpo espiritual as aparências da matéria. Ora, para caminhar, para manter um livro é preciso que o fantasma esteja organizado. É indispensável que ele tenha aparelhos extrafisiológicos que desempenhem o mesmo papel dos membros carnais. A dama de Stead segurava, com *sua mão*

---

[27] *Les Apparitions Matérialisées des Vivants et des Morts*, página 266, t. I.

fantasmagórica, o livro que lhe ofereceram, exatamente como o faria com sua mão ordinária; é um *fato* e não uma hipótese.

Assim também,[28] quando o fantasma de um passageiro escrevia numa ardósia a indicação de que devia salvar o navio em perigo, onde seu corpo físico se achava adormecido, ele agia como o teria feito para escrever na vida normal; possuía um órgão de preensão,[29] que lhe permitia sustentar o giz. Dirigia os movimentos do lápis, imprimindo-lhe as mudanças de direção necessárias para produzir o grafismo. Em uma palavra, havia uma verdadeira duplicata do corpo físico e ela devia estender-se as minudências da constituição anatômica, pois que os atos executados são os mesmos.

Lembrarei, igualmente, que o duplo da Sra. Fay,[30] na célebre experiência de Crookes e Varley, apareceu entre as cortinas do gabinete, tendo na mão um livro, que deu a um assistente, enquanto seu corpo de carne e osso, em letargia, era percorrido por uma corrente elétrica, o que assegurava não se haver ele movido.

A dedução que se impõe, imediatamente, ao espírito, é que existe em cada um de nós um segundo corpo, perfeitamente semelhante ao primeiro, que dele pode separar-se e, momentaneamente, substituí-lo, a fim de permitir que a alma exteriorizada entre em relação com o mundo exterior. Falando da bilocação de Afonso de Liguori, assistida pelo Papa Clemente XIV, em seus últimos momentos em Roma, enquanto seus servidores o viam, no mesmo dia, em sua cela de Arienzo, na Província de Nápoles, escreveu Durand de Gros, médico de alta envergadura filosófica:

> Se o fato em causa, e nos fatos ou pretendidos fatos semelhantes, descritos diariamente nas publicações da telepatia científica, são verificados, são provados; se, em uma palavra, força é admiti-los, ainda que nos custe, uma consequência me parece decorrer daí, com a mais límpida, a mais irresistível

---

[28] *Les Apparitions Matérialisées des Vivants et des Morts*, t. I, p. 275.
[29] N.E.: Ato ou efeito de agarrar, pegar, segurar (*Houaiss*).
[30] *Les Apparitions Matérialisées des Vivants et des Morts*, p. 400.

evidência — a de que a natureza física aparente está associada a uma natureza física oculta, que lhe é emocionalmente equivalente, posto que de diferente constituição.

É que o organismo vivo que vemos e que a Anatomia disseca tem igualmente por forro — se o forro não é ele próprio —, um organismo oculto, sobre o qual não exercem ação nem o escalpelo[31] nem o microscópio e que, nem por isso, deixa de estar provido — e talvez o esteja melhor que o outro — de todos os órgãos necessários ao duplo efeito, que é a inteira razão de ser da organização vital: recolher e transmitir à consciência as impressões do exterior e colocar a atividade psíquica em condições de se exercer no mundo circunjacente e, por seu turno, modificá-la.[32]

Sob forma lapidar, é esta a conclusão a que não mais poderemos escapar.

Com efeito, em seu último livro *Do inconsciente ao consciente*, o Dr. Geley foi levado também às seguintes conclusões, depois de haver assinalado as obscuridades do ensino filosófico oficial. Disse ele:

> É preciso e basta, para tudo compreender, o mistério da forma específica, o desenvolvimento embrionário e pós-embrionário, a constituição e a manutenção da personalidade, as reparações orgânicas e os demais problemas gerais da Biologia, admitir uma noção, que não é nova, certamente, mas encarada de modo novo — a de um dinamismo superior ao organismo e que o acondiciona.[33]

> Não se trata, somente, da ideia diretora de Claude Bernard, espécie de abstração, de entidade metafísico-biológica incompreensível, mas de uma noção concreta, a de um dinamismo diretor e centralizador, que domina, assim, as contingências intrínsecas, as reações químicas do meio orgânico, como as influências ambientais do meio exterior.[34]

---

[31] N.E.: Tipo de bisturi de um ou dois gumes usados em dissecções anatômicas (*Houaiss*).
[32] GROS, Durand de. *Le Merveilleux Scientifique*, p. 148.
[33] Nota do autor: Ver o meu livro *A evolução anímica*, no qual atribuo ao perispírito esse mecanismo psicodinâmico.
[34] GELEY, Gustave. *De L'Inconscient au Conscient*, p. 51.

Allan Kardec, há mais de setenta anos, ensinava essa duplicação do organismo, verificada hoje com o luxo de precauções que o método científico exige.

Se, com efeito, o escalpelo e o microscópio são impotentes para revelar a existência do períspirito, a fotografia, de uma parte, pode revelar a presença do fantasma exteriorizado de um vivo, mesmo invisível à vista, do que temos exemplos perfeitamente autênticos, como, de outra parte, as experiências do Coronel de Rochas nos fazem presenciar o êxodo da sensibilidade e da motricidade do paciente em experiência.

Esses fenômenos objetivos fazem, felizmente, intervir a experiência num domínio que parecia reservado, exclusivamente, à observação, tirando, ao mesmo tempo, qualquer sombra de incerteza sobre a verdadeira causa. Em todo o caso, é a alma humana e só ela que intervém, porque, quando é preciso obter desdobramentos experimentais, escolhe-se o lugar, o tempo, as condições, e pode o agente, por vezes, lembrar-se do que se produziu, quando o viam a distância. Ele tem a sensação de ser transportado ao lugar onde foi visível, e não se engana, porque pode descrever com exatidão as coisas desconhecidas que se encontravam nos lugares que visitou anormalmente.

Melhor ainda, nas sessões com Eusapia Palladino, por exemplo, assiste-se ao sincronismo dos movimentos físicos do corpo carnal e os do corpo fluídico; o esforço físico, fisiológico, é transportado a distância e ficam traços objetivos dessa ação extracorpórea. São móveis deslocados, pressões exercidas sobre aparelhos registradores e, sobretudo — precioso resultado —, impressões e moldagens, que permitem verificar, *de visu*,[35] a natureza da causa atuante.[36]

---

[35] N.E.: Expressão latina que significa "por ter visto".
[36] Nota do autor: Ver, para justificação, as experiências do professor Bottazi, no tomo I de *As Aparições Materializadas dos Vivos e dos Mortos*. Ver também os trabalhos do professor de Crawford, *Revue Métapsychique*, 1921.

A reencarnação

Em presença de semelhantes verificações, percebe-se a inanidade[37] das teorias católicas, ocultistas e teosóficas, que fazem intervir seres estranhos para a explicação dos fenômenos. Quando Henryk Siemiradzki[38] comprova que as impressões deixadas no pó de sapato, pela mão fluídica de que se teve a sensação, ou que foi vista operar, são idênticas aos desenhos da epiderme da mão de Eusapia, é preciso possuir robusta imaginação e ausência total de espírito científico para imaginar que é um demônio que se diverte nesse pequeno jogo. Do mesmo modo, quando se obtém uma impressão da cavidade do rosto, em gesso, como eu mesmo observei,[39] não há necessidade das cortes infernais para a explicação. Não há nenhum milagre, nenhuma intervenção estranha, mas somente a ação do corpo fluídico, de que esses fenômenos demonstram a existência com uma força irresistível.

Se se procura, realmente, a verdade, fora de qualquer ideia preconcebida, é preciso seguir os fatos, passo a passo, e não multiplicar as causas sem necessidade. Quando se encontra no ser humano a razão suficiente de um fenômeno, é anticientífico interpretá-lo por causas estranhas, sobretudo quando estas são hipotéticas, como é o caso de demônios, anjos, restos, cascas astrais, elementares, etc., ou qualquer outra entidade até agora imaginária.

Ressalta diretamente da observação e da experiência que o indivíduo humano é capaz, em circunstâncias especiais, de separar-se em duas partes: de uma, vê-se o corpo físico, geralmente inerte, mergulhado em sono profundo e, de outra, um segundo corpo, duplicata absoluta do primeiro, que age ao longe, inteligentemente, donde se infere que a inteligência acompanha o sósia e que este não é uma simples imagem virtual, uma efígie sem consciência.

---

[37] N.E.: Qualidade do que é inane, isto é, sem conteúdo, sem razão, vazio.
[38] N.E.: Pintor polonês (1843–1902).
[39] *Les Apparitions Materialisées des Vivants et des Morts*, t. I, p. 452 et seq.

2.2 Aparições de defuntos

O que há de mais notável é que o desdobramento se observa tanto com as pessoas perfeitamente vivas quanto com as que estão prestes a morrer, ou, enfim, com as que desapareceram, há mais ou menos tempo, de nosso mundo objetivo. Os fantasmas dos mortos são tão numerosos e tão bem observáveis como os dos vivos. Têm, exatamente, as mesmas aparências exteriores e, muitas vezes, a mesma objetividade que o duplo dos vivos materializados, o que nos obriga, logicamente, a lhes atribuir a mesma causa: a alma humana; daí resulta, peremptoriamente, um fato importantíssimo, o de que a morte não a aniquila. É a prova da sobrevivência que nos é revelada pela observação dos fenômenos naturais, e vemos aumentar, a cada dia que passa, o gigantesco arquivo que já possuímos.

Existem, nos *Proceedings* da Sociedade de Pesquisas Psíquicas, dois relatórios sobre a aparição dos mortos: a de Gurney, completada por H. Myers, e outra da Sra. Sidgwick, nas quais é possível observar todos os gêneros de aparições.

Notam-se alucinações telepáticas, propriamente ditas, as que o próprio vidente constrói; depois, as visões clarividentes; enfim, as aparições coletivas. Sabemos que se pode obter, *experimentalmente*, a mesma série de fenômenos entre dois operadores vivos, de que um age de forma a aparecer ao outro.[40] A causa desse fenômeno não é duvidosa: é o agente,[41] e só ele, que é o autor da aparição da qual fixou, à sua vontade, o dia e a hora; por vezes, conserva a lembrança de seu deslocamento e pode notar as minúcias que observou enquanto o paciente o via.

Depois da morte, repito-o com insistência, produzem-se fatos absolutamente semelhantes.[42] As aparições dos defuntos têm caracteres

---

[40] Nota do autor: Ver *Les Apparitions des Vivants et des Morts*, vol. 1, cap. V; *Essai d'Apparitions Voiontaires*, p. 199.
[41] Nota do autor: Chama-se *agente* aquele de quem se vê o fantasma e *percipiente* aquele que percebe a visão.
[42] Nota do autor: Ver os três volumes de FLAMMARION, Camille. *La Mort et son Mystère*.

A reencarnação

idênticos às dos fantasmas dos vivos e, se estes são produzidos pela alma humana, a mais legítima indução permite atribuir os fantasmas dos mortos à mesma causa, a alma, que a morte corporal não aniquilou. Esta continua, pois, a sua vida, e possui ainda uma substancialidade que perpetua seu tipo terrestre. Deve-se excluir a hipótese da alucinação quando a visão de *um morto* tem um dos caracteres seguintes:

a) O fantasma, se é de conhecido do percipiente, mostra-se com sinais particulares, *ignorados do vidente,* tal como era quando vivo — feridas, cicatrizes, vestimenta especial, etc; é evidente que, caso a visão se deva apenas a um fato de clarividência, é preciso, no entanto, que lá esteja quem a produz, sem o que não ocorreria.

b) A aparição é de pessoa que o paciente nunca vira: a descrição, entretanto, que dela faz, é suficientemente precisa para estabelecer-lhe a identidade. Seria absurdo atribuir ao acaso a reconstituição fiel de um indivíduo; é preciso, portanto, que ele esteja presente, e não se trata de simples imagem, de uma espécie de clichê colorido, porque essas manifestações mostram um caráter intencional, revelador de uma inteligência;

c) A aparição dá uma informação cuja exatidão é ulteriormente reconhecida, ou relata um fato real, *totalmente desconhecido do percipiente*;

d) Podem-se obter, acidentalmente ou voluntariamente, fotografias desses fantasmas.

e) Muitas testemunhas são, sucessivamente ou simultaneamente, impressionadas pela manifestação do ser materializado;

f) Enfim, animais e homens percebem coletivamente a aparição.

Todos esses fatos são inexplicáveis por outra forma que não a da ação direta do ser desencarnado. A telepatia entre vivos não se aplica a esses fenômenos, que são demonstrações diretas da imortalidade do "eu".

Daí resulta que as relações entre os vivos e os mortos são fatos naturais, que se produzem espontaneamente, quando as circunstâncias físicas e intelectuais o permitem. Não existem aí nem o sobrenatural, nem o maravilhoso, nem a intervenção miraculosa; há somente uma ação *anímica,* do mesmo gênero que a realizada entre vivos. Se a exteriorização do paciente prova a existência do perispírito durante a vida — o que as fotografias e os sinais do duplo não permitem duvidar —, os mesmos fatos obtidos depois da morte do operador estabelecem, com a mesma força, a persistência do perispírito.

Eis o que nos mostra a observação. Não esqueçamos que é ela feita por sábios, exigentes na escolha de testemunhos, que discutem nos menores incidentes e que só admitem em sua coleção as narrativas que lhes parecem absolutamente irrepreensíveis.

Assim, compreende-se que Durand de Gros possa ter escrito, sobre o assunto, o seguinte:

> Se a existência distinta e independente de uma física e de uma fisiologia ocultas, ao lado da física e da fisiologia que conhecemos, pode inferir-se, logicamente, das cenas da telepatia ativa em que os autores são vivos, uma peremptória demonstração material nos é fornecida pelos atos telepáticos, que nossa razão se vê constrangida a atribuir aos mortos, apesar da aversão da Ciência e das revoltas do preconceito filosófico.
>
> Porque se com outro caso se pode ainda, em desespero de causa, imaginar, como explicação do milagre telepático, não sei que propriedade nova da célula cerebral, capaz de produzir todas as fantasmagorias da telepatia, sem o auxílio de qualquer órgão ou de qualquer veículo aparentes, é esta uma tábua à qual cessa de apegar-se o nosso racionalismo fácil, quando esse cérebro, que podia, em rigor, salvar as aparências, não é mais que uma polpa desorganizada e putrefata, ou mesmo um pouco de pó num crânio vazio do esqueleto.[43]

Tomo os deuses para testemunha de que os espíritas não dizem outra coisa, há meio século, e não é pequena vantagem ver ao nosso lado um espírito tão científico como o de Durand de Gros, um dos pais do hipnotismo e sábio fisiologista de primeira ordem. Continuo a citação:

---

[43] GROS, Durand de. *Le Merveilleux Scientifique*, p. 61.

A reencarnação

Sucede, justamente, que a Sociedade de Pesquisas Psíquicas de Londres e a redação dos *Anais Psíquicos,* de Paris, com o professor Richet à frente, organizaram um longo inquérito sobre os fantasmas das pessoas vivas *(Phantasms of Living);* os fantasmas dessa classe, os únicos cientificamente admitidos, a princípio, mostraram-se uma raridade contrastante,[44] enquanto que, pelo contrário, foi em legião que os fantasmas dos mortos se apresentaram no inquérito. E não é tudo: esses fantasmas do outro mundo, que não tem cérebro, e, por consequência, células cerebrais, mostram-se, por uma bizarria singularmente paradoxal, de alguma sorte, *mais vivos que os outros*, porque são, pelo menos, mais ruidosos e movimentados, havendo os que têm o encargo de empurrar móveis, abrir portas, quebrar louças, partir vidros, bater em pessoas e feri-las, com grande e natural desespero dos locatários e proprietários.[45]

Não há como fugir; os fatos, quando os analisamos minuciosamente, põem-nos em presença de seres póstumos, que têm um corpo psíquico, pois que este age sobre a matéria; porém, era preciso examinar de mais perto esses fantasmas para conhecer-lhes a natureza, porque as operações naturais são fugazes ou se produzem em circunstâncias tão comovedoras para as testemunhas, que é difícil a estas conservar o sangue-frio suficiente, que lhes permita notar com cuidado todas as particularidades do fenômeno.

2.3 Aparições provocadas

Os espiritistas foram os primeiros a organizar sessões experimentais em determinados lugares e em dias escolhidos; para observar com êxito as aparições, rodearam-se com necessárias precauções. Desde que se soube que os médiuns podiam servir para as materializações,

---

[44] Nota do autor: Existe aqui um pequeno exagero, porque os fantasmas dos vivos são tão numerosos quanto os dos mortos. Sobre o assunto, ver os três últimos volumes de FLAMMARION, Camille. *La Mort et son Mystèry.*
[45] Nota do autor: Ver FLAMMARION, Camille, *As casas mal-assombradas*; BOZZANO, Ernesto, *Les Phénomènes de Hantise.*

organizou-se um amplo inquérito, o qual se tornou frutuoso, por mais de um título.

Não imaginemos que as aparições provocadas foram aceitas, desde logo, pelos experimentadores. Mesmo entre nós espiritistas, furiosas polêmicas se levantaram. Todas as suposições, que ainda hoje se nos opõem, foram emitidas: seria crível que um Espírito, ou seja, um ser de essência imaterial pudesse revestir um grosseiro corpo carnal? Tê-lo-iam apalpado? Por que se apresenta ele com roupas, e, por vezes, que horror!, com sobrecasaca e chapéu alto, de forma? Não é isso a prova de que os assistentes estavam alucinados ou vergonhosamente enganados por impostores?

Tais objeções e muitas outras não fizeram parar os pesquisadores. As precauções tornadas contra a fraude foram inumeráveis. Ora o médium era atado à sua cadeira, estando esta fixada ao chão; as pontas da corda ficavam fora do gabinete e eram seguradas por um assistente; ora metiam o paciente num saco, que lhe amarravam cuidadosamente em torno do pescoço, por meio de cordas, cheias de nós, e estes devidamente lacrados; ora, ainda, fechavam o médium numa gaiola; e, apesar de tudo, as aparições zombavam das peias com que acreditavam retê-las. Com Florence Cook chegou-se, mesmo, a lhe pregarem os cabelos ao assoalho.

Percebeu-se, finalmente, que essas medidas eram absolutamente inúteis com vários médiuns; os seres mostravam-se e desapareciam diante dos assistentes ou se lhes derretiam sob os olhos, e tinham o poder bastante para vencer as precauções, porque, muitas vezes, desprendiam os médiuns dos seus laços, sem lhes desfazer os nós, e sem que fosse possível compreender como operavam.[46]

Os que quiserem dar-se ao trabalho de consultar os ricos *Anais do espiritismo* poderão convencer-se de que, sob outros nomes, todas as hipóteses e teorias atuais foram discutidas pelos primeiros pesquisadores.

---

[46] Nota do autor: Ver a *Revue Métapsychique*, nov.-dez., 1922, p. 162.

A reencarnação

Recorreram, a princípio, à imaginação sonambúlica do médium, atribuindo-se-lhe criações temporárias, que se mostravam aos assistentes. Seria uma sugestão que o paciente faria experimentar àqueles a quem uma longa expectativa e a obscuridade predispunham a essas alucinações. Hartmann não teve a prioridade da invenção.

Tornou-se preciso modificar essa hipótese quando se verificou, com segurança, que os fantasmas eram objetivos. Pretenderam, então, que tudo se esclareceria pela exteriorização do duplo e suas transfigurações. O médium captava na subconsciência dos assistentes os tipos sobre os quais modelava seu corpo fluídico para lhes dar a aparência de um ou muitos mortos conhecidos de algum dos presentes. Neste ponto é que ainda estão os sábios modernos, que não estudaram suficientemente o assunto; haja vista o professor Richet que, em seu *Tratado de metapsíquica*, batiza o fantasma com o nome de "ectoplasma", e este não seria mais que um fenômeno de ideoplastia da matéria exteriorizada pelo médium.

O *esopsiquismo,* a *ideoplastia,* o *psicodinamismo,* o *panpsiquismo,* etc. não passam de expressões diversas para significar a mesma coisa. Apesar do engenho dessa acrobacia intelectual, tais teorias estão muito longe de bastar à explicação de todos os casos. Sucede que a aparição se exprime ou se escreve em idioma desconhecido do médium e dos assistentes, e eis o esopsiquismo na água. Em outras circunstâncias, são dois, três, quatro fantasmas que falam e se agitam ao mesmo tempo, ou fazem um concerto, em que cada qual tem a sua parte, e lá se vai a ideoplastia, a menos que a dotemos com um poder miraculoso. Enfim, certas identidades vêm estabelecer irresistivelmente a independência da aparição, como acontece no caso das aparições espontâneas.

Que a ciência oficial caminhe com a mais extrema circunspecção nessas regiões, ainda tão pouco exploradas, nada mais justo; é de seu dever nada aventurar e esgotar as possibilidades naturais, ou como tal pretendidos, antes de admitir causa tão imprevista. Mas os seus representantes têm o mau hábito de se pronunciarem muito categoricamente, antes de possuir uma experiência probante. Nós, espíritas, que os precedemos de muito, temos o direito, apoiando-nos em nosso passado, de espantar-nos com a jactância deles, de lhes reprovar a ignorância dos resultados anteriormente adquiridos, de lhes dizer que suas interpretações são erradas, o que acabarão por verificar, quando tiverem experimentado por mais tempo.

Sei bem que o progresso só se faz por degraus, que é necessário tempo para que a opinião pública se acostume com as novidades; assim, é sem impaciência que espero a vinda de novos médiuns, com os quais se poderão continuar esses notáveis descobrimentos. Desde que os fenômenos são reais e que se verificam já um tanto por toda parte, é certo que se reproduzirão, e então triunfaremos, porque a verdade acaba sempre por impor-se.

E o que se dá, atualmente, como iremos ver. Voltando ao objeto do presente estudo, notou-se pela fotografia dos fantasmas — os de Crookes, Aksakov, Boutlerow etc. —, que eles têm formas reais; que durante a materialização possuem todos os caracteres dos seres vivos, como o tamanho, o volume do corpo e outros; os membros, braços ou pernas são idênticos aos nossos. Eles andam, falam, escrevem. Quando se lhes toma uma das mãos, esta produz a impressão de mão humana comum. Não era isto, ainda, suficiente para o estudo das diferenças que existem entre o médium e a aparição. Era preciso que esta pudesse ser vista, muitas vezes, e em boas condições, para que se notassem as particularidades que fazem dela uma individualidade distinta da do médium. As experiências de Crookes, para só tomar um exemplo autêntico, respondem a essas exigências.

Lembro as próprias palavras do célebre sábio, que operava *em sua casa,* com todas as portas fechadas:

> Antes de terminar este artigo, desejo fazer conhecer algumas diferenças que observei entre a Srta. Cook e Katie. A estatura de Katie é variável; vi-a, em minha casa, com mais 6 polegadas que a Srta. Cook. Ontem, à noite, estan-

do com os pés nus, tinha mais 4 polegadas e meia que a Srta. Cook. Katie estava com o colo descoberto; a sua pele era perfeitamente doce ao toque e à vista, enquanto que a Srta. Cook possui no pescoço uma cicatriz que, em idênticas circunstâncias, se vê distintamente e é áspera ao contato. As orelhas de Katie não são furadas, enquanto a Srta. Cook usa brincos. A cor de Katie é muito branca, e a da Senhorita Cook é muito morena. Os dedos de Katie são *muito mais longos* que os da Srta. Cook, e seu rosto é também maior. Na maneira de se exprimirem, há também notáveis diferenças.[47]

Para apreciar o valor dessas diferenças é bom lembrar-nos de que, em centenas de casos de desdobramento de vivos, que se tem verificado *sempre e por toda parte,* observa-se que o ser exteriorizado é a reprodução absoluta do corpo físico do agente. É esta uma regra que, pelo menos que eu saiba, não sofre exceção. Quando se obtém impressões ou moldagem do duplo de um vivo, quer com William Eglinton, quer com Eusapia Palladino, é uma copia anatômica do corpo real o que a moldagem apresenta. Os menores detalhes do membro fluídico são visíveis. As saliências produzidas pelos músculos, as veias ou os ossos, os desenhos epidérmicos, tudo aparece como se se houvesse operado *in anima vili.*[48] Não se pode, pois, cientificamente, em razão das divergências assinaladas, ver no fantasma de Katie o duplo da Srta. Cook, e, até prova em contrário, acreditarei que se trata de duas pessoas distintas.

Vejamos, ainda, outras divergências. Quanto à estatura, pôde Crookes, por um processo engenhoso, convencer-se de que eram exatas suas apreciações anteriores:

> Uma das fotografias mais interessantes é aquela em que eu estou em pé ao lado de Katie; ela tem um pé nu sobre determinado ponto do assoalho. Vesti, em seguida, a Srta. Cook como Katie; ela e eu nos colocamos,

---

[47] *Les Apparitions Matérialisées des Vivants et des Morts,* t. II, p. 493.
[48] N.E.: Expressão latina que significa "em animais irracionais", no âmbito da experiência científica (*Houaiss*).

exatamente, na mesma posição, e fomos fotografados pelas mesmas objetivas, postas absolutamente como na outra experiência, e iluminadas pela mesma luz. Colocado um desenho sobre o outro, viu-se que as minhas duas fotografias *coincidem perfeitamente* quanto à estatura e ao mais! Katie, porém, é maior que a Srta. Cook, de metade da cabeça e, ao pé desta, parece uma moça corpulenta. Em muitas provas, o tamanho do rosto e a grossura do corpo diferem essencialmente da sua médium; as fotografias fazem ainda ver muitos pontos de dissemelhança.

A fotografia, entretanto, é tão impotente para pintar a beleza perfeita do rosto de Katie, como o são as palavras no descrever o encanto dos seus modos. Pode, é verdade, mostrar o desenho de sua atitude, mas como poderia reproduzir a pureza brilhante de sua cor ou a expressão constantemente variável de seus traços, ora velados de tristeza, quando contava algum acontecimento amargo de sua vida passada, ora sorridentes, com toda a inocência de uma jovem, quando reunia meus filhos em torno de si, e lhes narrava os episódios de suas aventuras na Índia?[49]

A aparição afirma que viveu outrora; por conseguinte, que é morta e, em uma palavra, que é um Espírito. Por que duvidar?

Ah! — respondem certos céticos como Flournoy — não nos deixemos levar pelas aparências. Katie pode, perfeitamente, não ser mais que uma personagem subconsciente da Srta. Cook, um tipo ideal que ela cria e exterioriza, *transfigurando seu duplo*. A falar verdade, parece que os melhores críticos, ao tratarem das manifestações espíritas — com o devido respeito —, perdem a tramontana.[50]

Seria preciso estabelecer, primeiro, que a transfiguração é um fenômeno resultante da vontade do médium, coisa que nunca se provou. Porque o Espírito seja capaz de agir sobre a força psíquica, para lhe dar as aparências de realidade, não se conclui que ele possa modificar-se a si próprio. Um escultor consegue manejar, à vontade, a argila com que fabrica homens ou animais; mas, creio eu, não pensará nunca que essa faculdade lhe permita modificar a forma do próprio nariz.

---

[49] *Les Apparitions Matérialisées des Vivants et des Morts*, t. II, p. 496
[50] N.E.: Locução que significa "perder o rumo; desnortear-se, perturbar-se" (*Houaiss*).

A reencarnação

É, pois, uma objeção injustificável aquela que vê no médium o autor, consciente ou não, do fantasma. Essa interpretação mostra seu caráter fantasista, quando examinamos a questão mais a fundo.

Seria preciso dotar o médium de um poder criador inigualável, de uma potência de geração espontânea verdadeiramente miraculosa, para que produzisse, instantaneamente, um indivíduo que, de forma tão profunda, difere de si próprio, sob o ponto de vista fisiológico.

Vamos às provas, sempre tomadas a Crookes:[51]

> Eu vi tão bem Katie King, recentemente, quando estava iluminada pela luz elétrica, que me é possível acrescentar alguns traços às diferenças que, em precedente artigo, estabeleci entre ela e sua médium. *Tenho a mais absoluta certeza* de que a Srta. Cook e Katie são duas individualidades distintas, pelo menos no que lhes concerne aos corpos. Muitos pequenos sinais, que se encontram no rosto de Srta. Cook, não se veem no de Katie. Os cabelos de Srta. Cook são de um castanho tão escuro que parecem quase preto; um anel dos cabelos de Katie, que tenho diante dos olhos, e que ela me permitiu cortar do meio de suas luxuriantes tranças, depois de o ter seguido com meus dedos até o alto de sua cabeça e me haver assegurado que ele aí tinha nascido, é de um rico castanho-dourado.[52]

Por mais inverossímeis que possam parecer tais fenômenos, são, entretanto, reais, porque, apesar de sua repugnância instintiva, o professor Richet, depois de haver verificado fenômenos idênticos, foi obrigado a escrever, cinquenta anos depois de William Crookes:[53]

> Os espíritas me têm censurado duramente a palavra "absurdo", e não puderam compreender que eu não me resignasse a aceitar, sem constrangimento, a realidade de tais fenômenos. Mas, para conseguir que um fisiologista, um

---

[51] *Les Apparitions Matérialisées des Vivants et des Morts*, t. II, p. 497.
[52] Nota do autor: Charles Richet pôde também cortar e conservar os cabelos de uma aparição; ver o seu livro, *Tratado de metapsíquica*. p. 649. O mesmo sucedeu com Madame Bisson; leiam-se os pormenores em sua obra *Les Phénomènes de Materialisations*.
[53] RICHET, Charles. *Tratado de metapsíquica*, p. 690.

físico, um químico admitam que saia do corpo humano uma forma que possui circulação, calor próprio e músculos, que exala ácido carbônico, que pesa, que fala, que pense, é preciso pedir-lhe um esforço intelectual verdadeiramente muito doloroso.
Sim, é absurdo; mas pouco importa, é verdade.

Assim, voltando a William Crookes, a aparição possui coração e pulmões! Estes têm um mecanismo fisiológico que difere do da Srta. Cook, e, sem fazer nenhuma suposição, deve-se deduzir o que daí decorre naturalmente: que se trata de dois organismos diferentes, estando um são e outro enfermo.

Pergunto, com toda a sinceridade: onde se acha o verdadeiro espírito científico? Está com os que inventam as mais fantásticas hipóteses ou com os que jamais vão além do que lhes permite verificar a mais rigorosa observação? Parece-me que a resposta não é duvidosa. É mil vezes mais inverossímil imaginar que Katie é uma criação da Srta. Cook do que acreditar que ela e o que ela mesma diz ser, isto é, um Espírito. Verifiquei, eu próprio, em presença do professor Richet, que o fantasma de Bien-Boa exalava ácido carbônico, pois que, soprando em um balão com uma solução de barita, produziu-se, diante de nossos olhos, um precipitado de carbonato de barita.

Se fossem necessárias outras provas da independência do fantasma, achá-las-íamos nas conversas que Florence Cook mantinha com Katie, durante os últimos tempos de sua mediunidade e no dia de sua última sessão.

A menos que tenhamos que sustentar absurdos evidentes, como, por exemplo, que se possa ser, ao mesmo tempo, consciente e inconsciente, e estar, simultaneamente, no próprio corpo e em outro, com ideias inteiramente diversas e com um caráter oposto ao que se possui, o final do relatório de Crookes demonstra, com a mais poderosa evidência, que Katie era uma individualidade distinta da médium e dos assistentes.

A reencarnação

Ouçamos a narrativa comovedora da última entrevista do Espírito com a médium:[54]

> Tendo terminado suas instruções, disse Crookes, Katie me fez entrar consigo no gabinete e me permitiu que aí ficasse até o fim.
>
> Depois de haver fechado a cortina, conversou comigo durante algum tempo ainda; depois atravessou o aposento para ir até onde a Srta. Cook jazia inanimada no assoalho. Inclinando-se sobre ela, Katie tocou-a e lhe disse: "Acorde, Florence. É preciso que eu a deixe agora".
>
> A Srta. Cook acordou e, banhada em lágrimas, suplicou a Katie que ficasse ainda algum tempo. "Não o posso, minha cara; está terminada minha missão; que Deus a abençoe", respondeu Katie, e continuou a falar a Srta. Cook. *Durante alguns minutos, conversaram juntas,* até que as lágrimas da Srta. Cook a impediram de falar.
>
> Seguindo as instruções de Katie, corri para amparar a Senhorita Cook, que ia cair, e que soluçava convulsivamente. Olhei em torno, mas Katie e suas vestes brancas tinham desaparecido. Logo que a Srta. Cook se acalmou, trouxeram luzes e eu a conduzi para fora do gabinete.

Não esqueçamos que é um membro da Sociedade Real, um dos maiores sábios de nossa época, quem tais coisas afirma. Se eu o venho citando, é para não ter que batalhar, preliminarmente, a fim de estabelecer a autenticidade do testemunho. Mas existem outros que são, de igual maneira, demonstrativos. A falta de espaço impede-me de dar a este estudo todo o desenvolvimento que ele comporta, mas envio o leitor ao tomo II de *As aparições materializadas dos vivos e dos mortos*, no qual estão expostas e comentadas as numerosas experiências que se realizaram neste país. Lá, poder-se-á ver que as aparições materializadas de Espíritos de defuntos são seres autônomos, que possuem cérebro, pulmões, músculos, nervos e inteligência diferentes do médium, e que, apesar de desencarnados, têm ainda um mecanismo fisiológico *terrestre*.

---
[54] *Les Apparitions Matérialisées des Vivants et des Morts*, t. II, p. 498.

É aí que a experimentação espírita se torna muito preciosa. As aparições espontâneas, como já o disse, são geralmente fugitivas e se produzem em condições muito comoventes para que a testemunha seja capaz de uma observação detalhada. Ao contrário, nas sessões de materialização, organizadas com um grupo homogêneo e um bom médium, é possível ver a aparição perfeitamente. Pode-se, como Crookes, Aksakov, Richet e eu mesmo o fizemos, fotografar o fantasma com quem se acaba de conversar e que deu provas indiscutíveis de sua presença real. Mais ainda: conseguem-se moldagens de mãos, de pés, de rostos, como as obtidas por Oxley, Reimers, Ashead, Ashton, o professor Denton, Epes Sargent e, mais recentemente, o Instituto Metapsíquico Internacional, e isto com observância das mais severas medidas de fiscalização.

Essas moldagens estabelecem, indiscutivelmente, a objetividade absoluta, ainda que temporária, do fantasma. São provas absolutas, e é interessante assinalar que foram obtidas recentemente em Paris.

A seguir, alguns detalhes sobre essas experiências recentes.

2.4 Experiências no Instituto Metapsíquico Internacional[55]

Em 1920, realizou-se no Instituto Metapsíquico Internacional, com Franck Kluski, médium não profissional e completamente desinteressado, uma série de experiências inteiramente concludentes.

Entre as diferentes manifestações, produziu-se uma materialização, perfeitamente reconhecida, da irmã defunta do Conde J. Potocki. O interesse aumentou quando se obtiveram moldagens de membros materializados, em condições de fiscalização que excluem qualquer ideia de fraude ou embuste.

As experiências se fizeram sob a fiscalização dos professores Charles Richet, de Grammont, membros da Academia de Ciências, e

---

[55] Fundação de Jean Meyer, reconhecida de utilidade pública, Avenue Niel, n° 89, Paris.

A reencarnação

do Dr. Gustave Geley. Houve luz constante durante todas as sessões, e as mãos do médium eram seguradas, sem interrupção, à direita e à esquerda, por fiscalizadores que se certificavam, continuamente, da posição das pernas e dos pés.

As moldagens foram de variada natureza. Obtiveram-se, entre outras, uma de um pé de criança, admirável pela nitidez em seus contornos; uma região inferior de uma face de adulto, na qual se distingue o lábio superior, o inferior, a covinha subjacente e o queixo barbado; há uma espécie de verruga no lábio inferior, à esquerda.[56]

Para ter a certeza de que era com sua própria parafina que se produziam as moldagens, o Dr. Geley, sem que ninguém o soubesse, nela dissolve colesterina; tomando-se uma porção dessa parafina, assim preparada, fazendo-a dissolver em clorofórmio e se lhe ajuntando ácido sulfúrico, dá-se um precipitado vermelho, que a parafina ordinária não produz. Por acréscimo de precaução, o Dr. Geley tinha ainda colorido de azul essa parafina. Eis o que aconteceu:

> Tendo sido posta em excesso, e não se tendo dissolvido inteiramente, a tinta azul formava no recipiente, acima da parafina, grumos[57] disseminados aqui e ali. Ora, no molde do pé, ao nível do terceiro dedo, vê-se a presença de um desses grumos, incorporado na parafina, que se solidificou por cima. Ele tem a dimensão de uma grande cabeça de alfinete de vidro, e é de um azul carregado. O *grumo é idêntico aos que ficam no recipiente.* Ele foi, pois, arrastado pelo ectoplasma, de mistura com a parafina, e incorporado na moldagem.
>
> Essa prova, imprevista e não preparada, é convincente. Enfim, imediatamente depois da sessão, apanho pequenos fragmentos nas bordas do molde do pé. Coloco-os em um tubo de ensaio e os faço dissolver no clorofórmio. Junto o ácido sulfúrico: a cor vermelha, característica da presença da colesterina, desenvolve-se, aumenta e escurece pouco a pouco.

---

[56] Nota do autor: Esta moldagem aproxima-se das de Lilly e d'Akosa, e que apresento as fotografias em meu livro *Les Apparitions Matérialisées des Vivants et des Morts*, t. II, p. 269-271.

[57] N.E.: *Grumo* significa pequena pasta ou aglomeração de partículas, seres ou objetos pequeninos; pequeno grão (Aurélio).

Uma prova de comparação feita com a parafina pura é negativa: o líquido fica branco; a cor ligeiramente amarelada do ácido sulfúrico (amarelada pela oxidação da cortiça que fecha o frasco) não é modificada.

A prova é, pois, absoluta: *as moldagens foram feitas com* a *nossa parafina e durante a sessão.*

Podemos afirmá-lo categoricamente, apoiando-nos não só nas modalidades experimentais, nas precauções tornadas e no testemunho de nossos sentidos, senão, ainda, na presença da cor azul, idêntica nos moldes e no recipiente, na incorporação acidental de um grumo daquela cor no molde do pé, e, enfim, na reação denunciadora da presença da colesterina. A pesagem é concordante.[58]

Obtiveram-se, ainda, duas moldagens de mãos, na sessão de 8 de novembro de 1920, duas outras na de 11 de novembro e mais duas na de 27 e na de 31 de dezembro.

As moldagens não poderiam ter sido produzidas fraudulentamente, empregando-se:

a) Uma luva de borracha flexível, cheia de ar, por causa das deformações que apresentaria;

b) Se a borracha fosse dura, não poderia cair da luva de parafina, sem a quebrar ou a deformar, o que não se deu;

c) Mão artificial, feita sobre um membro humano, com uma matéria fusível, como o açúcar, por exemplo, teria podido, dissolvendo-se na água, deixar uma luva de parafina; nesse caso, porém, o peso total da água de parafina seria superior ao peso original, e o embuste ficaria descoberto.

Além disso, existe o relatório dos peritos Gabrielli, pai e filho, que prova, à evidência, a incontestável autenticidade das moldagens obtidas no Instituto Metapsíquico.

---

[58] *Revue Metapsychique International,* nº 5, 1921, p. 226-227.

A reencarnação

Por outra parte, o Dr. Nogueira de Faria fez publicar um livro intitulado *O trabalho dos mortos*, no qual relata as numerosas experiências de materialização que se realizaram em casa do Sr. Eurípedes Prado, farmacêutico em Belém do Pará, no Brasil. A médium era a sua mulher.

Essas sessões se fizeram debaixo de fiscalização minuciosa. Muitas vezes era a Sra. Prado fechada numa gaiola, e os Espíritos se materializavam do lado de fora. Tais experiências se reproduziram em vários lugares, com o mesmo êxito, e, entre outros, na casa do compositor Ettore Bosio, os fenômenos se revestiam da mesma intensidade.

Não podendo estender-me sobre os pormenores das sessões, sou obrigado a remeter o leitor às atas publicadas na *Revue Metapsychique*, nº 2, 1922 e nº 1, 1923.[59]

Basta-me assinalar que se obtiveram, por várias vezes, moldagens na parafina, de mãos e pés provenientes do Espírito João e de uma moça, Raquel Figner.

Tendo o Instituto Metapsíquico aberto um inquérito a respeito dessas sessões, a ele responderam 7 doutores, que afirmaram a realidade dos fenômenos obtidos no grupo de Prado e em casa do compositor Bosio, onde a Sra. Prado também deu algumas sessões.

Tais atestados são acompanhados de uma carta do Sr. Frederico Figner, que teve a alegria de ver, por várias vezes, sua filha Raquel, perfeitamente materializada, e obteve um excelente molde de seu pé, na parafina.

Não é mais possível, agora, negar que o corpo fluídico objetivado não seja semelhante, em todos os pontos, e mesmo, anatomicamente, idêntico ao nosso. É positivamente um ser de três dimensões, com morfologia terrestre. Não se trata de um desdobramento do médium, porque dele difere física e intelectualmente.

---
[59] N.T.: Deixamos de traduzir algumas transcrições, que se encontram no original, por se acharem elas em *O trabalho dos mortos*, do Dr. Nogueira de Faria, obra muito conhecida no Brasil.

O Espírito, que está presente, que se forma sob os olhos dos assistentes, na Villa Carmen, ou no laboratório do Dr. Gibler, quando reaparece em nosso mundo objetivo, retoma instantaneamente seus atributos terrestres. Estes não se criam no momento, preexistem, mas em estado latente, porque as condições de vida no Além não são as nossas, e não existem para a alma necessidades físicas análogas às do meio terrestre.

Crookes não foi o único que teve o privilégio de auscultar[60] fantasmas materializados. O Dr. Hitchman, presidente da Sociedade de Antropologia de Liverpool, também foi favorecido. Num círculo particular, com um médium não profissional, que não queria que lhe pronunciassem o nome, pôde fotografar as aparições e submetê-las a aprofundado exame médico. Em carta dirigida ao sábio Aksakov, diz ele, depois de descrever suas operações fotográficas:

> Sucedia-me, muitas vezes, entrar no gabinete, logo após a forma materializada, e a via, *então, ao mesmo tempo que o médium* (M. B.). Por esse fato, *creio ter obtido a mais científica certeza possível,* de que cada uma daquelas formas era uma individualidade distinta do invólucro material do médium, porque as examinei com o auxílio de vários instrumentos; nelas verifiquei *a existência de respiração e da circulação;* medi-lhes a estatura, a circunferência do corpo, *tomei-lhes o peso,* etc.
>
> As aparições tinham o ar nobre e gracioso, tanto no moral como no físico; pareciam *organizar-se gradualmente, às expensas de uma massa nebulosa,* ao passo que desapareciam *instantaneamente, e de* maneira *absoluta...* Tendo tido muitas vezes, e em presença de testemunhas competentes, ocasião de colocar-me entre o médium e o "Espírito materializado", de apertar a mão a este último, de conversar com ele, perto de uma hora, não me sinto mais disposto a aceitar hipóteses fantasistas, tais como a ilusão da vista e do ouvido, a cerebração inconsciente, a força psíquica e nervosa, e o resto. A verdade, no que toca às questões da *matéria* e do *espírito,* não poderá ser adquirida senão à força de pesquisas.

---

[60] N.E.: Escutar (determinada parte do organismo) para identificar e diagnosticar os ruídos, aplicando o ouvido diretamente sobre a parte ou utilizando um aparelho (*Houaiss*).

A reencarnação

Sim, sem dúvida, mas já possuímos documentos em grande número, provenientes de homens qualificados e pelos quais podemos conhecer, melhor que dos filósofos e dos fisiologistas, o princípio inteligente do homem. Estamos, agora, cientificamente certos de que ele sobrevive à dissolução do corpo material e que leva consigo para o além um corpo espiritual apropriado ao novo meio no qual prossegue sua evolução ininterrupta.

Não são sempre Espíritos desconhecidos dos que se mostram nas sessões. Por vezes, o fantasma é um ser raro, que um dos assistentes reconhece, com indizível alegria, e então se desvanecem todos os sofismas da crítica.

É Livermore, banqueiro americano, de espírito calculador e frio, que revê sua querida companheira Estelle, e que dela obtém escrita idêntica a que ela possuía em vida; é o Dr. Nichols, que abraça a filha, e pode conservar um molde de sua mão, assim como desenhos e mensagens escritas por ela; é uma sobrinha, chamada Blanche, que conversa em francês com sua tia, em casa do Dr. Gibier, enquanto que o médium não conhece esse idioma.

Com Eusapia, considerada habitualmente simples médium de efeitos físicos, o ilustre Lombroso viu sua mãe; o grande publicista italiano Vassalo, seu filho Naldino; o professor Porro, sua filha Eisa; o Dr. Venzano, seu pai e um de seus parentes, sem já falar nas aparições reconhecidas por Ernesto Bozzano, pelo príncipe Ruspoli, etc. Estas últimas testemunhas não estariam dispostas a se iludirem com vagas aparências, a tomarem como realidades dos seus desejos. Se se convenceram, foi depois de haver escrutado, minuciosamente, todas as circunstâncias, e reconhecido que não haveria outra hipótese capaz de explicar aquelas esplêndidas manifestações.

O Espiritismo não inventou nada. Todos os seus ensinos repousam nos conhecimentos adquiridos na comunicação com os Espíritos, e é para seus adeptos uma inigualável alegria ver como cada ponto da doutrina se confirma, à medida que se vai estendendo o inquérito, começado há meio século. Cada passo à frente, dado pela investigação independente, conduz fatalmente para nós. Outrora, era a negação total, obstinada, absoluta, das manifestações espíritas, sob todas as suas formas, desde os simples movimentos de mesa e escrita automática até os transportes e as materializações. Em nossos dias, só os tardígrados[61] e os ignorantes é que contestam, ainda, a realidade dos fatos. A imensa maioria dos que se têm ocupado com este assunto os admitem sem reservas, prontos a discutirem sua origem e natureza. Há uma segunda fase: sábios, homens como Lodge, Myers, Hodgson, Hyslop e outros, diante das provas intelectuais, obtidas por meio do transe ou da escrita, chegam a convencer-se de que têm estado, indiscutivelmente, em relação com alguns de seus amigos ou parentes falecidos, sem que a telepatia ou a clarividência possa explicar todos os fatos. São as práticas do Espiritismo ordinário, do trivial mesmo, que triunfam. Vêm, em seguida, as manifestações transcendentais: produzem-se aparições tangíveis, e vemos então surgirem imitações da teoria do perispírito sob os mais variados vocábulos. Para explicar as mãos que agem a distância, Ochorowicz falará de mão dinâmica; Richet, de um ectoplasma; Morselli, de um psicodinamismo. Quem não vê, porém, que isto não passa de palavras, visto que o desdobramento do ser humano nos faz assistir, naturalmente, a exteriorização completa do corpo fluídico?

Pese-se bem o valor de todos esses testemunhos, encarem-se rigorosamente os fatos, e aparecerá a inanidade das teorias imaginadas para alhear os Espíritos de toda explicação. As hipóteses psicodinâmicas, biopsíquicas, as criações ou transfigurações de personalidades segundas são tão forçadas, tão artificiais, tão arbitrárias, acumulam elas tais impossibilidades racionais, que parecerão absolutamente inverossímeis em menos de dez anos, como a teoria da alucinação coletiva de Hartmann, que encantava a maioria dos críticos superficiais, e que ruiu diante das fotografias, das impressões e das moldagens.

---

[61] N.E.: Aqueles que caminham lentamente (*Aurélio*).

A reencarnação

2.5 Necessidade lógica da existência do perispírito

Sem dúvida, a verdade espírita causará uma verdadeira revolução entre os espiritualistas puros, que acreditavam ser a alma completamente imaterial, assim como entre os fisiologistas, que se tinham habituado a não contar com ela. Mas o fato tem um poder invencível, pela única razão de que existe, e, cedo ou tarde, apesar de todas as negações, acaba por impor-se soberanamente; abrem-se, então, diante dos pesquisadores, novos horizontes.

Desde que o Espírito é capaz, em certas condições, de reconstituir seu antigo corpo material, é claro que possui em si o estatuto dinâmico que preside à organização, ao entretimento e à separação do corpo terrestre. É preciso admitir ainda que, persistindo o perispírito depois da morte, se torna demonstrável que preexista ao nascimento, de sorte que este nos aparece como uma materialização de longa duração, enquanto as aparições tangíveis possuem uma existência efêmera, porque produzidas fora dos processos da geração. Essa interpretação dos fatos parece explicar, logicamente, como a ordem e a harmonia se mantêm na formidável confusão de fenômenos que constituem um ser vivo.

Se, realmente, existe no homem um segundo corpo, que é modelo indefectível pelo qual se ordena a matéria carnal, compreende-se que, apesar do turbilhão de matéria que passa em nós, se mantenha o tipo individual, em meio às incessantes mutações, resultantes da desagregação e da reconstituição de todas as partes do corpo; este é semelhante a uma casa, na qual, a cada instante, se mudassem as pedras em todas as suas partes.

O perispírito é o regulador das funções, o arquiteto que vela pela manutenção do edifício, porque essa tarefa não pode, absolutamente, depender das atividades cegas da matéria.

Refletindo na diversidade dos órgãos que compõem o corpo humano, na dos tecidos que servem à construção dos órgãos, na cifra prodigiosa de células (muitos trilhões) aglomeradas, que formam todos os tecidos, em número colossal de moléculas do protoplasma, e, enfim, no quase infinito dos átomos, que constituem cada molécula orgânica, achamo-nos em presença de um verdadeiro universo, tão variado que ultrapassa em complexidade o que a imaginação possa conceber. A maravilha é a ordem que reina nesses milhares de milhões de ações enredadas.

Os agrupamentos sucessivos de fenômenos harmonizam-se em séries que vão ter a unidade total. Disse Bourdeau, no que foi bem inspirado:

> Sem que disso tenhamos consciência, opera-se em nós um trabalho permanente de síntese, que tem por efeito ligar, no fenômeno individual da vida, imensa multidão de elementos, por ações, ao mesmo tempo, mecânicas, físicas, químicas, plásticas e funcionais. A potência acumulada, de que cada grupo é depositário, e os resultados, cada vez mais complexos, que essa união determina, dão vertigem ao espírito que paira um instante sobre tais abismos.[62]

Cada célula trabalha por sua conta, cegamente; as forças do mundo exterior são inconscientes; quem, pois, disciplina os elementos para os conduzir à meta final, que é a manutenção de vida? Existe, evidentemente, um plano que se conserva, e exige uma força plástica diretora, a qual não pode ter por causa acidentes fortuitos. Como supor uma continuidade de esforços, seguindo sempre a mesma direção, num conjunto cujas partes mudam perpetuamente? Se, nesse turbilhão, algo resta estável, é lógico ver aí o organizador ao qual a matéria obedece; ora, esse algo é o perispírito, pois que se lhe nota, objetivamente, a existência durante a vida, e a resistência à morte. Quando melhor o conhecermos, noções novas, preciosíssimas, resultarão para a Fisiologia e para a Medicina.

O que os antigos denominavam a *vis medicatrix naturae* é o mecanismo estável, incorruptível, sempre em vigília, que defende o

---

[62] BOURDEAU, Louis. *Le Problème de la Vie.*

A reencarnação

organismo contra as ações mecânicas, físicas, químicas, microbianas, que o assaltam sem cessar, e que reconstitui incessantemente a integridade do ser vivo, quando ela é destruída. Em suma, o corpo não é somente um amálgama de células simplesmente justapostas ou ligadas; é um todo, cujas partes têm um papel definido, mas subordinadas ao lugar que ocupam no plano geral. O perispírito é a realização física dessa "ideia diretora", que Claude Bernard assinala como a verdadeira característica da vida. E também o "desenho vital" que cada um de nós realiza e conserva durante toda a existência.

Eis o que diz o grande fisiologista na *Introdução ao estudo da medicina experimental* e na *Ciência experimental — definição da vida*:

> Se fosse preciso definir a vida, eu diria: a vida é a criação... O que caracteriza a máquina viva não é a natureza de suas propriedades físico-químicas, é a criação dessa máquina junto de uma ideia definida...
>
> Esse agrupamento se faz em virtude de leis que regem as propriedades físico-químicas da matéria; mas o que é essencialmente do domínio da vida, o que não pertence nem à Física, nem à Química, é a *ideia diretriz* dessa evolução vital.
>
> Há um desenho vital que traça o plano de cada ser, de cada órgão, de sorte que, considerado isoladamente, cada fenômeno do organismo é tributário das forças gerais da Natureza; tomadas em sua sucessão e em seu conjunto, parecem revelar um liame especial; dir-se-iam dirigidos por *alguma condição* invisível, na rota que seguem, na ordem que os encadeia.

Enfim, em termos ainda mais expressivos:

> A vida é *uma ideia*; e a ideia do resultado comum, ao qual estão associados e disciplinados todos os elementos anatômicos; é a ideia da harmonia que resulta do seu concerto, da ordem que reina em suas ações.

Os milhares de vidas individuais das células são regidas por um organismo superior, que as hierarquiza e lhes impõe as condições de existência; é o perispírito que age automaticamente para produzir esses efeitos, ainda que não tenhamos nenhuma consciência de sua ação incessante. Ele constitui, a bem dizer, o inconsciente fisiológico, da mesma forma que é a base física dessa subconsciência, que existe em nós, para a conservação das lembranças, e que é ainda mais complexa do que o imaginam os psicólogos, que só conhecem a matéria; ele guarda os resíduos de nossas vidas passadas, cuja resultante é esse fenômeno individual que se chama o caráter.

Vê-se, pelo que precede, que se a alma leva consigo para o espaço um organismo tão complexo, como o perispírito, que não lhe serve, no Além, para entreter a vida, é infinitamente provável que ela deve tornar à Terra, sem o que, o mecanismo que serve à manutenção da vida terrena não persistiria no Espaço, e isso em virtude da lei natural, a de que a falta de exercício atrofia os órgãos inúteis e dos faz desaparecer depois de certo tempo.

2.6 Onde e como o perispírito pôde adquirir suas propriedades funcionais?

Mas onde e como esse maravilhoso mecanismo pôde ter nascimento e fixar-se de maneira indelével no invólucro fluídico? Tendo estudado, em outro lugar, tão complexa questão (*A evolução anímica*), só darei aqui algumas indicações sumárias necessariamente incompletas. Vejamos os pontos principais que resultam da observação dos fatos e que parecem legitimar a hipótese da passagem humana pela série dos reinos inferiores à Humanidade.

Uma das magníficas descobertas do século XIX foi a demonstração da unidade de composição de todos os seres vivos. As plantas, como os animais ou os homens, são formadas por células que, pela diversidade de suas formas, de seu conjunto e de suas propriedades deram nascimento, variando-os, à inumerável multidão de seres que

A reencarnação

povoam o ar, a água e a terra. As mais simples criaturas podem viver sob a forma de células isoladas, como as do sangue, ou como os micróbios; em todas, porém, existe uma substância fundamental, o protoplasma, que é a parte verdadeiramente viva. Todos os seres, quaisquer que sejam, são *organizados, reproduzem-se, nutrem-se e evolvem, isto é,* nascem, crescem e morrem.

A todos serão necessários água, calor, ar e um meio nutritivo. São sensíveis, isto é, reagem, pelo movimento, a uma excitação exterior. Pode-se afirmar que, em todos os graus da escala vital, as operações da respiração e da digestão, no fundo, são as mesmas; o que variam são os instrumentos destinados a produzir esses resultados. A reprodução é igualmente idêntica: todo ser provém de outro por um gérmen. O sono impõe-se a todos. Vê-se, em tais efeitos, uma unidade geral de ação, que mostra como pôde surgir a variedade da uniformidade original.

Existe, pois, inegável identidade nos processos vitais de todos os organismos, e daí resulta, naturalmente, a ideia de um parentesco universal entre todos os seres. Uma vez que não há geração espontânea,[63] todos os seres, vegetais ou animais, que existem hoje provêm diretamente de antepassados que os precederam, e isto desde os milhões de anos que transcorreram, durante os períodos geológicos. As pesquisas levadas a efeito nos terrenos antigos fizeram descobrir que os animais e as plantas são cada vez mais simples, à medida que se remonta ao passado. Como se produziu a evolução? É o que veremos mais adiante.

É mais que provável que as teorias imaginadas para explicar a evolução conservem alguma parte de verdade; não temos, porém, necessidade de adstringir-nos mais a uma que a outra. Basta notar que o ser que nasce reproduz, durante a vida fetal, todas as formas, mais simples, que o precederam em seus ascendentes. O próprio homem,

---

[63] N.E.: Também conhecida como *abiogênese*, trata-se de teoria (não mais aceita cientificamente) segundo a qual os seres vivos poderiam originar-se contínua e espontaneamente de matéria não viva (*Houaiss*).

no seio materno, não passa, a princípio, de simples célula, que, fecundada, se diferencia, e apresenta, em resumo, um quadro de todos os organismos que deveriam, no fim de milhões de anos, chegar ao seu. O embrião é um testemunho irrecusável de nossas origens. Diz ainda Claude Bernard:

> Vemos na evolução do embrião surgir um simples esboço do ser antes de qualquer organização. Os contornos do corpo e dos órgãos, a princípio, são meros delineamentos, começando pelas construções orgânicas provisórias, que servem de aparelhos funcionais e temporários do feto. Até então, nenhum tecido é distinto. Toda a massa é constituída apenas por células plasmáticas e embrionárias. Mas, nesse escorço vital, está traçado o desenho ideal de um organismo, ainda invisível para nós, sendo já designados, a cada parte e a cada elemento, seu lugar, sua estrutura e suas propriedades. Onde devem estar vasos sanguíneos, nervos, músculos, ossos, as células embrionárias se transformam em glóbulos de sangue, em tecidos arterial, venoso, muscular, nervoso e ósseo.

Uma vez que o perispírito organiza a matéria, e como esta ressuscita das formas desaparecidas, parece lógico concluir que ele conserva traços desse pretérito, porque a hereditariedade, como veremos, é impotente para fazer-nos compreender o que se passa; parece legítimo supor, portanto, que o próprio perispírito evolveu através de estados inferiores antes de chegar ao ponto mais elevado da evolução.

O princípio inteligente teria, pois, subido lentamente os degraus da série imensa dos seres antes de desabrochar na Humanidade. Os animais apresentam uma gradação inegável nas manifestações intelectuais, dos mais rudimentares ao homem, de sorte que a hipótese da reencarnação do ser no-lo mostra elevando-se, por seus próprios esforços, a um grau cada vez mais elevado e permitindo-lhe chegar até nós sem solução de continuidade.

Mas o que vemos realizado a nossos olhos, isto é, a ininterrupção das formas, que se ligam umas às outras, como anéis de cadeia

A reencarnação

gigantesca, deu-se também no passado. Pode-se conceber, então, que o progresso é devido não mais a causas exclusivamente externas, senão, ao mesmo tempo, à psique inteligente, que procura quebrar a ganga[64] da matéria, e faz esforços ininterruptos por amortecê-la e permitir as suas faculdades entrarem em relação cada vez mais íntima com a natureza exterior. A criação dos sentidos, depois a de órgãos cada vez mais aperfeiçoados, seria o resultado de um esforço intencional e não o produto de felizes acasos, como querem os materialistas.

A reencarnação animal não é uma simples hipótese; pode já apoiar-se em alguns fatos, que o futuro multiplicará consideravelmente. Compreender-se-á, então, o papel dos animais, aqui, e a teoria puramente materialista de uma evolução física substituir-se-á pela do princípio inteligente, que passa pela série dos reinos inferiores, para chegar ao homem e elevar-se mais tarde a outros destinos, quando ficará liberto de todos os estorvos terrenos.

Sem dúvida, há ainda muitas obscuridades no que concerne ao *como* dessa evolução; serão precisos estudos perseverantes para justificar cada um dos pontos dessa teoria, mas, tal como esta, ela oferece ao espírito um quadro racional de nossas origens e concilia-se tão bem com os descobrimentos científicos como com o que a experimentação espírita, ainda pouco desenvolvida, nos permitiu já verificar, de maneira segura.

Percebe-se, agora, o grandioso alcance teórico e prático das sessões de materialização, porque elas provam, a princípio, a imortalidade da alma, e, em seguida, pelo conhecimento do perispírito, abrem, diante de nós, perspectivas de que hoje, ainda, não podemos imaginar a imensidade.

---

[64] N.E.: Resíduo de minério não aproveitável numa jazida (*Aulete*).

CAPÍTULO 3

A alma animal. Exposição da unidade das leis da vida em toda a escala orgânica

A HIPÓTESE DA PASSAGEM DA ALMA PELA SÉRIE ANIMAL É ADMITIDA POR ALLAN KARDEC. — AS TEORIAS DA EVOLUÇÃO. — LAMARCK. — DARWIN. — QUINTON E DE VRIES. — FORMAÇÃO E DESENVOLVIMENTO GRADUAL DO ESPÍRITO. — PASSAGEM DO PRINCÍPIO INTELIGENTE PELA SÉRIE ANIMAL. — NÃO HÁ DIFERENÇAS ABSOLUTAS ENTRE A ALMA ANIMAL E A NOSSA.

3.1 Necessidade da encarnação terrestre

Admitindo que o princípio espiritual tenha passado pela série animal para chegar progressivamente até a Humanidade, não me afasto da tradição espírita, porque Allan Kardec, em *A gênese*, aceita perfeitamente essa possibilidade, e a justifica, demonstrando que é ela uma explicação lógica da existência dos animais e do papel que representam na Terra. Eis como ele se exprime:

> Tomando a Humanidade no menor grau da escala intelectual, entre os selvagens mais atrasados, pergunta-se se é aí o ponto de partida da alma humana.
>
> Segundo a opinião de alguns filósofos espiritualistas, o princípio inteligente, distinto do princípio material, individualiza-se, passando pelos diversos graus da espiritualidade; é aí que a alma se ensaia para a vida e desenvolve suas primeiras faculdades pelo exercício; seria, por assim dizer, seu tempo de incubação. Chegada ao grau de desenvolvimento que este estado comporta, ela recebe as faculdades especiais que constituem a alma humana. Haveria, assim, filiação espiritual do animal com o homem, como há filiação corporal. Esse sistema, fundado na grande lei de unidade que preside a Criação, responde, é preciso convir, à justiça e à bondade do Criador; ele deu um destino, um fim aos animais, que não são mais seres deserdados, porém que encontram, no futuro que lhes está reservado, uma compensação aos seus sofrimentos. O que constitui o homem espiritual não é sua origem, mas os atributos especiais de que está dotado em sua entrada na Humanidade, atributos que o transformam e fazem dele um ser distinto, como é distinto o fruto saboroso, da raiz amarga de que saiu. Por ter passado pela fieira da animalidade, o homem não seria menos homem por isso; não seria mais animal, como o fruto não é a raiz, como o sábio não é o informe feto pelo qual estreou no mundo.[65]

Certos filósofos espiritualistas, e mesmo alguns espíritas, supuseram que a alma só se encarnava uma vez em cada um dos mundos que se espalham pelo Infinito. Esta maneira de conceber a evolução me parece ainda mais inexata, pois as propriedades do perispírito não podem ser adquiridas senão por uma longa série de encarnações terrestres, já que o perispírito organiza seu corpo físico segundo as leis particulares do nosso planeta.

---
[65] KARDEC, Allan. *A Gênese*.

Os outros mundos habitados de nosso sistema solar, pelo único fato de se acharem a distancias diferentes do astro central, têm, necessariamente, condições de habitabilidade diversas das nossas.

É infinitamente provável, com efeito, que as primeiras formas organizadas, dependentes das leis biológicas e físico-químicas em ação, sejam inteiramente outras nesses mundos, visto que o peso, o calor, a luz, o potencial elétrico e demais fatores que concorrem para a manutenção e a organização da vida são também outros em cada um deles.

Estudemos, à luz dos descobrimentos científicos contemporâneos, a filiação que liga entre si não só os seres vivos como todos os que o precederam na Terra. Veremos desenvolver-se, então, o panorama grandioso da vida, desde suas origens até a época atual.

3.2 A evolução animal

A Ciência nos demonstra, de maneira certa, que a evolução fez surgir a multiplicidade da unidade original. As nebulosas deram nascimento ao Sol; este, aos planetas. Os aspectos da matéria multiplicaram-se, e a vida apareceu sob formas rudimentares, antes de apresentar-se na maravilhosa complexidade dos seres animais e vegetais que povoam hoje não só a superfície do Globo como as águas, os ares e o interior da Terra. Vê-se que as manifestações da inteligência são, de forma geral, correlativas à complexidade dos organismos. Por mais curiosas que sejam as habitações das formigas, das abelhas ou dos castores; por mais engenhosas que se revelem as disposições de certos ninhos, todas essas construções não podem comparar-se às nossas, e a diferença mede precisamente o grau de evolução que delas nos separa.

O animal não conhece as ferramentas; os membros servem-lhe unicamente para executar seus trabalhos; a grande conquista do homem é a de fabricar as que lhe fazem falta e aumentar artificialmente o alcance dos seus sentidos.

Nessa imensa e prodigiosa multiplicidade dos seres vivos, observam-se todos os graus; as manifestações da inteligência se confundem quase, nos reinos inferiores, com as reações puramente físico-químicas, que determinam esses movimentos mecânicos, aos quais os fisiologistas deram o nome de *tropismos*. Com a elevação na escala dos seres, toda indecisão desaparece. Um verdadeiro psiquismo se manifesta; não só os instintos se complicam, senão ainda a inteligência se traduz por atos comparáveis aos nossos, porque o elefante, o cão e o macaco mostram que não existe uma diferença de natureza entre algumas de suas ações e as que executamos, em consequência de uma deliberação raciocinada.

A hipótese de Descartes — de que os animais não seriam mais que autônomos, reagindo mecanicamente às excitações do meio exterior ou interior —, parece-me insustentável, qualquer que seja o ponto de vista. Se admitirmos, com os materialistas, que a inteligência é função do cérebro, como existe nos vertebrados superiores um sistema nervoso muito complicado, e como ele apresenta com o nosso uma analogia de composição, de disposição e de reação, o que se produz em nós deve produzir-se neles. O cérebro de um macaco ou mesmo de um cão não difere do cérebro humano senão por uma simplicidade maior, mas a topografia é quase a mesma, os neurônios são semelhantes; é preciso, pois, admitir, logicamente, que as manifestações exteriores que qualificamos de inteligentes, em nós, devem ter o mesmo nome quando observadas nos animais.

Não é somente a Anatomia e a Fisiologia que demonstram a identidade de composição e de funcionamento vital dos tecidos animais e humanos. É agora a experiência. Falando como Le Dantec, dir-se-á que a "substância cão" pode viver na "substância homem" e aí se adaptar perfeitamente. Melhor, ainda, eis-nos de novo na noção de perispírito: é o terreno, no corpo do animal, que dá, aos

A reencarnação

tecidos vivos sua especialidade. Uma artéria pode ser enxertada em outro corpo e aí gozar um papel de veia, ou reciprocamente, quando substitui uma parte doente desta. Existe, pois, um plano orgânico, e a matéria viva lhe obedece, no sentido de que ela transforma sua função, caso lhe imponham viver em outro lugar, que não aquele para o qual foi organizada. Não invento nada. As experiências do cirurgião Alexis Carrel[66] o estabelecem peremptoriamente. Eis o que ele verificou:

> Graças à sua técnica, o Dr. Carrel, coisa inaudita, chega a *remendar* muitos centímetros destruídos da aorta abdominal, com um pedaço do *peritônio*. E o pedaço de peritônio logo se transforma em uma parede vascular. Que futuro para a cura radical dos aneurismas!
>
> Em vez do peritônio, pode-se empregar uma veia, substituir, por exemplo, um fragmento de carótida por um pedaço de veia femoral. A veia se transforma em artéria, mas a circulação se fará perfeitamente.
>
> Uma cadela do laboratório do Dr. Carrel conserva, há dois anos, em lugar de uma artéria abdominal, um pedaço de artéria poplítea, tirada de um *jovem*, a quem acabavam de cortar a perna, e essa *artéria humana* funciona admiravelmente no animal.
>
> Coisa inesperada, o Dr. Carrel pode conservar, por mais de dez meses, em tubos especialmente dispostos, fragmentos de vasos, veias ou artérias, e mesmo outros tecidos, sem que a vitalidade deles seja prejudicada. São enxertados e se soldam. O curso do sangue restabelece-se em vasos, que, por tanto tempo, ficaram vazios. Assim, revivificados, adaptam-se logo às novas funções que se lhes impõem.
>
> Enfim — fato que ultrapassa tudo o que se poderia esperar, e que seria inacreditável, se não o houvesse verificado o Dr. Pozzi —, o Dr. Carrel substitui membros. Há, no seu laboratório, um cão branco e um cão preto de mesma estatura; cada um deles traz uma perna do outro. Nenhum parece desconfiar de nada; a perna preta do cão branco e a perna branca do cão preto se acham tão sólidas, tão vigorosas, tão isentas de

---

[66] N.E.: Ganhador do Prêmio Nobel de Medicina (1912).

inferioridades funcionais, como quando pertenciam, ainda, a seus antigos proprietários.[67]

Vê-se, pois, que minha asserção sobre a identidade dos tecidos vivos humanos e animais é seriamente fundada, e desde que os vertebrados superiores têm um sistema nervoso semelhante ao nosso, como composição, e de disposição análoga, é pouco filosófico recusar-lhes a faculdade de pensar, quando se admite que essa faculdade está ligada ao funcionamento da célula cervical.

Nós, espíritas, que temos a prova da existência independente do princípio anímico, não podemos deixar de crer que ele existe nos animais, visto que possuímos, fora das razões lógicas que nos levam a admiti-lo, certo número de fatos demonstrativos.

Foi possível verificar, por vezes, em sessões de materializações, que animais defuntos reaparecem com seu antigo corpo físico, assim como foi observado o desprendimento de outros. Se tais fatos são reais, resultaria daí que há, no ponto de vista espiritual, a mesma unidade geral que a Ciência estabelece para os seres vivos. Estes são formados de células; provêm sempre de um ser que lhes é semelhante; desenvolvem-se e morrem pelos mesmos processos; têm exigências idênticas para manter a vida. Desde a origem dos tempos, as incalculáveis miríades de seres que passaram por nosso globo, procriando ininterruptamente, transformaram-se de tão prodigiosa maneira que os restos que se lhes descobrem parecem criações apocalípticas, posto que os órgãos e as funções tivessem sido os mesmos por toda parte; entretanto, foi a sucessão deles que nos trouxe ao ponto em que estamos, visto que não existe a geração espontânea.

A Ciência formulou certo número de hipóteses para explicar as mutações dos seres. Lamarck e Darwin imaginaram teorias sedutoras, que as de Quinton e de Vries completaram até certo ponto. Porém, a verdadeira causa da evolução deve ser procurada, segundo penso, nos

---

[67] *Journal des Accoucheurs,* 1º ago., p. 8.

esforços que o princípio inteligente tem feito para se ir desprendendo das faixas da matéria.

Lamarck mostrou muito bem a força da influência dos meios para modificar os organismos; Darwin fez-nos compreender como a luta pela vida conduzia à sobrevivência dos mais aptos, dos que melhor se sabiam adaptar. As variações espontâneas não fazem mais que pôr em relevo o trabalho latente executado no seio dos organismos, e a lei de constância do meio orgânico, descoberta por Quinton, indica o esforço que os seres vivos executam para manter as condições essenciais do funcionamento vital, apesar das transformações do mundo exterior. Todas essas causas têm sido adjuvantes para polir o ser espiritual, para fazer surgirem as virtualidades que dormiam nele, a fim de que ele se torne cada vez mais apto a tomar conhecimento de si próprio e da Natureza.

Em nossos dias existem, ainda, representantes de todas as mentalidades possíveis. Desde as plantas até o homem, passando por todo o reino animal, há uma série gradual e contínua, que parte da inconsciência quase total até a plena luz da razão que alumina os homens superiores.

Em lugar de ver nessa grandiosa hierarquia unidades separadas, de que cada uma seria efêmera centelha, a teoria das vidas sucessivas obriga-nos a pensar que todo ser, chegado ao ápice, passou pelas fases inferiores, e que seu desenvolvimento não é devido ao capricho de um criador, que o teria privilegiado, mas ao seu próprio esforço. Assim, a ordem, a justiça e a harmonia se introduzem na explicação da natureza, e a evolução não é mais uma sucessão de acasos felizes, mas o desenvolvimento de um plano lógico para a vitória do Espírito sobre a matéria.

3.3 Formação e desenvolvimento gradual do Espírito

Embora a natureza íntima do princípio pensante nos seja ainda desconhecida, somos obrigados a procurar-lhe as origens em todos os seres vivos, por ínfimos que nos possam parecer. Sem dúvida, a individualidade desse princípio não é aparente nas formas inferiores, mas há uma necessidade lógica de ver em todas as manifestações vitais uma ação desse princípio espiritual, mesmo quando ele está, ainda, indistinto nos seres que estão na base da escala orgânica, como eu o dizia no relatório apresentado ao Congresso Espiritualista em 1898.

Somos, pois, obrigados, pela força da lógica, a buscar no reino vegetal o exórdio[68] da evolução anímica, porque a forma que as plantas tomam e conservam durante a vida implica a presença de um duplo perispiritual, que preside as trocas e mantém a fixidez do tipo. Diz Vulpian:

> A Natureza não estabeleceu uma linha de demarcação bem nítida, entre o reino vegetal e o animal. Os animais e os vegetais continuam por uma progressão imperceptível, e é com razão que são reunidos sob a denominação comum de reino orgânico.[69]

A assimilação do papel representado pelo perispírito a um eletroímã de polos múltiplos,[70] cujas linhas de força desenhassem não somente a forma externa do indivíduo como o conjunto de todos os sistemas orgânicos, parece passar do domínio da hipótese para o da observação científica.

Numa comunicação feita à Academia de Ciências, a 12 de maio de 1898, Stanoiewitch apresentou desenhos tomados ao natural, os quais mostram que os tecidos são formados segundo linhas de força nitidamente visíveis.

Um deles reproduz o aspecto de um ramo de pinheiro com dois nós, que têm o mesmo papel e produzem as mesmas perturbações nas partes onde se encontram, como um polo elétrico ou magnético introduzido num campo da mesma natureza; outro demonstra que a diferenciação se produz segundo as linhas de força; um terceiro repre-

---

[68] N.E.: Origem, princípio (*Houaiss*).
[69] VULPIAN, Alfred. *Lecons sur le Système Nerveux*, p. 39.
[70] DELANNE, Gabriel. *A evolução anímica*, p. 68.

senta a secção de um ramo de carvalho alguns centímetros acima da ramificação. Vê-se, até os menores detalhes, o aspecto de um campo eletromagnético formado por duas correntes retilíneas, cruzadas, do mesmo sentido, e sensivelmente da mesma intensidade.

Essas observações parecem estabelecer a existência de um duplo fluídico vegetal, análogo ao que se observa no homem.

Há, com efeito, alguma coisa nos seres vivos que não é explicável pelas leis físicas, químicas ou mecânicas; essa alguma coisa é a forma que eles apresentam. E não só as leis naturais não explicam as formas dos indivíduos, mas todas as observações nos levam a pensar que a força plástica que edifica o plano estrutural e o tipo funcional desses seres não pode residir nesse conjunto móvel, flutuante, em perpétua instabilidade, que é o corpo físico.

A série animal nos vai mostrar o progresso contínuo das manifestações anímicas.

3.4 Passagem do princípio inteligente pela série animal

Na multidão inumerável dos organismos inferiores, o princípio anímico só existe em estado impessoal difuso, porque o sistema nervoso não está ainda diferenciado; os seres são surdos, cegos, mudos: trata-se dos zoófitos; desde, porém, que ele faz sua aparição nos anelados, começam a especificar-se as propriedades comuns e vemos produzirem-se as distinções pela formação dos órgãos sensórios.

À medida que o sistema nervoso adquire mais importância, as manifestações instintivas, que se limitavam à procura da nutrição, variam e apresentam uma complexidade sempre crescente. Eis, segundo François Leuret, como se faz a progressão:

a) Notam-se, nos animais que parecem estabelecer uma transição com a classe inferior, instintos exclusivamente limitados à busca da nutrição (anelídeos: sanguessugas);

b) Sensações mais extensas e mais numerosas, extremo zelo pela geração, voracidade, crueldade cega (crustáceos: lagostim);

c) Sensações mais extensas, construção de um domicílio, voracidade, astúcia, artimanha (aracnídeos: aranha);

d) Enfim, sensações mais extensas, construção de um domicílio, vida de relação, sociabilidade (insetos: formigas, abelhas).[71]

Nos vertebrados, se tomarmos sempre como base o desenvolvimento do sistema nervoso e mais particularmente do cérebro, como *criterium* da inteligência, veremos, segundo Leuret, que o encéfalo, tornado como unidade, está em relação ao peso do corpo:

a) Nos peixes, como 1 está para 5.668;

b) Nos répteis, como 1 está para 1.321;

c) Nos pássaros, como 1 está para 212;

d) Nos mamíferos, como 1 está para 186.[72]

Há, pois, progressão contínua do encéfalo, quando passa de uma ramificação à que lhe é imediatamente superior, mas com a condição de que a pesagem abrace cada grupo tomado em bloco e não tal ou qual espécie tomada separadamente. É fato hoje bem demonstrado que o progresso na série animal se realiza não em linha reta e sobre uma só linha, mas em linhas desiguais e paralelas.

Diz-se que o cérebro humano é a tal ponto desenvolvido que nenhum ser poderá ser comparado a nós, ainda que de longe, pelas

---

[71] LEURET, François. *Anatomie comparée du système nerveux*.
[72] LEURET, François. *Anatomie comparée du système nerveux*.

A reencarnação

dimensões e peso do encéfalo. É verdade, mas a diferença não é tal que baste para constituir um novo reino. O cérebro de um macaco, de um cão ou de um gato representa, em seu conjunto, quase a disposição geral do cérebro humano. A anatomia comparada demonstrou, perfeitamente, a analogia das diferentes partes. Sem entrar em pormenores, basta assinalar que o anatomista que bem estudou o cérebro de um macaco conhece de maneira bastante exata a anatomia do cérebro do homem.

As circunvoluções constituem no aparelho cerebral do ser humano — diz Richet — o elemento de maior importância; e é sobretudo pelas circunvoluções que o cérebro do homem difere do cérebro dos outros vertebrados. Entretanto, distingue-se no encéfalo do cão o plano primitivo e o esboço das complicadas e profundas circunvoluções do homem adulto. Passando do animal ao homem, o órgão se aperfeiçoa, aumenta, diferencia-se, mas conserva-se o mesmo órgão.

Não nos espantemos, pois, de descobrir nos vertebrados o esboço do que será mais tarde a alma humana.

Não devemos esperar ver nos animais uma inteligência ou sentimentos comparáveis em intensidade ao que se observa no homem, mas o que neles devemos encontrar, se é verdadeira a evolução anímica, é o gérmen de todas essas faculdades. A experiência o confirma precisamente.

Os numerosos estudos consagrados às faculdades animais estabelecem que neles se nota, *sob o ponto de vista intelectual:* a atenção, o julgamento, a memória, a imaginação, a abstração, o raciocínio; uma linguagem de ação e uma linguagem de voz.

Os *sentimentos passionais* se afirmam pelo amor conjugal, pelo amor materno, por vezes, pelo amor do próximo, a simpatia, o ódio, o desejo da vingança, a sensibilidade ao escárnio. Os *sentimentos morais,* muito pouco desenvolvidos, podem ser observados nas manifestações do sentimento do justo e do injusto, e pelo remorso.

Enfim, os *sentimentos sociais* se verificam entre os que vivem em tropa, por efeito de serviços mútuos, de solidariedade e mesmo de verdadeira fraternidade. Diz o religioso Agassiz:

> Quando os animais se batem, quando se associam para um fim comum; quando se advertem do perigo; quando vêm em socorro um do outro; quando mostram tristeza e alegria, manifestam movimentos da mesma natureza daqueles que se inscrevem entre os atributos morais do homem.[...] A graduação das faculdades morais nos animais superiores e no homem é de tal forma imperceptível que, para negar aos animais certo senso de responsabilidade e de consciência, é preciso exagerar desmesuradamente a diferença que há entre o homem e eles.[73]

O capítulo seguinte nos mostrará a exatidão do sábio americano.

---
[73] AGASSIZ, Louis. *De l'espèce et de la classification en zoologie*, 1869, p. 97.

CAPÍTULO 4

A inteligência animal

OBSERVAÇÕES QUE PARECEM FAVORÁVEIS À HIPÓTESE DA EVOLUÇÃO ANÍMICA. — OS CAVALOS DE ELBERFELD. — O CÃO ROLF. — A CADELA LOLA. — ZOU.

Para apoiar as asserções dos naturalistas que admitem a inteligência animal, experiências do mais alto interesse foram levadas a efeito há alguns anos, principalmente na Alemanha, em cavalos e cães; elas tendem a demonstrar que nossos irmãos inferiores não se acham tão afastados de nós, intelectualmente, como vulgarmente se imagina. Vou resumir as observações publicadas a respeito dos cavalos de Elberfeld, dos cães Rolf e de Lola.

4.1 Os cavalos calculadores

Em 1912, a imprensa parisiense fez grande ruído em torno da publicação[74] das experiências de Krall, rico negociante de Elberfeld,

---

[74] Nota do autor: Para o método de educação de Von Osten, ver os *Annales des Sciences Psychiques*, jan. 1913, p. 1.

com seus cavalos Muhamed e Zarif. Esses inteligentes quadrúpedes, por meio de um alfabeto convencional, podiam entreter-se com seu mestre, executar cálculos complicados, indo mesmo até a extração de raízes quadradas e cúbicas.

Concebe-se que semelhantes afirmações fossem acolhidas por uma incredulidade geral. Muitos filósofos de renome, entretanto, tendo estudado o caso desses animais notáveis, perceberam que havia aí, realmente, um campo novo de observação para a psicologia animal e publicaram numerosos relatórios nos *Annales des Sciences Psychiques* dos anos de 1912 e 1913, nos *Archives de Psychologie de la Suisse Allemande* e na revista italiana *Psyche*. Vou citar passagens tomadas nessas diferentes fontes. Elas estabelecem a certeza das notáveis faculdades desses animais.

Krall não foi o primeiro que se ocupou em estudar a inteligência dos cavalos; a honra cabe a um precursor, chamado Wilhelm von Osten, que desde 1890 acreditou perceber no cavalo Hans, garanhão suíço, sinais de uma inteligência, que resolveu cultivar. Com infatigável paciência, buscou fazer-se compreender por Hans, que se tornou capaz, não só de contar, isto é, de bater num trampolim, colocado diante de si, com o pé direito, o algarismo das unidades e com o esquerdo o das dezenas, como, ainda mais, de efetuar verdadeiros cálculos, de resolver pequenos problemas. Aprendeu a ler e indicar a data dos dias da semana corrente.

O ruído provocado por esses sensacionais resultados suscitou violentas polêmicas. Foi nomeada, em 1904, uma comissão composta dos Srs. Stumpf e Nagel, professores de Psicologia e de Fisiologia da Universidade de Berlim; do diretor do Jardim Zoológico; de um diretor de circo; de veterinários; de oficiais de Cavalaria. O inquérito concluiu pela inexistência de truques ou embuste, porque o cavalo calculava exatamente, mesmo na ausência de seu proprietário. Foi então que Oskar Pfungst, aluno do Laboratório de Psicologia de Berlim, depois de estudar atentamente

A reencarnação

Hans, acreditou poder afirmar que o cavalo era levado a dar respostas exatas pela observação de movimentos inconscientes da cabeça ou dos olhos do experimentador. A questão da inteligência animal pareceu logo enterrada, e, em 1909, o precursor von Osten morreu desesperado.

Eis, porém, que um dos seus admiradores e dos seus discípulos, Krall, pouco convencido da realidade das explicações de Pfungst, e muito versado no estudo da psicologia animal, herdou Hans, estudou-o metodicamente e apresentou o resultado dos seus trabalhos em um grosso volume, que atraiu de novo a atenção sobre essa questão apaixonante. Krall afirmava, com efeito, que Hans é capaz de trabalhar em completa obscuridade, e ainda quando lhe põem antolhos que o impedem de ver os assistentes. Enfim, contrariava ele, perfeitamente, o que dizia Pfungst, quando falava das perguntas feitas a mais de 4 metros e meio atrás do cavalo.

Não havia mais do que duvidar: Hans não obedecia a sinais visíveis e as respostas exatas eram o produto do seu próprio psiquismo.

Krall descobriu, em uma série de experiências, que a acuidade visual do cavalo é muito fina e muito grande, e que ele não é sujeito às ilusões ópticas que nele ensaiaram provocar. Finalmente, Hans compreendeu a língua alemã e tornou-se capaz de exprimir ideias por meio de um alfabeto convencional, batido com o casco.[75]

Depois dessas pesquisas, Hans, velho e fatigado, não dava mais que resultados incertos, o que decidiu Krall a procurar dois cavalos árabes, Muhamed e Zarif, com os quais empreendeu a educação, e esta não tardou a dar os mais brilhantes resultados. Treze dias depois da primeira lição, Muhamed executava pequenas adições e subtrações. Krall não ensinava a seus animais *como* fazemos essas operações, mas somente no que elas consistem.

---

[75] Nota do autor: Para os pormenores, consultar o relatório do Dr. Roberto Assagioli nos *Annales des Sciences Psychiques*, nº 7, jan.-fev. 1913.

No mês de maio seguinte, Muhamed compreendia o francês e o alemão e podia extrair raízes quadradas e cúbicas, executar pequenos cálculos deste gênero:

$$\frac{(3 \times 4) + \sqrt{36}}{3} \qquad \frac{\sqrt{36} \times \sqrt{64}}{4}$$

Além disso, Zarif aprendeu a soletrar palavras que se pronunciavam diante dele e que nunca tinha visto escritas.

Concebe-se que tais resultados suscitaram um espanto geral, porque, como escreveu Édouard Claparède, era o maior acontecimento que jamais se produziu na psicologia geral.[76] De todas as partes afluíram sábios que, a princípio incrédulos, voltaram convencidos da realidade das narrativas de Krall. Entre os afamados homens de ciência que emitiram juízo sobre os cavalos de Elberfeld, citarei, desde logo, Ernest Hoeckel, o ilustre Hoeckel, que escreveu a Krall: "Suas pesquisas cuidadosas e críticas mostram, de maneira convincente, a existência da razão no animal, o que, para mim, nunca foi motivo de dúvida".

O célebre naturalista via, evidentemente, nessa semelhança entre o animal e o homem, uma confirmação de suas teorias materialistas. Vem em seguida o Dr. Edinger, eminente neurologista de Frankfurt, depois os professores Dr. H. Kraemer e Dr. H. E. Ziegler, ambos de Stuttgart; o Dr. Paul Sarazin, de Bale; o professor Ostwald, de Berlim; o professor Dr. A. Beredka, do Instituto Pasteur, de Paris; o Dr. Claparède, da Universidade de Genebra; o professor Schoeller; o físico professor Gehrke, de Berlim; o professor Goldstein, de Darmstadt; o professor Dr. von Buttel Reopen, de Oldemburgo; o professor Dr. William Mackenzie, de Gênova; o professor Dr. R. Assagioli, redator-chefe da revista *Psyche*, de Florença; o Dr. Hartkopf, de Colônia; o Dr. Freudenberg, de Bruxelas,

---

[76] CLEPARÈDE, Édouard. *Les chevaux savants d'Elberfeld*. Bulletin de la Société Française de Philosophie, 1913.

A reencarnação

que vieram a Elberfeld verificar as inesperadas faculdades que se revelavam entre os pensionistas de Krall. Foi, enfim, o Dr. Ferrari, professor de Neurologia da Universidade de Bolonha, que, depois de haver publicado na *Revista de Psicologia* e nos *Annales des Sciences Psychiques* um artigo contrário à tese de Krall, declarou-se, em seguida, convencido da realidade da inteligência dos cavalos, depois de maduro exame da questão.

Como diz Alfred Russel Wallace, os fatos são coisas obstinadas e é preciso inclinar-se diante deles, quando irrefutavelmente estabelecidos, como é o caso.

Como explicar, com efeito, senão por um trabalho próprio do animal, resultados como estes? Um dia, o Dr. Mackenzie e os outros assistentes puseram no quadro o problema seguinte:

$$\sqrt{1874161}$$

Muhamed deu a resposta exata, 37, enquanto os assistentes estavam todos no pátio e olhavam para a cavalariça através de pequena abertura. Outra vez, o problema foi transmitido pelo telefone, e sua solução, ignorada pela pessoa que a escreveu no quadro, foi dada exatamente pelo inteligente quadrúpede.

Há melhor ainda: o Dr. Hartkopf enviou perguntas em envelopes fechados, cujas soluções eram ignoradas pelos assistentes. Muhamed respondeu com exatidão. Maeterlinck, em seu livro *L'Hôte Inconnu* (*O hóspede desconhecido*), conta que, tendo ido a Elberfeld, apresentou a Muhamed e a Zarif pequenos problemas, de que ignorava as soluções; as respostas, entretanto, foram exatas.

Parece, portanto, que não se trata de transmissão de pensamento ou mesmo de qualquer ação telepática. Como o assunto é da mais alta importância, citarei ainda o relatório do professor G. Grabow, contra a hipótese de transmissão do pensamento como explicação de todos os casos. Ele experimentou com o cavalo Hans:

Gabriel Delanne

Eu colava papel branco em cartas de jogar e punha, em cada uma, algarismos para pequenas operações, por exemplo: 2 + 3; 4 + 2; 7 – 2; 12 – 5; 5 X 2, etc.

Como havíamos convencionado, von Osten devia colocar-se no canto esquerdo do pátio, enquanto eu ficava no direito. Em seguida, devia mandar-me Hans. Assim se deu. Hans veio para perto de mim e eu lhe disse:

— Hans, mostrar-te-ei uma carta na qual há um cálculo a executar; vai ao senhor que ali está defronte, e, se lhe deres a resposta certa, terás açúcar. Queres?

Hans respondeu afirmativamente, baixando a cabeça.

Tirei as cartas de meu bolso, misturei-as de maneira a ignorar a carta debaixo, e, mostrando-a a Hans, perguntei-lhe:

— Compreendeste?

Ele respondeu *sim,* com a cabeça.

— Então vai ali ao senhor defronte e lhe dá a resposta.

Hans chegou diante de von Osten, que lhe perguntou:

— Então, qual é a solução?

Hans bateu com o pé 5 vezes.

— Qual é o primeiro algarismo?

Resposta: 2.

— Qual o segundo?

Resposta: 3.

Foi então que olhei a carta que estava embaixo do maço. Com efeito, nessa carta havia 2 + 3 que Hans havia lido, compreendido, calculado corretamente. Tudo isso sem que ninguém o pudesse ajudar e sem ser ajudado mesmo por uma sugestão inconsciente, no caso impossível.

Quanto a mim, ignorava os números, e von Osten não podia deles ter conhecimento do outro lado do pátio.

Dr. G. Grabow
Membro do Conselho Superior
da Instrução Pública da Prússia

A reencarnação

Eis ainda dois outros exemplos, tanto mais interessantes quanto testemunham uma verdadeira inteligência inicial:

> Krall, falando do seu pônei, conta as duas anedotas seguintes, que demonstram a espontaneidade da inteligência desses notáveis solípedes.[77]
>
> Certa manhã, por exemplo, chego à cavalariça, e me disponho a dar-lhe sua lição de Aritmética; apenas se acha diante do trampolim, põe-se a bater com o pé. Deixo-o fazer, e fico estupefato por ver uma frase inteira, uma frase absolutamente humana, sair, letra a letra, do casco do animal: "Alberto bateu em Haenschen", disse-me ele, nesse dia. Outra vez escrevi, por seu ditado: "Haenschen mordeu Kama". Como a criança que revê o pai, ele experimentava a necessidade de me pôr ciente dos pequenos incidentes da cavalariça; fazia a humilde e ingênua crônica de uma humilde vida sem aventuras...[78]

Em outra circunstância, Zarif soletrou, ele mesmo, "eu, fatigado", e em lugar de resolver um problema que se lhe propunha, deu o nome de Claparède, omitindo as vogais, seguindo um hábito desses cavalos.

Krall comprou um belo cavalo cego chamado Berto e lhe ensinou o cálculo pelo toque, designando os algarismos com um dedo colocado sobre a pele do animal. A tentativa teve pleno êxito, diz Assagioli, porque, em pouco tempo, Berto aprendeu a bater o número de pancadas correspondentes aos algarismos desenhados sobre a pele. Pode dar o resultado exato de muitas adições simples, pronunciadas em alta voz, como 65 + 11; 65 + 12, etc.; e, alguns dias antes, tinha respondido corretamente as perguntas: 9 – 4; 8 – 2; 3 X 3, e assim por diante.

Enfim, um pequeno pônei chamado Haenschen aprendeu também o cálculo. Eis, pois, cavalos diferentes em raça e em idade, que nos testemunham sua inteligência, que respondem com exatidão aos pequenos problemas que lhes são postos. Sem dúvida, como os humanos, alhures, nem sempre eles estão bem dispostos; sucede-lhes cometerem erros e, coisa estranha, parece que, por vezes, a personalidade

---

[77] N.E.: Mamífero que possui um único casco em cada pata (*Houaiss*).
[78] MAETERLINCK, Maurice. *L'Hôte Inconnu*.

daquele que os examina influi sobre a mentalidade deles; ora com certas pessoas eles respondem bem e depressa, ora mostram repugnância e má vontade para com os que não lhes agradam.

Todos esses fatos parecem estabelecer que, em contrário a opinião geralmente adotada, o cavalo é realmente inteligente, raciocina, e que, por aí, está mais próximo da Humanidade do que seríamos tentados a supô-lo, encarando apenas o seu lugar na escala zoológica.

Vejamos, agora, os casos de outro animal familiar, o qual se revela ainda mais extraordinário que os pensionistas de Krall.

4.2 O cão Rolf

Os fatos que vamos relatar são tomados, em parte, a uma conferência realizada por Edmond Duchâtel, membro da Sociedade Universal de Estudos Psíquicos, em Paris,[79] e a um trabalho do Dr. William Mackenzie, aparecido nos *Annales des Sciences Psychiques*.[80]

Duchâtel foi informado, por um artigo do *Matin*, dos casos e gestos do cão Rolf, e resolveu verificar por si mesmo a realidade dessas estranhas narrativas. Dirigiu-se, para isso, à casa da Sra. Mœkel, mulher de um advogado que mora em Mannheim.

Rolf tinha 3 anos; era um Airedale Terrier[81] escocês, de pêlo vermelho, com cerca de 60 cm de altura.

Para começar, Duchâtel apresentou ao pequeno animal o seguinte problema:

$$\frac{96 - 10}{9}$$

---

[79] Ver *Annales des Sciences Psychiques*, out. 1913, p. 290 et seq.
[80] *Annales des Sciences Psychiques*, jan.-fev. 1914, e *Archives de la Suisse Romande*.
[81] N.E.: Raça canina de origem britânica, de grande porte, dócil e inteligente, utilizada para companhia, guarda e caça de animais que habitam tocas e covis (*Dicionário de cinologia*).

A reencarnação

Poucas crianças da 1ª série seriam capazes de fazer de cabeça esse cálculo; mas Rolf respondeu imediatamente 9. Perguntado se havia resto, deu o número 5.

Solucionou, ainda, exatamente as duas questões:
$$10 + 3 = 13 \qquad 6 - 2 = 4$$

Há aqui uma observação importante: o cão, intrigado com a presença de um estranho, perguntou à Sra. Mœkel, por meio do alfabeto convencionado: "Quem é este senhor?".

A Sra. Mœkel mostrou-lhe a assinatura da carta de Duchâtel, e o cão bateu "Duhadl", resultado verdadeiramente extraordinário.

Há aí uma intervenção espontânea da parte do cão, porque nunca lhe apresentaram uma questão como esta.

Rolf demonstrou grande afeição à Sra. Mœkel, depois que esta o tratou por ocasião de um grave acidente que lhe sobreveio. Assim, ele faz todos os esforços por agradá-la. Não a deixando nunca, assistia às lições que ela dava à filha. Foi então que se revelou o que de mais espantoso se pode imaginar: o haver compreendido as lições de cálculo, sem que nunca lhe fossem ensinadas diretamente.

O caso é tão estranho que não me furto a narrar integralmente o testemunho da Sra. Mœkel:

> Um dia, ao meio-dia, estava eu sentada, perto das crianças, e preenchia a função ingrata de ajudá-las nas suas tarefas.
>
> Nossa pequena Frieda, tão interessante e tão viva, mas um pouco distraída, resistia obstinadamente à solução do problema 2 X 2, quando, em uma ocasião de mau humor, lhe administrei ligeiro corretivo. Nesse momento, o cão, deitado sob a mesa das lições, olhava-nos de tal forma que eu disse:
>
> — Vê, Frieda, ele nos encara como se soubesse disso.
>
> Rolf aproximou-se, sentou-se ao meu lado, olhou-me com os olhos bem abertos, e eu lhe perguntei:

— Rolf, que desejas? Sabes quanto são 2 X 2?

Com grande espanto meu, ele deu quatro pancadas em meu braço. Nossa filha mais velha propôs-me logo perguntasse ao cão quanto fazem 5 e 5. A resposta foi dada prontamente por dez pancadas, com a pata. Na mesma tarde, continuando as experiências, vimos que o animal resolvia, sem erros, os problemas simples de adição, subtração e multiplicação.

Notemos que, no alfabeto das pancadas, foi ainda esse prodigioso animal que indicou o número das que correspondiam a cada letra.

É inegável que estamos em presença de manifestações intelectuais do cão, e, o que é interessante, assim como escolheu o número correspondente às letras do alfabeto, soube, espontaneamente, bater com a pata o número de pancadas necessárias para resolver o problema 2 X 2. Teve ele, pois, a iniciativa desse modo de resposta, fato que denota de sua parte mais reflexão do que se poderia esperar de um animal que nunca foi ensinado a servir-se da pata para exprimir suas ideias.

Rolf, às vezes, faz pilhérias. Como se falasse diante dele de pessoas que são hostis, ele bateu imediatamente: "São burros".

A mentalidade de Rolf se manifesta por associações de ideias, que lhe são particulares. Foi assim que, durante uma leitura, ocorreu a palavra *outono;* perguntou-se-lhe o que significava, e, em lugar da palavra *estação,* que se esperava que ele dissesse, respondeu: "O tempo em que há maçãs", simplesmente porque, nessa ocasião, lhe davam maçãs assadas.

Outra nota sobre Rolf: o casal Mœkel recebeu a notícia do noivado de um amigo com a Srta. Daisy Falham Chester. Conversava-se em família sobre esse acontecimento, quando Rolf interveio dizendo: "Doutor haver senhorita se chamar como nossa gata". Daisy é o nome da gata da casa e essa homonímia parecia ter despertado a alma galhofeira de Rolf.

A reencarnação

E a propósito da gata é preciso dizer, também, que ela sabe fazer pequenos cálculos. E por isso, Rolf, sentindo-se fatigado, em lugar de responder à questão proposta, bateu: "Que Bárbara leve Lol [diminutivo de Rolf] e chame Daisy".

Depois desses exemplos, pode-se afirmar com o Doutor Bérillon:

> Os animais, cujo sistema nervoso apresenta como o do homem tanta analogia de estrutura e de morfologia, não são autômatos, despidos de consciência, de inteligência e de raciocínio, como bons Espíritos se comprazem em apresentá-los. Esforços de amestramento e educação, idênticos aos que se aplicam no ensino às crianças, dariam, seguramente, depois de certo tempo, resultados inesperados.[82]

É precisamente o que verificam todos aqueles que têm amor aos animais e a necessária paciência para os educar. Isso é o que veremos mais adiante.

No relatório do Dr. Mackenzie, encontra-se a narrativa de pequena e comovente cena.

> A Sra. Mœkel, que se havia separado da filha para a pôr num pensionato, chorava; eis que Rolf, sem ser convidado, aproxima-se e bate: "Mamãe, não chore, isto faz mal a Lol".

Rolf tem uma companheira, Jela, que também conhece Aritmética, mas é menos hábil que seu marido.

Vimos que Daisy é capaz de realizar também pequenas operações. Foi assim que, diante dos Drs. Mackenzie e Wilser, que lhe apresentavam os problemas abaixo, respondeu:

17 + 4 dividido por 7 – 1? Disse: Ficam dois.

3 X 3 – 5? Disse: Ficam quatro.

---

[82] *Les mémoires topographiques et la capacité calculative chez les animaux.*

Foi decididamente a melhor demonstração da faculdade educadora da Sra. Mœkel.

Não se creia, entretanto, que esses animais não experimentem dificuldades no executar seu trabalho mental: a solução dos problemas fatiga-os, por vezes, enormemente.

Somos impressionados, diz o Dr. Mackenzie, pelo esforço mental muito visível do cão, que se traduz por suspiros, arquejos, bocejos; podem-se, mesmo, produzir hemorragias nasais, depois das sessões longas e fatigantes.

É indiscutível que o animal faz esses esforços sem nenhuma intervenção estranha.

Por mais inteligente que seja Rolf, nem por isso deixa de ser um animal para quem as satisfações físicas superam as demais.

"Dize-me o que mais gostas?", perguntou-lhe o Doutor Mackenzie, ao que ele responde, sem hesitação: "Comer salmão de fumeiro".

Para excluir, por completo, a hipótese de sinais inconscientes, que o animal percebesse, ou uma percepção de pensamento, o Dr. Mackenzie reproduziu, variando um pouco, a experiência do Dr. Grabow com o cavalo Hans.

> Resolvo preparar quatro cartõezinhos que trago comigo. Peço à Sra. Mœkel que desenhe à pena um canário ou outro pássaro num dos cartões, e no outro, com sua letra habitual, o nome da menina Karla, de quem ele gosta muito.
>
> Enquanto espero, desenho num dos cartões que restam uma grande estrela e a encho de azul, e no outro faço dois quadrados, um azul e outro vermelho.
>
> Rolf se acha ausente, durante todo o tempo da operação; quando ele chega, os cartões já estarão fechados em invólucros igualmente trazidos por mim. Peço então à Karla que vá ao meu quarto, misture os cartões o melhor que puder, e volte. É o que foi feito.
>
> Todos os assistentes, eu inclusive, ficamos atrás da Sra. Mœkel. Excluí, depois de cuidadoso exame, a possibilidade de um jogo de espelhos.

A reencarnação

Os cartões se acham com a parte desenhada do mesmo lado. Posso, pois, facilmente, extrair um, com a certeza de não ver o desenho. Executo a manobra por trás da Sra. Mœkel; depois, levanto o cartão, que ignoro, acima de sua cabeça, sempre com o lado desenhado voltado para o chão.

Ela toma o cartão que lhe dou, mostra-o ao cão, incitando-o a dizer o que viu; pego-o, então, da mesma maneira, ponho-o no invólucro e este no bolso.

Só o cão viu o desenho, mas não quer responder. Bate com insistência "4" (fatigado), estende-se no chão e pretende ir embora.

A Sra. Mœkel, muito inquieta com o resultado da experiência, pede a Rolf, suplica, depois ameaça.

Por minha vez incito-o, encorajo-o, prometo-lhe, se ele responder bem, mostrar-lhe muitas figuras que lhe trouxe. Isto parece decidi-lo, e, enfim, bate sem a menor hesitação: *rot blau eck* (quadrado vermelho e azul).

Por felicidade, foi um desenho feito por mim o que saiu. Desaparece, assim, toda a suspeita possível sobre o valor da experiência, que se pode dizer plenamente bem-sucedida.

Rolf sabe perfeitamente discernir, o que o diferencia de seus congêneres da raça canina. O Dr. Mackenzie mostrou-lhe uma gravura, representando um cão da raça *basset*, e ele respondeu: "cão". O doutor então pergunta: "Em que difere de ti?" Rolf responde imediatamente: "Outras patas".

É pois inteiramente evidente que foi Rolf que, sem nenhuma intervenção estranha, soube reconhecer e descrever o desenho do Dr. Mackenzie, ao mesmo tempo que achou as palavras exatas para exprimir-lhe o pensamento. São fenômenos verdadeiramente inteligentes, que mostram a psique animal mais perto da nossa do que poderia supor-se.

Uma questão interessante é a de saber como os animais chegam a compreender-se, sem possuir linguagem articulada. Na correspondência trocada entre a Sra. Mœkel e o Dr. Mackenzie, eis o que encontramos a respeito.

A Sra. Mœkel interroga Rolf, e lhe diz:

"Como te entendes com os outros cães? Isto é, como te fazes compreender por eles e como eles te compreendem?" Rolf cala-se. "Compreendeste minha pergunta?" R. "Sim". "Então?" R. "Latir, mover a cauda, ver também os movimentos com a boca".

Quando a ciência oficial quiser empenhar-se na estrada aberta por von Osten, Krall e a Sra. Mœkel, o véu que cobre ainda o processo do crescimento da inteligência por meio da série animal se romperá e acabaremos por compreender como se tem operado essa progressão mental que, dos mais baixos graus da escala zoológica, chegou ao magnífico desenvolvimento que se observa nos representantes mais ilustres da raça humana.

4.3 Lola

Parece que o estudo das faculdades intelectuais de nossos animais domésticos vai prosseguir, doravante, um pouco por toda parte, e muito particularmente além do Reno, pois a Senhorita Kindermann publicou em 1919 um livro[83] no qual conta como ensinou sua cadela Lola a ler e escrever.[84] Esta é uma filha de Rolf e parece tão desenvolvida intelectualmente como seu pai. Ela aprendeu, com efeito, muito rapidamente, a fazer as quatro operações e a resolver pequenos problemas. É igualmente capaz de enunciar seus pensamentos por meio de um alfabeto convencional de bateduras. Parece interessante assinalar certas particularidades de Lola, que estabelecem que, se por vezes ela pode tomar conhecimento

---

[83] KINDERMANN, Henry. *Lola ein Beitrag Zun den* Ken *und Sprechen der tiere, Contribution à l'étude de la pensée et du langage des animaux.*
[84] Nota do autor: As pessoas desejosas de saber como ela procedeu poderão consultar o jornal *Psychique*, mar. 1922, p. 10 e 12; o artigo está assinado por Maillard.

A reencarnação

telepaticamente (o que aproxima, ainda, o animal do homem) dos pensamentos de sua dona, em outras circunstâncias faz prova de uma vontade pessoal, que demonstra a autonomia de sua inteligência. Fato curioso, verdadeiramente inesperado: Lola pretende descobrir, pelo odor, o estado de espírito de seus interlocutores. De fato, ela assinala facilmente neles a ansiedade, a tristeza, a fadiga. Um dia, interrogada pela Srta. Kindermann sobre suas impressões de momento, deu respostas sem significação e pareceu visivelmente embaraçada. Importunada por perguntas, responde indistintamente "mentir". Sua interlocutora a tranquiliza:

— Eu não me zangarei, disse-lhe ela. — Assim, pareço mentir?
— Sim.
— A propósito de quê?
— Munique.

Lembrei-me imediatamente de que, uma hora antes, tinha contado à cadela que iria a Munique e que ela talvez me acompanhasse. Mas, pensava comigo, que tal não se daria, pelo incômodo que iria ter, e pensava, realmente, em deixar Lola em Stuttgart.[85]

Essa última característica poderia fazer supor que se trata não de um exercício de olfato, mas de uma leitura de pensamento. E essa interpretação, que a maior parte dos críticos se dão pressa em aplicar a todas as manifestações da inteligência animal, orientou as pesquisas inteligentes da Srta. Kindermann. Melhor faremos, reproduzindo aqui suas conclusões, no caso.

Um dia, interrogada a cadela sobre o nome de uma pessoa que se esperava, designou o de outra, cuja chegada a Senhorita Kindermann também aguardava naquele momento. Esta perguntou:
— Por que respondeste inexatamente?

---
[85] Op. cit., p. 42

— Tu pensas.
— Quê! Sabes o que eu penso?
— Sim.
— E o sabes sempre?
— Não.
— Pensas tu mesmo?
— Sim.

Continua a autora:

Isso era inteiramente novo, mas me pareceu certo, e meu ponto de vista, confirmado pelas provas ulteriores, pode exprimir-se assim: o cão é sensível à transmissão do pensamento; é capaz de lhe experimentar a influência, quando está fatigado ou preguiçoso; também lhe é suscetível, quando se lhe pergunta algo que ele não sabe e quando pode apanhar em minha consciência algum informe com relação a um elemento já anteriormente dele conhecido. Mas, e aí está o ponto capital, nada se pode transmitir ao cão do que lhe é totalmente estranho.

Assim, sucede muitas vezes que o cão, interrogado sobre uma operação aritmética, dá uma solução contrária à minha, quando eu é que estou errada; a ideia, pois, que podia estar em minha consciência, não se lhe impõe. Mais tarde, ao contrário, quando estava fatigado, adotava uma solução falsa, porque não queria pensar por si. Eu via muito distintamente em seus olhos, quando ela estava inativa e esperava adivinhar meu pensamento. Procurei, muitas vezes, fazer-lhe entrar na cabeça, por essa forma, alguma noção nova; foi sempre impossível.

Esses reparos são muito importantes; a leitura do pensamento, meio cômodo de explicar certos fenômenos embaraçosos, não poderia representar um papel constante e universal, e é interessante precisar-lhe os limites. Manifesto se torna, aliás, tanto pelo exemplo de Lola como pelos informes em nosso poder, atualmente, sobre a psicologia animal, que os casos observados dão provas não duvidosas

A reencarnação

de espontaneidade e de autonomia, pois que se encontram, por vezes, mesmo, em contradição com os interrogadores.

Vejamos alguns exemplos citados pela Srta. Kindermann:

A 27 de julho de 1916, perguntava à Lola:
— Queres dizer alguma coisa?
— Sim, eu, comer.
— Lola, por que me falas sempre de comer?
— Ouço isto continuamente de criados e criadas, e também de ti.
— Não há, pois, mais nada por fazer? Fala-me de outro assunto.
— Eu comer — repetiu Lola, e depois acrescentou: — Pouca comida.

A 18 de maio, procuramos ensinar-lhe o conteúdo de uma mensagem a enviar ao pai da Srta. Kindermann. Esta explica que a carta deve começar pela palavra *caro,* que deve conter agradecimentos pelo bolo que Lola acaba de receber e terminar por estas palavras: Saudações de Lola. Mas, em lugar de conformar-se com tais instruções, o animal, sem hesitação nenhuma, e muito pelo contrário, bate com vigor e rapidez, e se exprime assim: "Caro, vem onde estamos, eu desobediente no momento, muitas vezes mal, abraço".

O que há de notável é que este ditado foi interrompido por uma observação intempestiva, porque, em lugar das três letras una (começo da palavra alemã *Unartig,* desobediente), a Senhorita Kindermann esperava a palavra *und* (e). Mas foi em vão que quis substituir um *a* por um *d.* O cão recusou-se por um *não,* bem batido, e continuou o ditado.[86]

Desses exemplos pode-se concluir, sem temeridade, que o animal é capaz de pensar por si próprio, e não tem nenhuma necessidade de buscar em outrem os elementos de suas ideias. O homem não é o único ser pensante da Natureza e só difere, em realidade, de alguns

---

[86] Nota do autor: A palavra "desobediente" faz alusão a um corretivo que a cadela acabava de receber, por ter ido sozinha para a caça, e a expressão "muitas vezes mal" aplica-se às dores de cabeça e à fadiga de que ela se queixa em vários momentos, em suas comunicações.

outros que o cercam, pela extensão mais considerável, não pela natureza de suas faculdades de raciocínio.

4.4 Zou

A Sra. Borderieux, a ativa diretora da revista *Psychica*, conhecida há muito por sua solicitude para com os animais, empreendeu, recentemente, a educação do seu cão Zou, e já obteve resultados interessantes no que concerne ao cálculo. Pode-se prever que esse animal parisiense seguirá os traços de seus antecessores alemães. Os leitores, desejosos de ficar a par de seus progressos, poderão ler a apreciada revista, que publica, de quando em quando, interessantes descrições da educação e dos progressos de Zou.

CAPÍTULO 5

As faculdades supranormais nos animais e seu princípio individual

ANALOGIAS EXISTENTES ENTRE AS FACULDADES ANIMAIS E HUMANAS. — A TELEPATIA. — CASOS AUDITIVOS COLETIVOS QUE PARECEM DEMONSTRAR A EXISTÊNCIA DE UM FANTASMA ANIMAL. — PRESSENTIMENTO DE UM CÃO. — VISÃO DE UMA FORMA INVISÍVEL POR UM CÃO. — FANTASMA DE UM CÃO VISTO POR UM GATO. — FANTASMAS PERCEBIDOS COLETIVAMENTE POR HUMANOS E ANIMAIS. — PRECEDÊNCIA DA VISÃO ANIMAL SOBRE A DO HOMEM. — FANTASMA VISÍVEL POR DUAS PESSOAS E UM CÃO. — LUGARES ASSOMBRADOS POR ANIMAIS. — CAVALOS QUE MORREM DE TERROR. — ESTUDO DE FATOS QUE PROVAM A SOBREVIVÊNCIA DA ALMA ANIMAL. — O CASO DA SRA. D'ESPÉRANCE. — MUITOS EXEMPLOS DE VISÕES DE ANIMAIS FALECIDOS. — O CASO DA SRA. HUMPHRIES. — O CÃO VIDENTE. — O CASO DE TWEEDALE; O FANTASMA DO CÃO É VISÍVEL, EM PLENO DIA, POR MUITAS PESSOAS. — O CASO CITADO POR DASSIER. — FANTASMAS DE ANIMAIS NAS SESSÕES DE MATERIALIZAÇÃO. — O PITECANTROPO NAS SESSÕES COM O MÉDIUM KLUSKI. — OS NŒVI — RESUMO.

A analogia certa que existe entre as manifestações intelectuais dos animais superiores e as do homem leva-nos a indagar se as faculdades supranormais, que se verificam em nós, não poderiam existir, em um grau qualquer, entre os que se têm chamado, a justo título, nossos irmãos inferiores.

É evidente que o assunto só pode ser resolvido pela observação. Ora, sobre ele, já existe certo número de narrativas reunidas por Ernesto Bozzano, o grande psicólogo italiano. Ele as publicou nos *Annales des Sciences Psychiques* (ago. 1905). Infelizmente, não posso, a meu pesar, por motivo da exiguidade do meu quadro, reproduzi-las integralmente; farei, apenas, algumas citações, que parecem provar a hipótese da transmissão de pensamento entre o animal e o homem, com iniciativa no primeiro. Se se multiplicarem as observações, a identidade fundamental do princípio inteligente em todos os animais superiores ficará estabelecida de maneira a não deixar qualquer dúvida.

Eis um primeiro exemplo, muito interessante, onde parece que houve não só uma ação psíquica exercida pelo animal como também uma espécie de possessão temporária. Tendo-se o fenômeno produzido durante o sonho, devem-se fazer algumas reservas quanto à interpretação das impressões experimentadas pelo Sr. Rider Haggard, como devidas a uma possessão verdadeira. Como quer que seja, eis a narrativa, que foi autenticada pela Sociedade de Pesquisas Psíquicas:[87]

> Conta Rider Haggard, que se achava deitado tranquilamente a 1 hora da madrugada de 10 de julho. A Sra. Haggard, que dormia no mesmo quarto, ouviu o marido gemer e emitir sons inarticulados, tais como os de um animal ferido. Inquieta, chamou-o. O Sr. Haggard percebia a voz como num sonho, mas não chegou a desembaraçar-se desde logo do pesadelo que o oprimia. Quando despertou completamente, contou que tinha sonhado

---

[87] Nota do autor: *Journal of the Society Psychical Research*. Ver também a revista *Luce e Ombra* (out. 1922 e seguintes) e a *Revue Psychique* (ago. 1905).

A reencarnação

com Bob, o velho cão de caça de sua filha mais velha, e que ele vira debater-se em terrível luta como se fosse morrer.

"Eu via", diz Haggard, "o bom velho Bob, estendido num lago, entre os juncais. Parecia que minha personalidade saía misteriosamente do corpo do cão, que erguia a cabeça até meu rosto, de maneira estranha. Bob esforçava-se por falar-me, e, não conseguindo fazer-se compreender pela voz, transmitia-me, de maneira indefinível, a ideia de que estava para morrer."

O Sr. e a Sra. Haggard voltaram a dormir, e o romancista não foi mais perturbado no sono. De manhã, ao almoçar, ele contou às filhas o sonho que tivera e riu com elas do medo que a mãe tinha sentido. Atribuía o pesadelo a má digestão. Quanto a Bob, ninguém se preocupou com ele. Mas, à, hora da refeição cotidiana, ninguém o viu. A Sra. Haggard começou a experimentar alguma inquietação, e o romancista a suspeitar de que se tratava de algum sonho verídico. Fizeram pesquisas que duraram quatro dias, ao fim dos quais o Sr. Haggard encontrou o pobre cão flutuando nas águas de um lago, a 2 quilômetros da casa, com o crânio fendido e duas patas quebradas.

Um primeiro exame feito pelo veterinário fez supor que o infeliz animal tinha sido apanhado numa armadilha, mas acharam-se provas indiscutíveis de que ele fora esmagado por um trem, na ponte que atravessava o lago, e que tinha sido projetado em seguida, caindo entre as plantas aquáticas.

Na manhã de 19 de julho, um cantoneiro da estrada de ferro achou na ponte a coleira ensanguentada de Bob. Não restava dúvida de que o cão morrera na noite do sonho. Sucedera que havia corrido essa noite, um pouco antes da meia-noite, um trem extraordinário de recreio, que fora a causa do acidente.

Todas essas circunstâncias ficaram provadas pelo romancista, por meio de uma série de documentos testemunhais.

Segundo o veterinário, a morte devia ter sido instantânea; teria, pois, precedido, de duas horas ou mais, o sonho de Haggard.[88]

---

[88] Nota do autor: Este caso se aproxima do de Everard Calthrop, que encontrou sua égua afogada depois de ter sonhado com o acidente, na noite em que ele se produziu (CALTHROP, Everard. *The horse, as Comrade and Friend*, 1920)

Comentando este fato, Bozzano faz notar que, entre as causas que poderiam ser invocadas para explicar o sonho, a ação telepática do animal é a mais provável, pois que nenhuma pessoa humana assistiu verossimilmente ao acontecimento.

A clarividência pura e simples pela telestesia[89] exige uma causa externa, e a do pensamento do animal é a única que se pode invocar no caso.

Vejamos outros exemplos em que esta ação parece igualmente em jogo. Sabe-se que, por vezes, aquele que experimenta uma ação telepática vê-se forçado a deslocar-se. É provável que, no seguinte caso, se haja produzido algo semelhante. Ei-lo:

> Possuo um cão, educado por mim, que tem 5 anos de idade. Sempre gostei muito dos animais, e, sobretudo, dos cães. O de que se trata, de tal maneira retribui minha afeição, que não me deixa ir a lugar nenhum, nem mesmo sair do quarto, sem acompanhar-me. É terrível caçador de ratos, e como a despensa costuma ser frequentada por esses roedores, fiz ali uma caminha bem cômoda para Fido. No mesmo compartimento, havia um fogão com um forno para assar o pão, assim como uma caldeira para a lixívia, munida de um tubo que ia até a chaminé.
>
> Não deixava eu nunca, à noite, de acompanhar o cão à sua cama, antes de retirar-me. Tinha-me despido e ia para o leito, quando fui tomado, de repente, por uma sensação inexplicável de perigo iminente. Só podia pensar no *fogo* e foi tão forte a impressão que acabei por ceder. Tornei a vestir-me, desci e me decidi a vistoriar o apartamento, quarto por quarto. Chegando à despensa, não vi Fido; supondo que ele tivesse ido para o andar superior, chamei-o, mas em vão. Fui onde estava minha cunhada e lhe perguntei pelo cachorro; ela nada sabia. Comecei a ficar inquieto. Não atinava com o que fazer, quando me lembrei duma frase, que faria o cão responder: "Vamos passear, Fido", frase que lhe causava sempre grande alegria.

---

[89] N.E.: Segundo Frederic Myers, é a percepção à distância, implicando uma sensação ou visualização direta de coisas ou condições, independentemente de qualquer veículo sensorial conhecido, e em circunstâncias que excluem a presunção de serem as noções adquiridas originárias de mentalidade estranha à do percipiente; segundo Charles Richet, é o conhecimento que tem o indivíduo de qualquer fenômeno não perceptível nem cognoscível pelos sentidos normais, e estranhos a toda e qualquer transmissão mental, consciente ou inconsciente (BOZZANO, Ernesto. *Os fenômenos de telestesia*).

A reencarnação

Um gemido sufocado, então, como que enfraquecido pela distância, chegou-me aos ouvidos. Recomecei, e ouvi distintamente um lamento do cão em perigo. Tive o tempo de me assegurar que o ruído vinha do interior do cano que faz comunicar a caldeira com a chaminé. Não sabia como proceder para tirar o cão dali. Apanhei uma enxada e comecei a quebrar a parede, no lugar. Consegui, enfim, tirar Fido, já meio sufocado, com ânsias de vômito, com a língua e o corpo inteiramente sujos de fuligem. Alguns momentos mais, o meu pequeno favorito estaria morto, e como só raramente nos servimos da caldeira, nunca teria sabido, talvez, que fim ele levara. Minha cunhada veio, atraída pelo ruído, e descobrimos um ninho de ratos no forno, do lado do tubo. Fido, evidentemente, havia perseguido um rato até o interior do cano, e ali ficara sem poder voltar para sair.

Tudo isso se passou há alguns meses e foi então publicado pela imprensa local. Mas eu nunca teria pensado em comunicá-lo a essa Sociedade, se não fora o caso de Rider Haggard.

J. F. Young[90]

Repito que existem muitos outros exemplos dessa ação telepática, que a falta de espaço não me permite reproduzir, o que me obriga a aconselhar ao leitor o trabalho de Bozzano.

Chego, agora, a um caso de ação telepática experimentado por duas pessoas, ao mesmo tempo, o que exclui a hipótese de uma alucinação entre a alma animal e a alma humana, pois que parece tratar-se, aqui, de um duplo animal, que produz um ruído físico (caso auditivo coletivo):

Megatherium é o nome de meu cãozinho, que dorme no quarto de minha filha. Na última noite, acordo, repentinamente, ao ouvi-la pular pelo quarto. Conheço muito bem sua característica maneira de saltitar. Meu marido não tardou a acordar, por seu turno. Perguntei-lhe:

— Ouves?

Responde ele:

— É Meg.

---

[90] *Journal of the Society for Psychical Research*, nº 195, v. 11, jan. 1903.

Acendemos uma vela, olhamos por toda parte, e não vimos nada no quarto. A porta, entretanto, estava bem fechada. Veio-me, então, a ideia de que alguma desgraça tinha sucedido a Meg; tive a sensação de que ele morrera naquele instante; olhei o relógio, para verificar a hora, e achei que devia descer, e ir imediatamente assegurar-me do que houvera. Mas aquilo me parecia tão absurdo e fazia tanto frio! Fico um instante indecisa e o sono me retorna. Pouco tempo decorre, e alguém vem bater à porta; era minha filha, que exclama com grande ansiedade:

— Mamãe, Meg está morrendo!

Descemos a escada de um salto e encontramos Meg, virado de lado, com as pernas rígidas, como se estivesse morto. Meu marido levanta-o, sem chegar a compreender o que se passou. Verifica-se, enfim, que Meg havia enrolado, não se sabe como, a correia de sua roupinha, em torno do pescoço, por forma que estava quase estrangulado. Libertamo-lo imediatamente e, logo que o cão pôde respirar, não tardou a reanimar-se e restabelecer.

Sra. Beauchamp[91]

Poder-se-ia supor, talvez, que a ansiedade, no caso experimentada pela Srta. Beauchamp, foi transmitida à mãe. Mas é inteiramente improvável que a alucinação sugerida se haja traduzido para os dois percipientes sob a forma de ruídos que lembrassem os saltos de Meg. Penso que a hipótese do duplo do animal é a mais provável.

Uma observação muito curiosa, narrada por Hans Christian Andersen, parece estabelecer que podem existir relações simpáticas, a grande distância, entre o homem e o animal, e que esta ação é capaz de traduzir-se na forma de pressentimentos, tal como sucede entre os humanos. Reproduzo textualmente a interessante narração:

O contista dinamarquês Andersen tinha um amigo, o professor Linden, que sofria de tuberculose. A Administração lhe concedeu subsídios para uma viagem à Itália. Linden possuía um cão, chamado Amour, um canicho branco, que ele estimava muito, e que confiou a Andersen, durante sua ausência.

---

[91] Nota do autor: Para maiores informações, envio o leitor ao *Journal of the Society for Psychical Research*, nº 72, v. 4, jul. 1890.

A reencarnação

Andersen aceitou o encargo e não se ocupou de outra coisa, além da subsistência do animal.

Riu bastante quando a criada de quarto lhe disse que Amour pressentia o que ia suceder ao seu dono.

— Ele fica alegre ou triste, conforme seu dono vai bem ou mal.

— Como assim? — perguntou Andersen.

— Isto logo se percebe. Por que aceita ou recusa a comida sem estar doente? Por que fica de cabeça baixa, durante muitos dias, até que o senhor receba uma má notícia de Linden? O cão sabe perfeitamente o que o dono faz na Itália, e chega a vê-lo, porque seus olhos têm, às vezes, uma singular expressão.

A partir desse instante, apesar do seu ceticismo, Andersen começou a observar o cão. Uma noite sentiu qualquer coisa fria na mão, e, abrindo os olhos, percebeu o cão, diante da cama, que lhe lambia a destra.

Teve um arrepio. Acariciou o animal para o tranquilizar, mas Amour soltou um gemido doloroso, e lançou-se ao chão, com as quatro patas estendidas.

— Nesse instante — conta Andersen —, fiquei convencido de que meu amigo tinha morrido. E tão certo estava que, no dia seguinte, substituí minha roupa escura por uma preta. Pela manhã, encontrei um conhecido que me perguntou por que estava triste. Respondi:

— Esta noite, às 23 h 27 min, morreu Olof Linden.

Como soube mais tarde, foi essa a hora de sua morte.

No exemplo que se segue, as testemunhas descrevem movimentos de objetos sem contato, os quais se produziam em uma casa mal-assombrada, enquanto o cão parece ter tido conhecimento da personagem inteligente, mas invisível, que deles era a autora.

5.1 Um caso provável de clarividência

A propósito de uma casa assombrada, em Versalhes. Em uma carta dirigida ao Dr. Dariex, M. H. de V. assim se exprime:

Ao fim de uns dez minutos, em que a criada nos contava seus aborrecimentos, uma velha poltrona de carretilhas, colocada num canto, à esquerda, pôs-se em movimento, e, descrevendo uma linha quebrada, veio passar entre mim e Sherwood; depois rodou sobre si própria, cerca de um metro atrás de nós, bateu duas ou três vezes no chão com seus pés de trás, e voltou em linha reta a seu canto.

Isto se passou em pleno dia e podemos convencer-nos de que não havia compadresco nem truque de qualquer gênero. A referida poltrona, por três vezes, fez o mesmo curso, tomando o cuidado, fato estranho, de não bater em ninguém. Ao mesmo tempo, pancadas violentas se faziam ouvir do outro lado, no quarto vizinho, cujas portas estavam inteiramente abertas e que jazia completamente deserto.

O amigo que nos tinha levado açulou o seu cão para o canto da sala; o animal voltou uivando, tomado, evidentemente, de profundo terror. O amigo foi obrigado a conservá-lo no colo, durante todo o tempo em que ficamos na casa.[92]

Eis outro exemplo, em que a clarividência de um sensitivo confirmada pela de um animal.

Fantasma de um cão visto por um gato. Carrington narra o seguinte caso, muito curioso: Um cavalheiro e duas senhoras passeavam juntas, quando uma das senhoras, que é clarividente, declarou que via um cão caminhando diante deles. Descreveu-o, minuciosamente, às duas outras pessoas, que nada viam. Enquanto conversavam, um gato saiu de uma casa vizinha e aproximou-se muito tranquilamente até o ponto em que a senhora acusava a presença do cão. Lá chegando, parou bruscamente, inchou o dorso, espirrou, deu umas unhadas na direção do animal fantasma, e voltando, de súbito, ganhou a sua casa, com toda a rapidez.[93]

---

[92] Nota do autor: Caso colhido em *Psychische Studien*, nov. 1905.
[93] *Psychische Studien*, jul. 1908, p. 64.

A reencarnação

5.2 Fantasmas percebidos coletivamente pelos humanos e pelos animais

Os anais de observações psíquicas contêm grande número de narrativas, nas quais se nota um fato do mais alto interesse, que são as aparições vistas simultaneamente pelas pessoas presentes e pelos animais. Supondo que a visão seja subjetiva, ela demonstra que o animal possui, como o homem, uma indiscutível faculdade de clarividência. No caso contrário, se imaginarmos que a visão é objetiva, é preciso então concordar que o fantasma é real, pois que o animal o percebe, ao mesmo tempo que as demais pessoas.

Vejamos dois exemplos em que o fantasma é visto primeiramente pelo animal. Parece deduzir-se desta narrativa que o cão, muitas vezes, percebia por clarividência seres que eram invisíveis às pessoas presentes, o que aproxima o caso daquele acima relatado, com referência à casa assombrada de Versalhes.

5.3 Visões de fantasmas humanos longe de qualquer coincidência telepática e percebidos coletivamente pelos homens e pelos animais

8 DE AGOSTO DE 1892. — Lá pelo ano de 1874, quando eu não tinha mais que 18 anos, estava em casa de meu pai, e, certa manhã de verão, levantei-me às 5 horas, a fim de acender o fogo e preparar o chá.

Um grande cão de raça *bull terrier*, que tinha o hábito de me acompanhar por toda parte, achava-se a meu lado, enquanto eu preparava o fogo. Em dado momento, ouvi-o soltar um uivo surdo e o vi olhar na direção da porta. Voltei-me para esse lado, e, com grande terror, percebi uma figura humana, alta e tenebrosa, cujos olhos flamejantes se dirigiam a mim.

Dei um grito de alarme e caí de costas no chão. Meu pai e meus irmãos correram imediatamente, acreditando que ladrões tinham penetrado em casa. Contei-lhes o que vira, e eles julgaram que a visão tinha por fonte a minha imaginação perturbada por uma recente doença. Mas por que teria também o cão percebido alguma coisa? O aludido cachorro via, por vezes, aquilo que era invisível para mim; lançava-se para o invisível, fazendo gesto de morder no ar, e me encarava de certo modo, como a dizer: não vês tu?

Sr. H. E. S.[94]

5.4 Visual com precedência do animal sobre o homem

Era uma tarde de inverno do ano de 18... Eu estava em meu quarto, sentado perto do fogo, inteiramente absorvida em acariciar minha gatinha favorita, a ilustre senhora Catherine, que, ah! não é mais deste mundo. Ela estava encolhida em meu colo, em atitude quase sonhadora, com os olhos cerrados, como adormecida.

Apesar de não haver luz no quarto, os reflexos da chama iluminavam perfeitamente todos os objetos. O compartimento em que nos achávamos tinha duas portas, uma das quais dava para um apartamento provisoriamente fechado. A outra, colocada defronte da primeira, abria para o corredor.

Alguns minutos havia que minha mãe me deixara, e a confortável e antiga poltrona de espaldar, muito alta, que ela ocupava, ficou vazia. Minha gatinha, com a cabeça apoiada em meu braço, parecia cada vez mais sonolenta, e eu já pensava em ir deitar-me.

De repente, vi que alguma coisa inesperada tinha perturbado a tranquilidade de minha favorita. Ela havia cessado bruscamente de ronronar e dava sinais evidentes de crescente inquietação. Inclinei-me para ela, procurando acalmá-la com minhas carícias, quando, *ex abrupto*,[95] ela se levantou, começou a respirar fortemente, com o dorso erguido, a cauda eriçada, em postura de desafio e terror.

Levantei a cabeça, por minha vez, e vi, com assombro, uma pequena figura, feia; encarquilhada, de velha megera, sentada na poltrona de minha mãe.

---

[94] *Proceedings of the Society for Psychical Research*, v. 10, 1894, p. 327.
[95] N.E.: Expressão latina que significa "de pronto", "de súbito", "sem preparação" (*Houaiss*).

A reencarnação

Tinha as mãos nos joelhos e o corpo inclinado, de modo a ficar com a cabeça perto da minha. Os olhos penetrantes, luzentes, maus, fixavam-me, imóveis; parecia que era o diabo que me encarava por aqueles olhos. As vestes e o conjunto do aspecto eram os de uma mulher da burguesia francesa, mas não me preocupei com isso, porque os olhos dela, com as pupilas estranhamente dilatadas e uma expressão má, absorviam-me completamente os sentidos. Quis gritar com todas as forças dos meus pulmões, mas os tais olhos maléficos me fascinavam e tiravam a respiração. Não podia desviar a vista, e ainda menos levantar-me. Entrementes, procurei segurar fortemente a gata; esta, porém, não parecia querer ficar com aquela horrível vizinhança. Depois de esforços desesperados, conseguiu libertar-se e, saltando pelas cadeiras, pelas mesas, por tudo que encontrava diante de si, atirou-se, por muitas vezes, e com violência extrema, aos caixilhos superiores da porta que dava para o apartamento fechado.

Em seguida, voltando-se para a outra porta, começou a atirar-se para ela, com redobrada fúria.

Meu terror tinha aumentado; ora olhava para a megera, cuja vista maléfica continuava fixada em mim; ora seguia com os olhos à gata, que se tornava cada vez mais frenética. Por fim, a terrível ideia de que o animal pudesse se enraivecer teve por efeito restituir-me a respiração e comecei a gritar com todas as forças.

Minha mãe veio apressadamente. Logo que abriu a porta, a gata saltou-lhe pela cabeça e durante uma boa meia hora continuou a correr pela escada, de alto a baixo, como se alguém a perseguisse.

Voltei-me para mostrar a minha mãe a causa do meu espanto. Tudo havia desaparecido.

Em semelhantes circunstâncias, é bem difícil apreciar a duração do tempo; calculo, entretanto, que a aparição tenha persistido durante quatro ou cinco minutos.

Soube-se, em seguida, que essa casa pertencera, outrora, a uma mulher que se havia enforcado naquele mesmo quarto.

Senhorita K.

O General K., irmão da percipiente, confirma a narrativa acima.[96]

A impressão produzida na gata foi tão profunda que, durante meia hora, ela ficou desvairada; neste caso, é mais provável que a aparição fosse real.

Vejamos uma última narrativa: o fantasma manifesta-se a duas pessoas e é igualmente visível a um cão.[97]

5.5 A aparição de Palladia: visual, auditiva, coletiva

Palladia era uma jovem morta aos 15 anos, que apareceu por diferentes vezes, e a muitas pessoas.

> Em 1855, morava eu, com meus pais, em um campo do governo de Poltava. Uma senhora de nosso conhecimento veio passar, com suas filhas, uns dias em nossa casa. Algum tempo depois de chegarem, tendo acordado pela madrugada, vi Palladia. Eu dormia em uma ala separada, estava só. Palladia se conservava diante de mim, quase a cinco passos, e olhava-me com um sorriso alegre; aproximou-se e me disse: "tenho estado, tenho visto", e, sorrindo, desapareceu. O que queriam dizer estas palavras, não compreendi.
>
> Dormia comigo, no quarto, o meu *setter*. Desde que vi Palladia, o cão não latiu mais, quando, ordinariamente, não deixava entrar ninguém no quarto, sem latir ou rosnar. E todas as vezes que o cão via Palladia, agarrava-se a mim, como a buscar um refúgio.
>
> Quando Palladia desapareceu, vim para casa e não contei a ninguém o incidente. À tarde do mesmo dia, a filha mais velha da senhora que morava conosco disse-me que um fato estranho lhe havia ocorrido pela manhã: "Tendo acordado muito cedo", referiu-se ela, "senti como que alguém, em pé, à cabeceira de minha cama, e ouvi distintamente uma voz que dizia: 'Não me temas, eu sou boa e amiga'. Voltei à cabeça, porém não vi nada;

---

[96] Nota do autor: Para melhores informações sobre o caso, ver o *Journal of the Society for Psychical Research*, vol. 888, p. 268 e 271.
[97] Nota do autor: Ver o artigo de Ernesto Bozzano em *Annales des Sciences Psychiques*, ago. 1908.

A reencarnação

minha mãe e minha irmã dormiam tranquilamente; isso muito me espantou, porque nunca me aconteceu um caso semelhante".

Respondi-lhe que muitas coisas inexplicáveis nos sucedem, mas não lhe disse nada do que vira de manhã. Só um ano mais tarde, quando já era seu noivo, foi que lhe contei a aparição e as palavras de Palladia, naquele mesmo dia.

Não foi ela que a veio ver também? Devo acrescentar que tinha visto aquela senhorinha pela primeira vez e não pensava absolutamente desposá-la.

Sr. Eugène Mamtchich[98]

5.6 Lugares assombrados

Em muitas regiões há narrativas por onde se vê que existem localidades que parecem assombradas; produzem-se fenômenos anormais, tais como ruídos inexplicáveis, deslocamentos de objetos sem causa conhecida, e se assinalam, por vezes, aparições. Eis dois casos bem curiosos, em que os animais experimentam verdadeiro terror.

O primeiro vem descrito em *Phantasms of lhe Living*, vol. 2, p. 197:

> Visão Coletiva, 2 de março de 1884. Em 1875, minha irmã e eu (estávamos então com 13 anos), saímos de casa, num carro, lá pelas quatro horas da tarde, de um dia de Verão, quando vimos, de repente, flutuando acima de uma sebe,[99] uma forma de mulher, que deslizava sem ruído pela estrada. Essa forma era branca, e estava em posição oblíqua, a uns 10 pés[100] do solo.
>
> O cavalo parou, de súbito, e tremia de susto, por tal forma que não tivemos mais ação sobre ele. Eu exclamei, dirigindo-me à minha irmã: "Você viu isso?".
>
> Ela respondeu que via, e dirigiu a mesma pergunta ao rapaz Caffrey, que estava no carro.
>
> A forma atravessou a sebe, passou por cima do campo, e perdemo-la de vista, para além de uma plantação.

---

[98] *Proceedings of the Society for Psychical Research*, v. 10, 1894.
[99] N.E.: Cerca de plantas ou de arbustos e ramos secos (*Houaiss*).
[100] N.E.: Unidade de medida equivalente a 30, 4 cm.

Creio que a observamos durante dois minutos. Ela nunca tocou o chão, mas pairava a pouca distância da terra.

Chegando à nossa casa, narramos a visão. Nunca tive outra, antes ou depois. Estávamos os três com boa saúde, e ninguém nos havia sugerido a ideia de uma aparição antes daquela.

Mais tarde nos disseram que se supunha assombrado o caminho, e que muitos habitantes do local tinham visto ali uma aparição.

Violet Montgomery
Sidney Montgomery

O segundo caso é ainda mais significativo, porque muitos animais, que experimentaram a influência do lugar assombrado, morreram em seguida depois do susto.

Durante os fenômenos do cemitério de Ahrensburg, na ilha de Oesel, em que ataúdes foram encontrados em abóbadas fechadas e os fatos foram verificados por uma comissão oficial, os cavalos daqueles que vinham visitar o cemitério ficaram tão excitados e espantados, que se cobriram de suor e espuma. Algumas vezes se lançavam em terra e pareciam agonizar; apesar dos socorros que lhes traziam, imediatamente, muitos morriam ao fim de um ou dois dias. Neste caso, como em tantos outros, posto que a comissão fizesse uma investigação muito severa, nenhuma causa natural se descobriu.[101]

Alguns exemplos aos quais me referi são tomados entre grande número de outros que a falta de espaço não me permite reproduzir. Eles apresentam uma variedade de manifestações, que as aproxima das verificadas entre os humanos.

Vimos, com efeito, que a ação telepática é a explicação mais provável para o caso de Rider Haggard e de Young. Em seguida, notamos que o desdobramento do cão Megatherium igualmente a

---

[101] OWEN, Robert Dale. *Footfalls on the Boundary of Another World*, p. 188.

hipótese mais verossímil para explicar os ruídos percebidos pelo casal Beauchamps.

Até os pressentimentos são também apanágio da raça canina, e, enfim, a clarividência se acusa nos casos de habitações assombradas; assim, tudo a que se convencionou chamar faculdades supranormais pertence à psique animal, o que a aparenta definitivamente com a alma humana.

Para responder à objeção de que não se deve ligar grande importância a anedotas dessa natureza, que podem ser inventadas com todas as peças ou deformadas pela imaginação dos narradores, lembrarei que essas narrativas são, pela maior parte, tomadas à Sociedade de Pesquisas Psíquicas, que instituiu inquéritos minuciosos para cada um dos casos que lhe foram assinalados, e que só conservou aqueles cuja autenticidade ficou indiscutivelmente demonstrada.

Vou chegar, agora, a outro aspecto da questão, o que consiste em estabelecer a sobrevivência do princípio pensante no animal. Fá-lo-ei citando exemplos de visões relativas a animais póstumos e a alguns fatos que parecem estabelecer que a individualidade pensante de nossos irmãos inferiores está ligada, também, a uma forma indestrutível, que é seu corpo espiritual.

Haveria, pois, assim, uma continuidade perfeita nas manifestações da inteligência encarnada ou desencarnada, em todos os graus da escala da vida.

Comecemos este estudo pela visão de animais defuntos, que médiuns ou clarividentes descrevem com exatidão, sem os ter nunca conhecido, ou, se os conheceram, sem terem sido informados de sua morte.

Eis um primeiro exemplo, contado pela célebre médium Madame d'Espérance.

Colho o caso de um interessante artigo, por ela publicado na *Light* (22 out. 1904, p. 511):

> Uma só vez, sucedeu-me uma prova pessoal da presença, em espírito, de um animal que eu havia muito bem conhecido em vida. Tratava-se de um

pequeno *terrier*, grande favorito de minha família, o qual, em consequência da partida do seu dono, tinha sido dado a um dos seus admiradores, que habitava a uma centena de milhas distante de nós.

Um ano depois, quando eu entrava, certa manhã, na sala de jantar, vi, com grande espanto, a pequena Monna, que corria, saltando em volta do quarto e que parecia tomada de um frenesi de alegria; girava, girava, ora metendo-se embaixo da mesa, ora intrometendo-se pelas cadeiras, como fazia em seus momentos de excitação e alegria, depois de uma ausência mais ou menos longa de casa. Concluí, naturalmente, que o novo dono de Monna a tinha trazido, ou que, pelo menos, a cadela tinha conseguido, inteiramente só, encontrar o caminho de sua antiga morada. Fui logo interrogar outros membros da família, mas ninguém sabia nada a respeito; aliás, procurou-se por toda parte, chamou-se-lhe pelo nome: Monna não se fez mais ver.

Disseram-me que eu devia ter sonhado, ou pelo menos fora vítima de uma alucinação, depois do que, o incidente ficou depressa esquecido.

Muitos meses, um ano talvez, se passaram, antes que acontecesse encontrar-nos com o novo dono de Monna. Pedimos logo notícias dela. Disse-nos ele que Monna havia morrido pelas feridas que recebera em luta com um grande cão. Ora, pelo que pude verificar, isto se passara na mesma data, ou pouco tempo antes do dia em que a vira em espírito correr, saltar, girar em torno da sala de sua antiga residência.[102]

Se a aparição se produziu no momento da morte do animalzinho, essa visão podia ser atribuída à telepatia; mas se, ao contrário, o fenômeno se realizou algum tempo depois da morte, é que o fantasma do animal foi percebido por clarividência.

No exemplo seguinte, se, a rigor, as visões relativas ao gato fantasma podem ser de natureza alucinatória, o mesmo não se dá no que concerne à descrição do cão, que o Sr. Peters não conheceu.

---

[102] Deixo de mencionar quatro outros casos: *Proceedings of the Society for Psychical Research*, v. X, p. 127; *Phantasm of the Living*, v. II, p. 446; *Journal of the Society for Psychical Research*, v. VI, p. 375; e *Journal of the Society for Psychical Research*, v. XII, p. 21.

A reencarnação

5.7 Da sobrevivência dos animais

Escreve o Sr. Peters, na *Light*:

No que toca à sobrevivência dos animais, observei um fato curioso, antes de me tornar espiritualista. Eu estava doente e recebia sempre a visita de um gato, que pertencia à minha proprietária. Toda tarde, antes de escurecer, vinha o animal ao meu quarto, dava uma volta por ele, com ar solene, e retirava-se. Disseram-me, um dia, que haviam matado o gato, mas o fato se me apagou do espírito, e, todas as tardes, o gato aparecia, como de hábito. Entretanto, uma vez, lembrei-me, repentinamente, de que o gato estava morto. Como, nessa época, não sabia nada dos fatos psíquicos, e via, entretanto, o gato distintamente, pensei que os sofrimentos me tivessem tornado maluco, mas, ao fim de algum tempo, deixei de receber a visita do bicho.

De outra feita, estando em sessão com uma família, conversava com um hóspede, quando vi, de repente, um grande cão escuro, que veio colocar a cabeça em meus joelhos. O cão me parecia tão real, que o descrevi, e meu hóspede reconheceu nele o favorito da família.

Tomo a um livro recente da Sra. Agullana, *La vie vécue d'un médium spirite*, um caso análogo ao precedente. Ei-lo:

Estava em Condom, no escritório de M. T., conversando com este e sua mulher, quando tive uma singular visão, de que lhes fiz parte. Disse-lhes que via um Espírito, um senhor, personagem que descrevi. No mesmo instante, apareceu-me um cão, do qual pintei o pelo. Ele percorria o armazém de M. T., em meio a louças e porcelanas. Era a cada instante chamado pelo senhor: "Venha cá, Médor!", como se receasse que o cão causasse algum desastre na louça frágil.

Disse-me M.T. que esse senhor morreu há 8 anos. Era um dos meus melhores amigos e a quem tinha como irmão. Quanto ao cão, que se chamava Médor, está morto há quase um ano.

O caso do juiz Austin é tão interessante quanto os precedentes.

5.8 A aparição de um cão

A *North Somerset Gazette* lembra a história seguinte, contada pelo Sr. Robert Austin, que lhe garante a autenticidade:

> [...] seu pai, o juiz Austin, que era conhecido como um grande amador de cães, tinha um *spaniel*,[103] muito ligado ao dono. O cão morrera, e, uma semana depois, o juiz foi à casa de um amigo em Clifton, com o qual se entreteve durante alguns instantes no salão. Quando ele partiu, uma moça escocesa, que se achava então na casa, perguntou quem era aquele senhor com um cão. A dona da casa respondeu que era o juiz Austin, mas, acrescentou, não trazia cão nenhum consigo. A outra replicou que havia com ele um cachorro, no salão, e descreveu exatamente não só o aspecto de um velho *spaniel*, como, ainda, sua postura favorita, quando se achava ao pé do dono.

Podeis pensar o que quiserdes desta história, diz Austin, mas é verídica.

Para os partidários obstinados da teoria da transmissão do pensamento ou da criptestesia,[104] a descrição do animal pode ser tomada em uma imagem da subconsciência do juiz; o mesmo não sucede quando a visão fantasmal exerce também sua ação sobre animais.

5.9 Visão de fantasmas animais produzida fora de qualquer coincidência telepática e percebida coletivamente por animais e homens

Madame d'Espérance, autora bem conhecida, conta na *Light* (out. 1904, p. 511-513) um fato de visão animal fantasma, que reproduzo, citando apenas os pormenores essenciais.

---

[103] N.E.: Raça de cães de orelhas caídas e pelo comprido, originária da Espanha (*Larousse*).
[104] N.E.: Sensibilidade a fenômenos cuja natureza ainda não se conhece; percepção extrassensorial (*Houaiss*).

A reencarnação

Quando passeava em um pequeno bosque vizinho, ela notou que, frequentemente, os cavalos se assustavam em certo ponto do caminho que atravessavam. Disse ela:

Meus cães recusavam-se obstinadamente entrar no bosque, estiravam-se no chão, punham o focinho entre as pernas, e ficavam surdos à persuasão e às ameaças.

Se me encaminhava para outra direção, eles logo me seguiam alegremente, mas, se eu persistia em entrar no bosque, abandonavam-me e dirigiam-se de carreira para casa, tomados de uma espécie de pânico.

Contando esse fato a uma amiga, disse-me ela que os camponeses consideravam esse lugar como assombrado, e que os animais domésticos temiam passar por ali.

Um dia de outono de 1896, eu e uma amiga fomos dar um passeio. Chegamos ao pequeno bosque, no qual entramos ao lado do oeste, caminhando tranquilamente. Fui a primeira a voltar-me e vi um novilho, de cor vermelho-escura... Fiz uma exclamação de espanto e o animal escondeu-se logo no bosque, do outro lado da vereda. Quando ele penetrava no bosque cerrado, estranho clarão avermelhado se lhe desprendeu dos grandes olhos: dir-se-ia que lançavam chamas. Era a hora do pôr do sol, que dardejava seus raios em linha reta horizontal.

Depois daquela época, bem poucos dias se passaram sem que eu tivesse atravessado o bosque, a pé ou a cavalo, e não mais, até poucas semanas atrás, encontrei o misterioso bezerro.

Era um dia sufocante, e me dirigi para o bosque, a fim de encontrar aí um abrigo do sol e dos revérberos deslumbrantes da estrada. Estava acompanhada por dois *collies* (cães pastores) e por um pequeno *terrier*. Chegada ao limite do bosque, os dois cães agacharam-se, de repente, se recusaram a continuar o caminho, ao mesmo tempo que exerciam toda a arte canina de persuasão para que eu me dirigisse para outro lugar. Vendo que eu persistia em ir para a frente, acabaram por acompanhar-me, mas com visível repugnância. Todavia, alguns instantes depois, pareceram tudo esquecer, e eu continuei, tranquila, o meu caminho, colhendo amoras. Em dado momento, os vi voltarem de carreira para se esconder, trêmulos e gementes, a meus pés; ao mesmo tempo, o pequeno terrier saltava em meus joelhos. Não podia compreender aquilo, quando, de repente, ouvi atrás de mim um furioso tropel que se aproximava rapidamente. Antes que tivesse tempo de afastar-me, vi chegar um rebanho de gamos. Tomados de espanto, em carreira desenfreada, faziam tão pouco caso de mim e dos cães que estavam a ponto de me lançarem ao chão. Olhei em torno, espantada, a fim de descobrir a causa desse pânico, e percebi um novilho, avermelhado-escuro, que, desandando, embrenhava-se na mata. Os gamos afastaram-se rapidamente. Meus cães que, em circunstâncias ordinárias, lhes teriam dado caça, conservaram-se encolhidos e trêmulos, a meus pés, enquanto o pequeno *terrier* se recusava a descer dos meus joelhos. Durante muitos dias, este cãozinho não quis mais atravessar o bosque. Os outros dois não se recusavam, mas entravam no bosque contra a sua vontade e mostravam visível desconfiança e temor.

O resultado de nossos inquéritos confirmou as nossas impressões, ou, como se diz no lugar, o bezerro de olhos flamejantes não era um animal comum, vivo, terrestre.

A realidade de um bezerro fantasma é confirmada não só pela visão de Madame d'Espérance como sobretudo pelo terror que sentiram os gamos e os cães, aos quais ninguém havia sugestionado.

Eis outro caso, em que a realidade da aparição de um buldogue, depois de sua morte, parece evidente.

5.10 Um cão fantasma

Colho do *The Animal's Guardian*, que as reproduz, muitas histórias de aparições de animais, escritas no *National Review* pelo Capitão Humphries, que as coligiu, durante suas viagens, em muitos países.

A história seguinte foi contada ao capitão por um amigo de sua esposa, e a verossimilhança do relato não tem motivo por onde se lhe possa pôr em dúvida.

Quando eles estavam no sul da África, sua habitação se achava perto do leito da estrada de ferro, de que o jardim ficava separado por pequeno

A reencarnação

muro. Por essa ocasião possuíam eles um buldogue magnífico, ao qual permitiam andar por toda parte, e que, tendo querido evitar uma locomotiva, foi morto por outra. Alguns meses depois, os condutores dos dois trens da noite começaram a dar apitos. Esse fato aborrecia muito o proprietário do cão morto. Além disso, sua mulher era de saúde delicada e se achava, muitas vezes, de cama. O marido encontrou, um dia, um dos condutores e lhe perguntou se os apitos eram realmente necessários, pois que não havia nenhum sinal em vista. A princípio, o homem espantou-se com a pergunta, mas o marido reiterou-a, invocando a doença de sua mulher.

Foi, então, que o maquinista explicou que o amigo do escritor tinha a solução nas próprias mãos, pois que o apito era dado, somente no intuito de impedir que o seu cão fosse esmagado, porque ele atravessava muitas vezes a linha, e só se desviava quando era advertido por aquela forma; e depois, habitualmente, passava por cima do muro de que falamos.

A descrição dada do cão concordava em todos os pontos com a do que tinha sido esmagado pelo trem. Essa aparição continuou por alguns meses, com diferentes intervalos.

Aqui não podia ser invocada, como explicação, nenhuma ação telepática do animal. Por outra parte, uma alucinação visual dos mecânicos é inverossímil, porque eles viram muito distintamente, por diferentes vezes, o fantasma do buldogue, e apitaram a fim de o afastarem.

Notemos, também, que essas aparições se realizaram alguns meses depois da morte do cão, o que indica a conservação de sua forma e a possibilidade, para ela, de se materializar.

A descrição que se segue nos põe, ainda, em presença da materialização póstuma de um cão, e, o que é notável, essa aparição se deu a 106 milhas da cidade em que ele morrera.

5.11 O cão risonho

Lê-se no *Swasteka*,[105] de julho, a curiosa narrativa devida ao General Thompson:

> Jim era um magnífico *collie*, favorito de toda a família, que residia em Cheyenne. Sua natureza afetuosa não podia ser mais notável. Era conhecido de toda a cidade, que lhe chamava "o cão risonho". Vinha-lhe esse apelido porque demonstrava o prazer que lhe causava o encontro de amigos e parentes do dono por uma espécie de risada, que se assemelhava estranhamente ao rir de um ser humano.
>
> Numa noite dos últimos dias de 1905, lá para as 7 h 30, eu passeava com um amigo na 17ª rua de Denver, Colorado. Quando nos aproximávamos da porta do First National Bank, vimos um cão estendido no meio da calçada, e, caminhando para ele, fiquei espantado por sua absoluta semelhança com o Jim, de Cheyenne. Sua identidade ficou mais certa ainda pelos sinais de satisfação que mostrou ao ver-me, e pelo riso particular, só dele, com que me acolheu. Disse ao meu amigo que, se não estivéssemos a 106 milhas de Cheyenne, ia jurar que estávamos em presença de Jim, cujas particularidades lhe assinalei.
>
> O cão astral ou fantasma estava evidentemente ferido de modo grave, porque não podia levantar-se. Depois de o ter acariciado, dei-lhe um comovido adeus, atravessamos Stout Street, e voltei-me para o ver, uma vez ainda: ele havia desaparecido.
>
> No dia seguinte, pela manhã, recebi uma carta de minha mulher anunciando-me que na véspera, as 7 h 30, Jim tinha sido morto acidentalmente.
>
> Acreditarei por toda a minha vida que vi o fantasma de Jim.

O que leva a afastar toda ideia de alucinação é que o cão fantasma foi visto por duas pessoas, uma das quais seu dono, a quem ele manifestou sua afeição, com seu modo especial, e que sua aparição coincidiu com o momento da morte.

---
[105] *Revue Scientifique et Morale du Spiritisme*, setembro, 1907, p. 190

A reencarnação

Charles L. Tweedale escreve à *Light*:

> Minha tia L. morreu em 1905, e seu cão predileto, animalzinho ardente e enérgico, morreu alguns anos antes. Em agosto, a tia L. começou a aparecer em minha casa, em plena luz, tanto à noite como de dia, e foi vista por todos os moradores da casa.
>
> Muitas vezes, estas aparições eram acompanhadas de uivos e latidos, que nos espantavam muito. Enfim, o mistério foi desvelado pela aparição, tia L., ao lado de seu cão favorito.
>
> Viu-se o animal duas vezes ao mesmo tempo que a dona. Em certo número de ocasiões ele foi visto sozinho, mesmo em pleno dia, tanto por minha mulher como pelos criados e por meus filhos. Certa vez, viram-no, ao mesmo tempo, quatro pessoas, dia claro, e minha filhinha mais moça ficou tão convencida, que o procurava sob o leito, onde ele parecia ter desaparecido.
>
> Alguns dos que viram o fantasma não tinham conhecido o animal em vida, nem qualquer fotografia dele, que não existia. Entretanto, as descrições que faziam, coincidiam, absolutamente, e eram inteiramente conforme ao que tinha sido o animal.[106]

A visão coletiva desse cão e a audição de seus latidos estabeleceram-lhe a sobrevivência, muitos anos após sua desaparição terrestre; aqui, ainda, há materialização de fantasma.

Eis dois outros casos que apresentei em meu relatório ao Congresso Espiritualista de Londres de 1898; colho-os em Dassier. O texto não me permite saber se estamos em presença de manifestações de animais póstumos ou vivos, mas parece, se são exatas as descrições, que num ou noutro caso a materialização é certa.

> L. Dassier reporta-se ao testemunho de um cultivador que, entrando em casa, em hora avançada da noite, viu um burro que passeava em um campo de aveia. Quis deixar o campo longe de um hóspede tão incômodo. O burro

---
[106] *Revue Scientifique et Morale du Spiritisme*, maio, 1914

deixou que se aproximassem dele, e o cultivador o retirou do campo, sem resistência. Chegou, assim, até a porta da estrebaria, mas, quando se dispunha a abri-la, a besta desapareceu-lhe das mãos, como uma sombra que se esvai. Fartou-se ele de olhar em torno, mas não viu mais nada.

Tomado de terror, entrou precipitadamente em casa, e acordou o irmão para lhe revelar a aventura.

No dia seguinte, foram ao campo para saber se tão extraordinário ser tinha causado grandes estragos, mas encontraram a seara intacta. O animal misterioso pastara uma aveia imaginária. A noite era clara o suficiente para que o cultivador pudesse ver, distintamente, as árvores e os arbustos, a muitos metros da estrada.

Vejamos outro exemplo narrado por aquele com quem o fato sucedeu. Dassier recebeu-o do próprio narrador. Disse o aduaneiro:

Uma tarde, achando-me de guarda com meus colegas, percebemos, não longe da aldeia onde eu morava, uma mula, que passava diante de nós, e que parecia carregada. Supondo que ela levava contrabando e que o dono tinha fugido ao ver-nos, fomos em sua perseguição. A mula lançou-se em um prado, e, depois de haver dado várias voltas para escapar-nos, entrou na aldeia. Dividimo-nos, então. Enquanto meu colega continuava a segui-la, tomei por um atalho, a fim de cortar-lhe o caminho. Vendo-se seguido de perto, o animal precipitou a corrida, e muitos habitantes acordaram com o ruído dos passos que ressoavam no calçamento.

Cheguei, antes dele, à passagem que ia ter à rua por onde ele corria; quando o vi perto de mim, estiquei a mão para segurar-lhe o cabresto; ele, porém, desapareceu como uma sombra, e não percebi mais que o meu companheiro, tão espantado quanto eu.

O lugar onde se passou a cena não tinha saída, e o animal não podia escapar sem passar pelo corpo do aduaneiro. A objetividade desta forma é demonstrada pelo ruído que fazia a mula ao fugir, porque os habitantes da aldeia indagaram, no dia seguinte pela manhã, a razão do alarido que tinham ouvido alta noite.

A reencarnação

5.12 Aparição de animais em sessões experimentais

Em uma sessão do mês de novembro de 1877, em casa do Comandante Devoluette, disse a médium Amélie que alguma coisa se apresentava na mesa, e precisamente numa grande folha ali posta para a escrita direta.

"Aí tem! Um animal, vejo patas! Ah! é um cãozinho sentado no papel, com o nariz curto, olhos grandes, redondos, orelhas compridas, cauda de longos pelos, patas finas e compridas". Ouvimos logo um bater de patas e abalos na mesa, pondo-nos a médium ciente dos movimentos do animal. Ele salta, prende o papel entre os pés, arranha-o, torce-o, dilacera-o. Ai! que medo! Salta-me no ombro, passa para as costas da Sra. X. (esta senhora sente o choque), volta à primitiva posição.

Todos ouvimos pequenos latidos, e minha mulher sente nas mãos as patas do animal. Em seguida, ele lambe as mãos de Amélie, as da Sra. X. e desaparece.

Acesa a luz, encontramos o papel torcido, dilacerado e distintamente denunciada a impressão de pequenas garras.

Os latidos ouvidos pelos assistentes e os traços das unhas deixados no papel parecem estabelecer a realidade do cão fantasma.

5.13 Materializações visíveis de formas de animais

As materializações de formas animais não são raras com Franck Kluski. Nos relatórios das sessões de estudos psíquicos de Varsóvia, temos a assinalar, especialmente, uma grande ave de rapina, que apareceu várias vezes e foi fotografada; depois, um ser bizarro, espécie de intermediário entre o macaco e o homem. Tem a estatura de um homem, uma face simiesca, mas uma fronte desenvolvida e reta, o rosto e o corpo coberto de pelos, braços compridos, mãos fortes e longas. Parece sempre comovido, toma as mãos dos assistentes e as lambe como faria um cão.

Ora, esse ser, que denominamos "o pitecantropo", manifestou-se muitas vezes durante nossas sessões. Um dos assistentes, na sessão de 20 de novembro de 1920, sentiu sua grande cabeça aveludada apoiar-se-lhe pesadamente no ombro, junto ao rosto. Essa cabeça era guarnecida de cabelos bastos e rudes.

Um odor de animal selvagem, de cão molhado, desprendia-se dele. Um dos presentes estendeu a mão; apanhou-a o pitecantropo e lambeu-a longamente, por três vezes. Sua língua era grande e macia.

Eis alguns pormenores, concernentes a esse ser bizarro; são extraídos dos relatórios das sessões de Varsóvia, em 1919:

> É um ser do tamanho de um homem adulto, muito peludo, com uma grande crina, e uma barba hirsuta. Estava como que revestido de uma pele crepitante; a aparência era a de um animal ou de um homem muito primitivo.
>
> Não falava, mas emitia, com os lábios, sons roucos, estalava a língua e rangia os dentes, procurando, em vão, fazer-se compreender. Quando o chamavam, aproximava-se; deixava que lhe acariciassem a pele veludosa, tocava as mãos dos assistentes, arranhava-as docemente, antes com garras, do que com unhas. Obedecia à voz do médium e não fazia mal aos assistentes.
>
> Era um progresso, porque, nas sessões anteriores, este ser manifestava grande violência e brutalidade. Tinha uma tendência visível e uma vontade tenaz de lamber a mão e o rosto dos assistentes, que se defendiam dessas carícias bem desagradáveis. Obedecia às ordens do médium, não só quando expressas pela palavra, senão quando expressas pelo pensamento.
>
> Outras vezes sentíamos, sob os joelhos, fricções como as de um cão.[107]

Ao correr do ano de 1922, o Dr. Geley foi a Varsóvia e sei que ele verificou, nas sessões com o médium Kluski, materializações de cães.

5.14 Os Nœvi

A analogia que existe entre o princípio espiritual dos animais e o dos homens pode ainda ser demonstrada pela influência que a imaginação exerce sobre o corpo.

---

[107] *Revue Métapsychique*, jul. 1901, jan. 1923, nov. 1923: materialização de formas animais com o médium Guzik.

A reencarnação

Sabe-se que durante a gravidez muitas mulheres se tomam de desejos obsidentes, por vezes bizarros e mesmo extravagantes. É velha crença popular que, se esta vontade não for satisfeita, a criança trará sobre a pele, sob forma de mancha ou tumor, a impressão inapagável do objeto cobiçado pela mãe; morango, cereja, framboesa, vinho, café... Chamam-se nœvi, ou vulgarmente antojos, essas marcas de nascimento.

Em um artigo que publiquei em 1904,[108] reuni grande número de exemplos, dos quais resulta que, em consequência de emoções violentas, mulheres grávidas imprimem no corpo da criança as imagens que as impressionaram vivamente.

As impressões fracas, quando persistem, produzem o mesmo resultado que as violentas e repentinas.

Conta Liébault que um vinhateiro assemelhava-se, de modo espantoso, à estátua do santo patrono da aldeia, que se achava na igreja. Durante a gravidez, sua mãe possuía a ideia fixa de que o filho se parecesse com aquele santo.

Por sua parte, o Dr. Sermyn, no *Journal* de março 1914, escreve:

> Conheci uma senhora que, depois de ter tido três filhos, cujos cabelos eram pretos e lisos, viu um dia numa loja uma litografia colorida, que representava uma menina de seus 14 anos, com os cabelos louros anelados. Ela, sem demora, a comprou e colocou em seu quarto de dormir. "Como seria feliz se Deus me concedesse a graça de ter um filho semelhante a essa litografia", dizia-me muitas vezes.
>
> Seu desejo realizou-se, para minha grande surpresa. Teve não só uma filha mas duas consecutivamente.
>
> Na idade de 14 anos, as duas meninas eram a reprodução do quadro que a mãe tinha comprado. Tomaram-nas por gêmeas, tal era a semelhança. A litografia dir-se-lhes-ia o retrato.

---

[108] *Revue Scientifique et Morale du Spiritisme*, nov. 1904, p. 321.

Aqui, a atenção da mãe, continuamente dirigida à imagem da moça, acabou por impô-la às duas filhas.

Eis outro caso citado pela *Revue Métapsychique*, (jan.-fev. 1922), sob o título *Um caso presumível de ideoplastia*.

Trata-se de uma gata, que tinha dado à luz um gatinho, em casa do Sr. Davico, padeiro em Nice; o gato tinha no peito a marca do milésimo "1921". O fato foi devidamente verificado. Tiraram-se muitas fotografias que mostraram nitidamente o milésimo, tendo em cima três pequenas manchas brancas.

Interrogada, narra a Sra. Davico:

> Durante sua gestação, a gata perseguia um ratinho, que se refugiou num saco cheio de farinha. A boa rateira ia dar um salto naquela direção, quando a Sra. Davico, temendo um acidente, que já se produzira, lançou, sobre o saco cheio, um vazio, que tinha na mão, a fim de que o primeiro não fosse dilacerado pelas unhas do animal, e que não derramasse a farinha.
>
> Perturbada em sua caça, a gata não a abandonou, e, durante horas, ficou de espreita, encolhida numa cadeira, perto do saco, com os olhos fixos nele, onde se encontrava precisamente o milésimo, tendo acima três estrelas.
>
> Parece, pois, que a imagem do milésimo, sobre o qual a gata tinha os olhos fixos durante longas horas, reproduziu-se no animalzinho em formação, ou, mais exatamente, no seu perispírito, pois que só se tornou visível quando os pelos surgiram.

Bozzano publicou, nos *Annales des Sciences Psychiques*, uma classificação dos fatos de metapsíquica animal; reproduzo-a sumariamente. Conhecendo o espírito crítico do autor e sua grande prudência na apreciação das narrativas que reproduz, podemos ter toda a confiança no que concerne à autenticidade dos fatos que reuniu. Transcrevo a enumeração dos diferentes casos por ele coligidos:

A reencarnação

1.ª CATEGORIA – Alucinação telepática em que um animal faz função de agente, 12 casos, 8 citados.

2.ª CATEGORIA – Alucinação telepática em que um animal faz função de percipiente, 1 caso.

3.ª CATEGORIA – Alucinação telepática percebida coletivamente pelo homem e pelos animais, 17 casos, 4 citados.

4.ª CATEGORIA – Visões de fantasmas humanos, fora de qualquer coincidência telepática e percebidas coletivamente por animais e homens, 18 casos, 8 citados.

5.ª CATEGORIA – Visões de fantasmas animais, produzidas fora de qualquer coincidência telepática, e percebidas coletivamente por animais e homens, 5 casos citados.

6.ª CATEGORIA – Animais e localidades fantasmógenas, 22 casos, 9 citados.[109]

Bozzano só retém 69 casos entre os que ele coligiu, e faz notar que o número das relações que lhe eram conhecidas, já em 1905, poderia elevar-se facilmente ao dobro daquela cifra. Isso basta para mostrar que alguns exemplos, que apresentei, não são, por assim dizer, mais que tipos de cada uma dessas manifestações psíquicas.

Parece, pois, desde já extremamente provável:

a) Que existem comunicações telepáticas entre o homem e os animais domésticos;

b) Que os animais apresentam, por vezes, fenômenos de clarividência, isto é, que percebem seres invisíveis;

c) Que são capazes de experimentar pressentimentos;

d) Que possuem uma forma fluídica que lhes permite desdobrar-se;

e) Que esse perispírito animal persiste depois da morte, sob uma forma invisível, que pode ser descrita pelos videntes;

---

[109] Ver *Annales des Sciences Psychiques,* ago. 1905.

f) Que a materialização desse princípio, que individualiza a alma animal, foi por vezes observada nas sessões espíritas.

Se nos quisermos lembrar das descrições relativas aos cavalos de Elberfeld, aos cães Rolf, Lola e Zou, será impossível negar que existe, entre esses animais e nós, verdadeiro parentesco intelectual.

Evidentemente, o grau de desenvolvimento da psique animal, nessas formas ainda relativamente inferiores, não é comparável, salvo a extraordinária faculdade do cálculo, senão à de nossas crianças; mas a identidade do princípio pensante, entre eles e nós, parece inegável e a hipótese de que passamos, anteriormente e sucessivamente, por estádios inferiores, antes de chegar à Humanidade, afigura-se hoje verossímil e deve ser tomada em séria consideração por todos os que procuram a solução do problema de nossas origens.

Adiro inteiramente, portanto, às conclusões formuladas por Bozzano no trabalho notável do qual tenho feito tantos empréstimos. Diz ele:

> Limitar-me-ei, pois, a observar que, no dia em que se chegar a adquirir, cientificamente, a prova de que os fenômenos de percepção psíquica supranormal se manifestam, de modo idêntico, no homem e no animal, e de que essa prova é completada por outro fato, o de que as formas superiores do instinto próprio aos animais se encontram também na subconsciência do homem, nesse dia, seremos levados a demonstrar que não existe diferença de qualidade entre a alma humana e a do animal.
>
> Da mesma maneira, poder-se-á, então, fazer melhor compreender como a evolução biológica da espécie tem seu correspondente em uma evolução psíquica paralela que, a julgar pelas maravilhosas faculdades evidentemente independentes da lei de seleção natural, longe de dever ser considerada como simples produto de síntese funcional dos centros corticais, longe de consistir em simples epifenômeno, deve ser nitidamente reconhecida como originada por um princípio soberanamente ativo. Este se manifesta como força organizadora e, unicamente em virtude dele, a lei de seleção natural é posta em estado de agir eficazmente, em vista da evolução biológica e morfológica da espécie.
>
> É às ciências psíquicas que pertence a tarefa gloriosa de o demonstrar, em futuro bastante próximo.

CAPÍTULO 6

A MEMÓRIA INTEGRAL

Ensaio de demonstração experimental das vidas sucessivas. — Algumas notas sobre a memória. — Condições de uma boa memória, segundo Théodule Ribot. — A intensidade e a duração. — A memória não reside no cérebro, está contida no perispírito. — Experiências de Desseoir e Dufay. — A Ecmenésia segundo Pitres. — Regressão da memória. — Associação dos estados fisiológicos e psicológicos; eles são inseparáveis. — História de Jeanne R. — Os exemplos citados por Pierre Janet. — História de Louis V. — Ligação indissolúvel dos estados físicos e mentais. — A memória latente se revela por diferentes processos. — Despertar das recordações antigas durante a anestesia. — Visão por meio de bola de cristal. — Observação de Pierre Janet. — Criptomnésia.

6.1 A memória integral

Como terei de estudar os fenômenos que tendem a firmar a realidade das existências anteriores na Humanidade, e como esta demonstração repousa, em parte, na ressurreição das lembranças do passado, parece-me indispensável estabelecer que a memória não é uma faculdade simplesmente orgânica, ligada à substância do cérebro, mas que reside, ao contrário, nessa parte indestrutível, a que os espiritistas chamam *perispírito*. Se isto é certo, a alma, reencarnando-se, traz consigo de forma latente, todas as lembranças de suas vidas anteriores, e, então, ser-lhe-á possível, por vezes e excepcionalmente, ter reminiscências do seu antigo passado.

Assim como, em certas pessoas, consegue-se fazer renascer a memória de acontecimentos de sua vida atual, inteiramente desaparecidos da consciência normal, do mesmo modo poder-se-à, por vezes, penetrar até as profundezas desses arquivos ancestrais, que, a justo título será possível qualificar de memória integral.

Não se trata de fazer aqui um estudo completo da memória, porque esse trabalho exigiria muito mais espaço de que aquele de que dispõe esta obra. Bastar-me-á assinalar alguns fenômenos importantes, que demonstrarão, segundo penso, com evidência, que tudo o que age sobre o ser humano, nele se grava de maneira indelével; que esta conservação não reside, como ensina a Psicologia oficial, nos centros nervosos, mas nessa parte imperecível do ser, que o individualiza, e do qual é inseparável.

Para que tal afirmação não pareça excessiva, é preciso lembrar que as aparições materializadas, reconstituindo temporariamente o antigo corpo material que tinham na Terra, com todos os seus caracteres anatômicos, provam que elas têm sempre o poder organizador, que dá ao invólucro carnal sua forma e suas propriedades; e todas as faculdades intelectuais são igualmente reconstituídas, quando o Espírito se torna completamente senhor do processo de materialização porque, muitas vezes, o fantasma fala, escreve, e seu estilo, assim como sua grafia, são idênticos aos que possuía quando vivo. Assim, pois, a memória e o mecanismo ideomotor da escrita se conservam depois da morte, prestes a manifestar-se de novo fisicamente, quando as circunstâncias o permitem.

Não é somente, portanto, no sistema nervoso que se registram todas essas aquisições, porque a morte o destrói, e o ser que sobrevive traz consigo suas associações dinâmicas e suas recordações.

O caso de Estelle Livermore,[110] que escreveu, sob os olhos do marido, mais de duzentas mensagens, depois de sua morte, mostra, com evidência, não só a conservação de sua personalidade mas também que as lembranças nada perderam de sua integridade, pois que, apesar de americana, ela conservou, depois da morte, o conhecimento da língua francesa, que possuía em vida, e as mensagens são autógrafos inteiramente idênticos à sua escrita, quando viva.

Este fato é confirmado por muitos outros obtidos, ou por médiuns mecânicos, ou pela escrita direta entre ardósias, de sorte que podemos, nós, espiritistas, afirmar que todas as aquisições espirituais, feitas durante a vida, não estão localizadas no encéfalo, mas no duplo fluídico, que é o verdadeiro corpo da alma.

Assim sendo, qual o papel do sistema nervoso, durante a vida?

É incontestável que a integridade da memória está, ligada ao bom funcionamento do cérebro, porque muitas moléstias que atingem esse órgão têm como resultado enfraquecer e mesmo suprimir, completamente, a memória dos acontecimentos recentes, em totalidade ou em parte.

Parece, pois, evidente, que, durante a vida, o cérebro é uma condição indispensável da memória. Mas aqui intervém uma segunda consideração, que me parece também da mais alta importância. É que o esquecimento que se verifica durante o curso da vida, ou depois das

---

[110] Ver *Apparitions Mat. des Vivants et des Morts*, t. II, p. 422.

desordens orgânicas, não é fundamental, irredutível, mas aparente, visto que, por meio de diversos processos, é possível, por vezes, fazer renascerem essas lembranças, que pareciam aniquiladas para sempre.

Vamos demonstrá-lo por diversos exemplos.

Antes, porém, não é inútil lembrar algumas noções muito gerais, relativas a esse fenômeno misterioso, que ressuscita o passado e no-lo torna, por assim dizer, atual.

Segundo Théodule Ribot, a memória compreende, na acepção corrente da palavra: a conservação de certos estados, sua reprodução, sua localização no passado. Isto não é, entretanto, senão uma espécie de memória, a que se pode chamar perfeita. Aqueles três elementos são de valor desigual; os dois primeiros são necessários, indispensáveis; o terceiro, que na linguagem de escola se chama de reconhecimento, completa a memória, mas não a constitui.

O fato me parece tanto mais verdadeiro quanto a lembrança está ligada, durante a vida, ao bom funcionamento do sistema nervoso. Mas, se a memória parece falha, não quer isto dizer que as lembranças fiquem aniquiladas, senão que o poder de as acordar foi momentaneamente paralisado, e que pode reaparecer quando as causas que o suprimiram cessarem de existir.

O termo geral de memória compreende muitas variedades, e, entre os diversos indivíduos, o poder de renovação das sensações antigas é muito diferente. Uns possuem a memória visual muito desenvolvida, como os pintores Horace Vernet ou Gustave Doré, que podiam fazer um retrato de memória; em outros, é o senso musical que atinge alto grau de perfeição, como Mozart, que anotou o *Miserere*[111] da Capela Sistina, tendo-o ouvido apenas duas vezes.

Entretanto, para que uma sensação fique registrada em nós, duas condições, pelo menos, são necessárias: a intensidade e a duração.

---

[111] N.E.: Composição musical sobre o Salmo 51 (que em latim se inicia com *Miserere mei, Deus...*) feita por Gregorio Allegri (1582–1652).

A reencarnação

Eis, segundo Ribot, a importância desses dois fatores:[112]

A intensidade é uma condição de caráter muito variado. Nossos estados de consciência lutam sem cessar para se suplantarem; a vitória pode resultar da força do vencedor ou da fraqueza dos outros lutadores. Sabemos que o mais vivo estado pode decrescer continuamente, até o momento em que cai abaixo do umbral da consciência, isto é, em que uma de suas condições de existência faz falta. É bem certo dizer que a consciência, em todos os degraus possíveis, por menores que sejam, admite modalidades infinitas — estados a que Maudsley chama "subconscientes" — mas nada autoriza a dizer que esse decrescimento não tenha limite, posto que ele nos escape.

Não se tem tratado da *duração,* como condição necessária da consciência. Ela é, entretanto, capital.

Os trabalhos executados há uns 30 anos determinaram o tempo necessário para as diversas percepções: som = 0"16 a 0"14; tato = 0"21 a 0"18; luz = 0"20 a 0"22; o simples ato de discernimento, o reflexo mais simples = 0"02 a 0"04.[113] Ainda que os resultados variem segundo os experimentadores, as pessoas, as circunstâncias e a natureza dos estados psíquicos estudados, está, pelo menos, estabelecido que cada ato psíquico requer uma duração apreciável e que a pretendida rapidez infinita do pensamento não passa de uma metáfora.

Isto posto, é claro que toda ação nervosa, cuja duração é inferior à que requer a ação psíquica, não pode despertar a consciência.[114]

Acrescentemos que é preciso, ainda, fazer intervir a atenção para que uma sensação se torne consciente. É notório, com efeito, que, se somos absorvidos por um trabalho interessante, não ouviremos mais o som do timbre do pêndulo, que, entretanto, fere sempre o nosso ouvido com a mesma força. Nosso espírito, ocupado alhures, não transforma essa sensação em percepção, isto é, nos não temos dela consciência.

---

[112] RIBOT, Théodule. *Les Maladies de la Mémoire*, p. 23
[113] N.E.: As aspas (") são um convenção utilizada para simbolizar o *segundo* (unidade de tempo).
[114] Nota do autor: (**aguardando tradução**)

É muito curioso fazer observar que as sensações despercebidas pelo "eu" normal podem reaparecer, colocado o paciente em sono magnético.

Eis um exemplo tomado a Desseoir:[115]

> O Sr. X., absorvido pela leitura, entre amigos que conversavam, teve subitamente sua atenção despertada, ouvindo pronunciar-lhe o nome. Perguntou aos amigos o que tinham dito dele. Não lhe responderam; hipnotizaram-no. No sono, pôde repetir toda a conversa que havia escapado ao seu "eu" acordado. Ainda mais notável é o fato assinalado por Edmond Gurney e outros observadores, o de que o paciente hipnótico pode apanhar o cochicho de seu magnetizador, mesmo quando este está no meio de pessoas que conversam em alta voz.

Nestes exemplos, a duração e a intensidade foram suficientes para gravar no sistema nervoso e no perispírito as palavras pronunciadas; mas, fazendo falta a atenção, não se produziu a memória consciente do estado de vigília, e o indivíduo ignorou o que dele se disse; adormecido magneticamente, esse estado vibratório geral, a que os fisiologistas chamam *cenestesia*, aumentou, as vibrações auditivas tornaram-se mais intensas e o paciente pôde então delas tomar conhecimento.

Não são, apenas, as lembranças do estado de vigília que o sonambulismo reconstitui, mas também as dos estados sonambúlicos anteriores, por forma que parece existir no mesmo indivíduo duas espécies de lembranças perfeitamente coordenadas, que se ignoram completamente. A observação que segue é disto palpitante exemplo:

> O Dr. Dufay, senador de Loire-et-Cher, publicou a observação sobre uma jovem que, em acesso de sonambulismo, tinha fechado numa gaveta joias que pertenciam à sua patroa. Esta, não encontrando as joias no lugar em

---

[115] Nota do autor: **(aguardando tradução)**

que as deixara, acusou a criada de as haver roubado. A pobre moça protestava sua inocência, mas não podia dar qualquer esclarecimento sobre a desaparição dos objetos perdidos. Foi posta na prisão de Blois. O Dr. Dufay era então médico do presídio. Conhecia a detenta, por ter feito nela algumas experiências de hipnotismo. Adormeceu-a e interrogou-a sobre o delito de que a acusavam; ela lhe contou, então, com todos os pormenores desejáveis, que nunca houvera intenção de roubar a patroa, mas, que uma noite lhe viera a ideia de que certas joias pertencentes à senhora não estavam em segurança, no móvel em que se achavam, e que, por isso, as fechara em outro móvel. O juiz de instrução foi informado desta revelação. Dirigiu-se ele à casa da senhora roubada e achou as joias na gaveta indicada pela sonâmbula. Ficou claramente demonstrada a inocência da detenta e ela foi posta desde logo em liberdade.[116]

O que há de notável é que o segundo estado, quando é profundo (designando-se por este nome o produzido pelo sonambulismo), abraça toda espécie de memória, compreendidas as do sono e as da vida ordinária; é, em verdade, a vida antiga que ressuscita com toda a complexidade que ela comporta.

Pitres, na obra citada, nos dá um exemplo bem curioso. Ele o batizou com o termo de *ecmenesia*.[117] Eis no que consiste: suponhamos, um instante, que um indivíduo de 30 anos perca, subitamente, a lembrança de tudo que conheceu e aprendeu durante os 15 últimos anos de sua vida. Por essa amnésia parcial, produzir-se-á em seu estado mental uma radical transformação.

Ele falará, agirá, raciocinará como se tivesse 15 anos. Terá os conhecimentos, os gostos, os sentimentos, os costumes que tinha aos 15 anos, visto que todas as lembranças dos últimos anos

---

[116] PITRES, Albert. *Leçons sur l'Hysterie et l'Hypnotisme*, p. 200.
[117] N.E.: No original em francês, *ecmnésie*. Em português, resultou em duas variantes prosódicas: *ecmnesia* (1913) e *ecmnésia* (1949), assim registradas em diversos dicionários da língua portuguesa; estes não verbetizam a forma usada nesta obra, *ecmenesia*, grafia amparada apenas pelo *Vocabulário ortográfico da língua portuguesa* (Volp).

desaparecerão. No ponto de vista mental, não será mais um adulto, mas um adolescente.

> Uma doente, Albertine M., de 28 anos, durante o delírio ecmnésico, viu-se transportada aos 7 anos, quando se ocupava em cuidar da vaca que pertencia àquela que a criara.
>
> Depois de observar todas as auras que precedem habitualmente a explosão dos ataques, a doente pôs-se a marchar lentamente, abaixando-se de quando em quando, como se apanhasse flores à margem de uma estrada. Depois, sentou-se, cantarolando. Alguns instantes mais e fez o gesto de remexer o bolso, e interrompia-se para falar com a vaca. Interpelamo-la nesse momento, e ela, acreditando tratar com os garotos da aldeia, ofereceu-nos compartilhar dos seus brinquedos. Foi impossível fazê-la compreender o erro. A todas as perguntas que lhe dirigíamos a respeito da sua vaca, de sua avó, dos habitantes da aldeia, respondia com a ingenuidade de uma criança, mas com imperturbável precisão. Se, ao contrário, lhe falávamos de acontecimentos de que fora testemunha ou autora, no correr de sua existência, depois dos 7 anos, parecia muito espantada e não compreendia nada.
>
> Devo assinalar duas particularidades que não deixam de ter importância. Até a idade de 12 anos, Albertine ficou em um lugarejo de Charente, entre pobres camponeses, que mal falavam o francês. Ela própria só falava o dialeto de Saintonge; mais tarde é que aprendeu o francês.
>
> Assim, durante toda a duração do ataque, exprimia-se no patoá[118] e, se nós lhe pedíamos que falasse francês, respondia *invariavelmente em patoá*, já que não conhecia a língua dos senhores da cidade.
>
> A segunda particularidade não é menos curiosa. Na idade de 7 anos, Albertine não tivera acidentes histéricos e, segundo tudo leva a crer, não tinha ainda hemianestesia nem zonas histerógenas. Ora, durante o delírio de que nos ocupamos, a *sensibilidade cutânea era normal,* tanto do lado direito como do esquerdo, e todas as zonas espasmogênicas perderam a ação, salvo a zona ovariana esquerda, que, premida energicamente, teve por efeito fazer parar imediatamente o delírio. Voltada ao estado normal, a moça não possuía nenhuma recordação do que havia dito ou feito.

---

[118] N.E.: Do francês *patois*, "falar local". É o dialeto essencialmente oral que difere da língua oficial, empregado em área reduzida. Na França, é nome dado a diversos dialetos, como o normando e o picardo (*Houaiss*).

Notemos a ligação íntima que existe entre o estado psíquico e o fisiológico da paciente. São a tal ponto associados que o só fato de transportar-se Albertine a um período de sua vida passada, durante a qual não apresentava desordens nervosas, suprime as de que era atingida na época da experiência.

6.2 Outros exemplos de ecmenesia

O fenômeno da ressurreição das lembranças esquecidas de uma parte da vida, que Pitres batizou com o nome de "ecmenesia", foi assinalado por muitos autores que se ocuparam com o sonambulismo.

Richet, no seu livro *L'Homme et l'Intelligence*, chama a atenção para a vivacidade das sensações antigas que o estado magnético faz renascer. Diz ele:

> Se a memória ativa é profundamente perturbada, em compensação, a memória passiva é exaltada. Os sonâmbulos representam, com um luxo inaudito de pormenores precisos, os lugares que viram outrora, os fatos aos quais assistiram. Têm eles descrito, durante o sono, muito exatamente, tal cidade, tal casa que visitaram ou entreviram antigamente; mas, ao acordar, não podem dizer o que fizeram em tempos idos, e X., que cantava a ária do 2º ato da Africana, durante o sono, não lhe pode achar uma só nota quando desperto.
>
> Eis uma mulher que foi, há quinze anos, passar uma hora ou duas em Versalhes, e que esqueceu, quase completamente, esse curto passeio. É mesmo absolutamente incapaz de afirmar que o fez. Entretanto, se a fazem dormir e falar de Versalhes, ela saberá descrever muito fielmente as avenidas, as estátuas, as árvores. Verá o parque, as aleias, a grande praça, e, para espanto dos assistentes, dará detalhes extremamente precisos.

Não só as lembranças visuais ou auditivas se conservam, mas as aquisições intelectuais, de que é testemunha a história de Jeanne R., que devemos a Bourru e Burot.

Jeanne R., de 24 anos, é uma jovem muito nervosa e profundamente anêmica. É sujeita a crises de choro e soluços; não tem crises convulsivas, mas frequentes desmaios; facilmente hipnotizável, dorme com profundo sono e, ao acordar, perde a lembrança.

Disseram-lhe que se transportasse aos 6 anos. Ela se acha com seus pais; faz-se serão, descascam-se as castanhas. Quer dormir e pede para deitar-se. Chama seu irmão André para que a ajude a terminar sua tarefa, mas este, em vez de trabalhar, diverte-se em fazer casinhas com as castanhas. "É bem um vadio, descasca umas dez e eu que descasque o resto".

Nesse estado, fala o patoá *limousin*; não lê, mal conhece o á-bê-cê. Não sabe uma palavra de francês. Sua irmãzinha Louise não quer dormir. "É preciso", diz ela, "ninar sempre minha irmã, que tem 9 meses". Sua atitude é de criança.

Depois de se lhe pôr a mão na fronte, diz-se-lhe que vá à idade de 10 anos. Transforma-se-lhe a fisionomia. Seu porte não é mais o mesmo. Ela se encontra em Frais, no castelo da família Moustier, perto do qual habitava. Vê quadros e os admira. Pergunta onde se acha suas irmãs, que a acompanham; vai ver se estão na estrada. Fala como uma criança que está aprendendo a falar; vai, diz ela, à escola com as irmãs, há dois anos, mas ficou muito tempo sem frequentá-la. Sua mãe esteve enferma em longo tratamento, e ela foi obrigada a cuidar de seus irmãos. Começa a escrever há seis meses, lembra-se de um ditado que lhe deram *quarta-feira,* e escreve *correntemente e de cor;* foi o ditado que fez com a idade de 10 anos. Diz não estar muito adiantada: "Marie Coutureau tem menos erros que eu; estou sempre perto de Marie Puybaudet e de Marie Coutureau, mas Louise Roland está perto de mim. Creio que Jeanne Beaulieu é a que tem mais erros".

Da mesma forma, disseram-lhe que fosse aos 15 anos. Ela serve em Mortemart, em casa da Senhorita Brunerie: "Amanhã vamos a uma festa, a um casamento, ao casamento de Batista Colombeau, o Marechal Léon será o meu cavalheiro. Oh! não irei ao baile, a Senhorita Brunerie não quer; eu bem que irei, por um quarto de hora; ela, porém, não sabe".

Sua conversa tem mais nexo do que há pouco. Ela escreve o *Petit Savoyard*. A diferença das duas escritas é muito grande. Ao acordar, fica espantada por haver escrito o *Petit Savoyard,* que não conhece mais. Quando lhe mostram o ditado que fez aos 10 anos, declara que não foi ela quem o escreveu.[119]

É de notar que o fenômeno da revivescência de um período da vida passada, produzido em Albertine, espontaneamente, foi consequência de uma crise de histeria, enquanto que, para Jeanne R., à sugestão é que se deve a regressão da memória.

Mostram estes reparos que, qualquer que seja o processo empregado, ao chegar-se às camadas profundas da consciência, aí se encontram fielmente registrados todos os acontecimentos do passado, porque eles lá deixaram traços indeléveis; as sensações ulteriores podem recobri-los até os fazer esquecer por completo, mas não os destroem nunca.

É uma superposição de impressões que não se misturam, que permanecem em perfeita autonomia, e que abraçam todos os estados da personalidade. Assim, Jeanne R., quando levada à idade de 6 anos, tem os sentimentos de uma criança, não conhece ainda o francês e só se exprime em patoá *limousin;* aí, toda a sua vida ulterior desaparece; entretanto, cada camada de impressões acorda com um viço e uma vivacidade que equivale às impressões da vida real.

Numa segunda sugestão, é uma parte mais vasta do domínio memorial que se acha renovada, sempre com o mesmo luxo de pormenores, indo até as ínfimas circunstâncias da vida corrente.

Jeanne reproduz de memória o ditado que escreveu *quarta-feira* com as irmãs. A escrita é infantil e a grafia defeituosa. É precisamente a idade de 10 anos ressurgida. Não se misturou com a de 6 e muito menos se amalgamou às recordações dos períodos seguintes, quando levaram a paciente aos 15 anos. Desta vez, a grafia modificou-se, e é interessante notar que, se o mecanismo ideomotor da escrita ocupa, no indivíduo, as mesmas partes do sistema nervoso, experimenta, entretanto, modificações sucessivas, de que cada uma deixou traços inapagáveis.

---

[119] BOURRU, H.; BUROT, P. *Changements de la Personnalité*, p. 152.

Podemos, pois, supor que as lembranças sucessivas se acumulam por andares; que as contemporâneas se ligam de maneira íntima, e de tal sorte, que não são unicamente as lembranças psicológicas que sobrevivem, mas todos os estados fisiológicos concomitantes; renovado um deles, o outro aparece fatalmente.

Insistirei neste ponto, citando o testemunho de Pierre Janet, professor do Colégio de França, o qual mostra muito claramente esta ligação indissolúvel dos estados psíquicos e físicos do corpo, em um período qualquer da vida do mesmo indivíduo:

> Pode-se fazer com que o paciente represente todas as cenas da própria vida, e verificar, como se voltássemos à cada época, os pormenores que ele acreditava completamente esquecidos, e não os podia contar. Léonie ficou duas horas metamorfoseada em menina de 10 anos e revivia sua existência, com vivacidade e alegria estranhas, gritando, correndo, chamando a boneca, falando com pessoas de quem não mais se lembrava, como se a pobre mulher tivesse tornado, de fato, aos 10 anos. Apesar de estar, neste momento, anestesiada do lado esquerdo, retomava *sua sensibilidade completa* para representar aquele papel. As modificações de sensibilidade e dos fenômenos nervosos, por uma sugestão desse gênero, dão lugar a singulares fenômenos. Eis uma observação, que parece um gracejo, mas que é exata e, em realidade, bastante fácil de explicar.
>
> Sugiro a Rosa que não estamos mais em 1888, mas em 1886, no mês de abril, para verificar, simplesmente, as modificações da sensibilidade que se poderiam produzir. Dá-se, porém, um acidente bem estranho; ela geme, queixa-se de fadiga e de não poder caminhar.
>
> — Que tens?
>
> — Nada, mas em minha situação!
>
> — Que situação?
>
> Ela me responde com um gesto; o ventre se lhe havia intumescido subitamente e esticado por um acesso súbito de timpanite histérica. Eu a tinha levado, sem o saber, a um período de sua vida em que estivera grávida. Foi preciso suprimir a sugestão para que cessasse essa brincadeira.
>
> Estudos mais interessantes foram feitos com Maria, por esse meio; pude, trazendo-a, sucessivamente, a vários períodos de sua existência, verificar os

estados diversos da sensibilidade pelos quais ela passou, e as causas de todas as modificações.

Assim, ela está agora cega do olho esquerdo e declara que o esteve desde que nasceu. Se a conduzimos à idade de 7 anos, vemos que ainda está insensível do olho esquerdo; mas, se lhe sugerem que ela só tem 6 anos, percebe-se que vê bem de ambos os olhos, e pode-se determinar a época e as circunstâncias muito curiosas em que perdeu a sensibilidade do olho esquerdo. A memória realizou automaticamente um estado de saúde de que a paciente não tinha conservado nenhuma lembrança.[120]

Os três pacientes de Pierre Janet e particularmente os dois últimos mostram bem essa ligação indissolúvel dos estados sucessivos, corporais e espirituais, de que falei acima. É interessante que se possa renovar um período intelectual da vida passada, reproduzindo, ou por sugestão ou por um processo físico, um estado patológico que o paciente experimentara outrora. Se, por exemplo, na idade de 12 anos, um indivíduo era insensível do lado direito, e essa enfermidade desapareceu, ao se lhe produzir, artificialmente, uma anestesia desse lado, ele, imediatamente, retoma o caráter, as maneiras, as lembranças que tinha naquela idade.

6.3 História de Louis V.

A história de Louis V., que colho ainda em Bourru e Burot, confirma aquela asserção, de maneira absoluta. Como a narrativa desses sábios é um tanto longa, julgo útil resumi-la:

> Louis V. era um histérico que, em consequência de um roubo, foi internado na Colônia de St.-Urbain. Aí, tornou-se dócil e inteligente; ocupava-se com trabalhos agrícolas. Devido à emoção produzida por ter visto uma víbora, ficou paralítico dos membros inferiores.

---
[120] JANET, Pierre. *O Automatismo Psicológico*, p. 160.

Gabriel Delanne

Transportado a Bonneval, tem a fisionomia franca e simpática, o caráter doce e ameno; lastima, sobremaneira, o passado, e afirma que será mais honesto no futuro. Ensinam-lhe o ofício de alfaiate.

Um dia, é tomado por uma crise que dura 50 horas, depois da qual *ficou bom da paralisia*. Perdeu completamente a lembrança de sua translação; crê-se ainda em St.-Urbain e quer ir trabalhar nos campos. Não tem mais a moral que possuía, *tornou-se rixento, guloso e ladrão; responde grosseiramente*. Em 1881 parece curado e sai do Asilo.

Depois de uma estada em casa de sua mãe, em Chartres, foi para Macon, para a casa de um proprietário agrícola.

Tendo adoecido, é transferido para o Asilo Saint-Georges, perto de Bourg (Ain). Verifica-se que ele ora se exalta, ora fica quase estúpido e imbecil.

Em 1883, parece curado; sai então de Saint-Georges com um pecúlio e volta para sua terra.

Chega a Paris, não se sabe como. É admitido, a princípio, em Saint-Anne e, finalmente, em Bicêtre. A 17 de janeiro de 1884 tem novo e muito violento ataque, que se reproduz nos dias seguintes, com acessos de toracalgia,[121] e alternativas de paralisia e contratura dos lados esquerdo e direito. A 17 de abril, após ligeira crise, desaparece a contratura do lado direito. Ele levanta-se no dia seguinte e julga-se a 26 de janeiro.

Durante os seis últimos meses de 1884, não apresentou nenhum fenômeno novo. Modificou-se-lhe o caráter: *Era ameno durante o período da contratura; fora dele, indisciplinado, implicante e ladrão.*

A 2 de janeiro de 1885, após uma cena de sonambulismo provocado, seguida de um ataque, evade-se de Bicêtre, furtando roupas e dinheiro.

Passa algumas semanas em Paris e se alista na Infantaria de Marinha, indo para Belfort. Comete roubo na caserna e vai a conselho de guerra. Impronunciado a 27 de março, entra para o hospital. A 30 apresenta uma contratura de todo o lado direito, que se dissipa ao fim de dois dias, ficando, porém, paralisado e insensível na metade do corpo.

No hospital de Rochefort, tinha paralisia com insensibilidade lado direito, e de sua vida só conhece a segunda parte de sua estada em Bicêtre e a do hospital em que se acha.

---

[121] N.E.: Dor no tórax.

A reencarnação

Experimentaram nele a ação dos metais e do ímã; pôde-se por esse meio conduzi-lo aos estados patológicos anteriores e, ao mesmo tempo, acordar a memória dos estados psíquicos concomitantes.

Assim, foi reconstituída por aqueles senhores, que lhe ignoravam, aliás, as particularidades, a história de Louis V., e o inquérito a que procederam permitiu-lhes verificar a perfeita autenticidade dos pormenores fornecidos pelo paciente, em cada um dos estados, e de que perdia a lembrança, logo que voltava ao seu estado de momento.

Essas alterações são obtidas (e é esse um ponto muito importante) por agentes tísicos que determinam modificações fisiológicas, as quais se revelam por transformações na distribuição da sensibilidade e da motilidade.

Ao mesmo tempo que essas alternativas físicas, produzem-se transformações regulares do estado da consciência, tão constantes que, para fazer desaparecer, à vontade, tal ou qual estado fisiológico, basta ao experimentador provocar, pela aplicação conveniente do magneto, de um metal, ou da eletricidade, tal ou qual modificação da sensibilidade e da motilidade.

E esse estado de consciência é completo para o estado que abraça; memória do tempo, dos lugares, das pessoas, dos conhecimentos adquiridos (leitura, escrita), movimentos automáticos aprendidos (arte de alfaiate), sentimentos próprios e sua expressão pela linguagem, pelo gesto, pela fisionomia; a concordância é perfeita.

É certo que os estados psíquicos e físicos contemporâneos registram-se no organismo, onde ficam ligados de maneira indissolúvel.

Não se suponha que essa renovação integral das lembranças seja privilégio unicamente dos sonâmbulos.

Em realidade, cada um de nós os conserva. Vou mostrar que as pessoas normais podem, em certas circunstâncias, rever os acontecimentos da vida inteira, em seus íntimos detalhes.

6.4 A memória latente

A sugestão durante o sono hipnótico não é o único processo que permite renovar a lembrança do passado; normalmente, em certos casos de doenças, pôde-se verificar a revivescência de períodos da vida anterior, completamente esquecidos em estado de vigília; é assim que a ressurreição se produz em casos de febre aguda, excitação maníaca, êxtase, no período de incubação de certas doenças do cérebro.

Não podendo estender-me a respeito desses exemplos particulares, parece-me interessante assinalar o despertar de lembrança, que se produz normalmente, em seguida a certas circunstâncias.

> Uma senhora, no último período de uma doença crônica, foi levada de Londres para o campo. Lá lhe trouxeram a filhinha, que não falava ainda, e que foi reconduzida à cidade, depois de curta entrevista.
>
> A senhora morreu alguns dias depois, e a filha cresceu sem se lembrar da mãe. Teve ela ocasião de ver o quarto em que sua mãe morrera. Apesar de o ignorar, ao entrar nesse quarto, estremeceu. Como lhe perguntassem o motivo da comoção, respondeu: "Tenho a impressão nítida de já ter estado neste quarto. Havia neste canto uma senhora deitada; parecia muito doente, inclinou-se sobre mim e chorou".
>
> Um homem dotado de temperamento artístico muito notável foi com amigos a um castelo do Condado de Sussex, que nunca se lembrara de ter visitado. Aproximando-se da porta de entrada, teve a impressão extremamente viva de já a ter visto, e revia, não só a porta, mas as pessoas instaladas no alto, e burros sob o pórtico. Impressionando-o essa convicção singular, dirigiu-se à sua mãe a fim de obter esclarecimentos a respeito. Soube, então, que, com a idade de 16 meses, tinha sido conduzido a esse lugar, e trazido em um cesto, nas costas de um burro; ele tinha sido deixado embaixo, com os burros e os criados, enquanto os mais velhos se instalaram para comer, acima da porta do castelo.[122]

---

[122] ABERCROMBIE, John. *Essay on Intellectual Powers*, p. 120.

A reencarnação

É interessante assinalar que impressões, provavelmente não conscientes, estereotiparam-se no cérebro dessa criança de 16 meses, e com bastante intensidade para acordar muitos anos mais tarde e com a maior fidelidade.

O sono anestésico, devido ao clorofórmio ou ao éter, pode produzir os mesmos efeitos que a excitação febril:

> Um velho florestal vivera em sua mocidade nas fronteiras polonesas e só falava o polonês. Depois, só habitara distritos alemães. Seus filhos garantem que, durante 30 ou 40 anos, não ouvira nem pronunciara uma palavra de polonês. Durante uma anestesia, que durou perto de duas horas, este homem falou, orou e cantou, apenas em polonês.[123]

Ainda mesmo no curso da vida normal, certas emoções violentas têm como resultado pôr em ação, de repente, o mecanismo da memória, com intensidade realmente extraordinária. Os dois exemplos seguintes podem dar-nos uma ideia do que se deve passar, muitas vezes, no momento da morte, ou pouco após a desencarnação.

> Há muitas descrições de afogados salvos de morte iminente, todas contestes num ponto, o de que, no momento em que começava a asfixia, pareceu-lhes ver, num instante, toda a vida em seus menores incidentes. Pretende um deles que a vida inteira se lhe desdobrava em sucessão retrógrada, não como simples esboço, mas com pormenores precisos, que formavam um como panorama de toda a existência, sendo cada ato acompanhado do sentimento de bem ou de mal.
>
> Em circunstância análoga, um homem de espírito notavelmente claro, atravessava uma linha de estrada de ferro, quando um trem se aproximava em grande velocidade. Mal teve ele tempo de deitar-se entre os dois trilhos, e, enquanto o trem passava por cima dele, o sentimento do perigo fez-lhe vir à

---

[123] DUVAL, Mathias, artigo "Hypnotisme" em *Nouveau Dictionnaire de Médecine*, p. 144.

memória todos os incidentes de sua vida, como se o livro do juízo lhe tivesse sido aberto diante dos olhos.[124]

Parece evidente, por conseguinte, diante dos exemplos citados, que todas as sensações que experimentamos são registradas em nós e aí deixam traços indeléveis.

Sem dúvida nenhuma, esse imenso acervo de conhecimentos de toda a natureza não fica presente na consciência, porque, como judiciosamente se tem observado, o esquecimento de enorme quantidade de acontecimentos insignificantes é uma das condições da memória; mas o que é muito notável é que o esquecimento não implica, de forma nenhuma, o aniquilamento das lembranças.

A experiência nos mostra que tudo que age em nós se fixa para sempre nas profundezas de nosso ser, de alguma sorte nos refolhos da consciência, e que todas as lembranças, ainda aquelas que não podemos renovar, não deixam por isso de viver de maneira latente, e constituem os fundamentos de nossa personalidade; cada lembrança, física ou intelectual, contribui, por sua parte, para a edificação de nossa vida mental.

Em seu livro *Névroses et idées fixes*, Pierre Janet ilustra esta tese com grande número de observações clínicas das mais demonstrativas. Seu método consiste em descobrir a ideia fixa, muitas vezes ignorada pelo doente, e que é a causa de suas desordens mentais e físicas.

Vejamos o que ele diz sobre o assunto:

> Muitas vezes, a ideia fixa só pode ser posta em claro durante os ataques, os sonhos, os sonambulismos, ou pelos atos subconscientes e as escritas automáticas. Em uma palavra, essa ideia fica fora da consciência normal, e, entretanto, não exerce menos, por isso, uma influência preponderante, visto que é a origem da enfermidade do indivíduo.

---

[124] Nota do autor: Sobre essa visão retrospectiva da vida atual, ver, na *Revue Spirite*, a partir de setembro de 1922, os notáveis artigos de Ernesto Bozzano, editados sob o título *De la vision panoramique ou mémoire synthétique dans l'imminence de la mort*.

A reencarnação

Ao imenso armazenamento de sensações visuais, auditivas, olfativas, tácteis, cenestésicas, etc., que temos experimentado conscientemente, acrescentam-se ainda outras impressões que entram em nós, por assim dizer, de maneira furtiva, e aí se fixam sem que o saibamos; de sorte que, no dia em que ressurgem, parecem-nos fenômenos extranormais, provenientes de faculdades superiores.

6.5 Visão da bola de cristal

Um dos processos utilizados para exteriorizar as imagens mentais é o da bola de cristal.

Sabe-se, com efeito, que certas pessoas, depois de a haverem examinado alguns instantes, veem, a princípio, uma nuvem, depois nela se desenham estrelas, barras, cifras, letras, figuras coloridas, personagens, animais, árvores e flores. Por vezes, são móveis essas imagens; as personagens vão e vêm, e podem mesmo conversar umas com as outras.

Donde vêm essas visões?

Segundo os autores ingleses, que melhor as estudaram, são alucinações visuais, que exteriorizam as imagens contidas no cérebro do experimentador.

O que causa a surpresa do vidente é que, em muitas ocasiões ele não reconhece essas paisagens ou esses objetos; minuciosa pesquisa, porém, faz que, por vezes, se encontre a prova de que coisas que ele viu inconscientemente é que ressuscitaram e se projetaram na bola de cristal.

Tomemos três exemplos aos *Proceedings*:

> Conta uma mocinha que, olhando para um espelho, ficava obsidiada por uma imagem, sempre a mesma; era uma casa com grandes paredes pretas, sobre as quais brilhava um molho de jasmins brancos. Ela assegurava nunca ter visto semelhante casa na cidade, onde vivia há muito tempo.

Uma pessoa colocada diante da bola de vidro vê nela aparecer o número 3.244. Por que essa cifra e não outra?

Eis, porém, o que parece mistério. A Srta. X. vê aparecer na bola de vidro um artigo de jornal e chega a ler o anúncio da morte de pessoa amiga. Conta o fato; as pessoas presentes ficam estupefatas. Algumas horas depois, a nova é confirmada oficialmente, e foram levados a crer numa previsão miraculosa.

Entretanto, encarando-se os casos de perto, vê-se em cada um deles uma explicação puramente natural.

Com efeito, pelo inquérito da Sociedade Psíquica, soube-se que havia em Londres uma casa com as aparências da descrita pelo primeiro paciente, e que este a tinha visto. Passara por ela pensando em outra coisa.

Quanto à história do número, ficou demonstrado que, durante o dia, a pessoa tinha comprado um bilhete e que o número do bilhete era aquele. É bem provável que esse número fosse visto, mas que não deixasse recordação consciente.

Chegamos, enfim, à revelação singular da morte de um amigo: a pobre vidente devia ter perdido um pouco de sua ilusão quando se encontrou, na casa, um número de um jornal que servia de para-vento, junto à chaminé. Ora, no lado visível via-se, com todas as letras, o artigo em questão, com os mesmos caracteres, a mesma forma que revestia no cristal.

Era a exteriorização de um clichê visual, que tinha sido registrado inconscientemente.

Este último exemplo mostra-nos com que prudência é preciso apreciar os fatos de aparência extranormal.

O que torna muito difícil o estudo do Espiritismo é que, quase sempre, o verdadeiro fenômeno espírita se assemelha a outro que dele não é mais que uma imitação.

Assim é que a escrita automática simula a escrita mecânica dos médiuns; que a alucinação verídica parece-se com uma aparição verdadeira; que as objetivações dos tipos dir-se-iam fatos de encarnação; que a ideoplastia se distingue, por vezes, tão dificilmente, de uma materialização de Espírito, como a paramnésia de uma lembrança da vida anterior.

A reencarnação

Sem exagerar a importância dos fenômenos anímicos, é preciso, entretanto, conhecê-los bem, para não nos expormos a graves enganos.

Vejamos alguns fatos que se assemelham aos de clarividência e que não passam da criptomnésia, isto é, de memória latente.

6.6 Criptomnésia

Um Sr. Brodelbank perde uma faca. Seis meses depois, sem nenhuma preocupação por essa perda, sonha que a faca está no bolso da calça, que ele tinha posto entre as roupas usadas. Acordando, veio-lhe a ideia saber se seu sonho era exato; foi procurar a calça e encontrou a faca no bolso.

Trata-se, evidentemente, de uma lembrança esquecida, que surgiu durante o sono. O mesmo se pode dizer da narrativa que se segue:

Em sua obra *Le Sommeil et les Rêves* [*O sono e os sonhos*], conta o professor Delbœuf que, em um sonho, o nome de *Asplenium Ruta Muralis* lhe pareceu um nome familiar. Ao acordar, em vão procurou descobrir onde poderia ter visto essa denominação botânica. Muito tempo depois descobriu o nome *Asplenium Ruta Muraria*[125] escrito por ele próprio numa coleção de flores e samambaias.

No exemplo seguinte, há mais que simples evocação da memória. Parece que certo número de impressões visuais foram registradas inconscientemente; depois, sob a influência da atenção, o Espírito as encontra durante o sono. Eis o caso, narrado pela Sra. Bickford:

Chegando ao Hotel Morley, às 3 horas de terça-feira, 29 de janeiro de 1889, percebi que tinha perdido meu broche de ouro, e supus que o havia deixado

---

[125] N.E.: Sigmund Freud observou, em a *A interpretação dos sonhos* (1899), que o último elemento do nome (*Muraria*) fora ligeiramente deturpada no sonho (*Muralis*).

no provador da loja Swan & Edgar. Mandei indagar e fiquei desapontada por saber que as buscas foram inúteis.

Estava muito contrariada e à noite sonhei que o encontrara em um exemplar da revista *Queen*, que estava na mesa, e via, em sonho, a página em que ele se encontrava. *Notei, mesmo, uma das gravuras dessa página.*

Logo depois do almoço fui à loja Swan e Edgar, e pedi os jornais, narrando, às moças, ao mesmo tempo, o sonho em que tinha revisto o broche.

Os jornais haviam sido retirados da sala; encontraram-nos e, com grande espanto das moças, eu disse: "Eis onde está o meu broche", e, na página em que esperava, aí o achei.[126]

Procurarei tirar conclusões de conjunto dessas observações, e veremos como elas confirmam os ensinos do Espiritismo pelos Espíritos e os resultados experimentais obtidos pelos sábios, há meio século, no mundo inteiro.

---

[126] *Journal of the Society for Psychical Research*, v. 4, 1884.

CAPÍTULO 7

AS EXPERIÊNCIAS DE RENOVAÇÕES DA MEMÓRIA

O PERISPÍRITO É O CONSERVADOR DE TODAS AS AQUISIÇÕES FISIOLÓGICAS E INTELECTUAIS. — DEPOIS DA MORTE, O PERISPÍRITO CONSERVA AS SENSAÇÕES TERRESTRES. — O PERÍODO DE PERTURBAÇÕES OBNUBILA AS FACULDADES INTELECTUAIS. — COMO NA TERRA, TAMBÉM NO ESPAÇO A MEMÓRIA É FRAGMENTÁRIA NOS SERES POUCO EVOLVIDOS. — ELA PODE REVELAR-SE, COMO AQUI, PELA AÇÃO MAGNÉTICA. — O DR. CAILLEU. — ESTUDOS SOBRE AS SESSÕES EM QUE SE PRODUZEM PRETENDIDAS REVELAÇÕES SOBRE AS VIDAS ANTERIORES DO PACIENTE OU DOS ASSISTENTES. — DIFICULDADES DA EXPERIMENTAÇÃO MAGNÉTICA PARA OBTER A REGRESSÃO DA MEMÓRIA DAS VIDAS ANTERIORES: 1º SIMULAÇÃO; 2º PERSONALIDADE FICTÍCIA; 3º CLARIVIDÊNCIA. — OS CASOS DE ESTEVAN MARATA, GASTIN, CORNILIER, HENRI SAUSSE, BOUVIER. — A REENCARNAÇÃO NA INGLATERRA. — AS VIDAS SUCESSIVAS DO SR. ALBERT DE ROCHAS. — DES INDES À LA PLANÈTE MARS, DO PROFESSOR FLOURNOY. O CASO DA PRINCESA SIMANDINI. — DESPERTAR DAS LEMBRANÇAS DURANTE O TRANSE, AINDA NA INGLATERRA. — O RELATÓRIO DO PRÍNCIPE WITTGENSTEIN. — O DESPERTAR, NUM PACIENTE, DA

Gabriel Delanne

MEMÓRIA DE UMA LÍNGUA ESTRANHA, NA ALEMANHA. — O CASO DO LOUCO SUSSIAC. — RESUMO.

Alguns exemplos que acabo de apresentar, a respeito da memória, não passam de casos particulares, tomados entre grande número de outros, o que nos leva a crer que toda ação exercida sobre o ser humano, aí deixa um traço indelével, e se, em geral, à memória ordinária só ocorrem os fatos mais importantes da existência, não é menos verdade que os mais simples acontecimentos ficam gravados em nós e podem reaparecer sob a influência, de causas diversas, normais ou provocadas.

Onde se faz esse registro das sensações? Em que parte de nosso ser se realiza ele? É este um problema que ainda não foi resolvido, e é curioso que a Ciência, que nos deu o conhecimento do mundo e de suas leis, seja impotente para penetrar nas profundezas do ser humano.

Nem os fisiologistas nem os psicólogos são capazes de nos explicar um fato tão simples como o sono; segundo Claparède, existem 21 teorias do sono, o que prova, evidentemente, que nenhuma é exata, visto que cada uma encara um só aspecto da questão. O mesmo sucede com a memória.

Os sábios materialistas afirmam que ela está contida no sistema nervoso, mas lhes é impossível indicar, de maneira precisa, quais modificações desse sistema se efetuam no momento em que uma impressão penetra na massa nervosa, e como pode renascer para produzir a memória.

Diz Maudsley que há, com efeito, nos centros nervosos, resíduos que provêm das reações motrizes. Os movimentos determinados ou efetuados por um centro nervoso particular deixam, como as ideias, seus resíduos respectivos, os quais, repetidos muitas vezes, se organizam ou encarnam tão bem em sua estrutura, que os movimentos correspondentes podem dar-se automaticamente.

A reencarnação

Vê-se, aqui, o vazio, a imprecisão dos termos que mascaram mal o pensamento; aliás, o próprio autor inglês o percebe, porque acrescenta:

> Quando dizemos um traço, um vestígio, um resíduo, o que queremos dizer é que fica no elemento organismo certo efeito, ou qualquer coisa que ele retém e o predispõe a funcionar de novo, da mesma maneira.[127]

Ribot convém que é impossível dizer em que consiste essa modificação. Nem o microscópio, nem os reativos, nem a Histologia,[128] nem a Histoquímica[129] no-lo podem ensinar.[130]

Em suma, esses autores admitem que as moléculas da matéria viva que receberam a ação de uma força exterior não vibram do mesmo modo que precedentemente; encontram-se em novo estado de equilíbrio, e, se um impulso da mesma natureza volta a se exercer sobre elas, produzir-se-á o movimento, desta vez com mais facilidade que a primeira, e se encarnará, por assim dizer, na substância, a qual comunicará uma propriedade nova.

Ribot vê na associação desses movimentos de todas as partes do sistema nervoso uma condição essencial da memória e cita certo número de fatos que parecem apoiar fortemente sua maneira de interpretar esses fenômenos.

Assim, os movimentos da marcha exigem a participação de grande número de elementos motores e nervosos que têm necessidade de ser coordenados, associados, a fim de produzirem o deslocamento desejado. Entram em jogo células diferentes entre si, pelo volume, pela forma, por sua posição nas diversas partes do eixo cerebrospinal, pois que estão espalhadas desde a extremidade inferior da medula até as camadas corticais.

---

[127] MAUDSLEY, Henry. *Physiologie de l'Esprit*, p. 23 e 252.
[128] N.E.: Disciplina biomédica que realiza estudos da estrutura microscópica, composição e função dos tecidos vivos (*Houaiss*).
[129] N.E.: Ramo da Histologia que estuda a constituição química das células e dos tecidos.
[130] RIBOT, Théodule. *Les Maladies de la Mémoire*, p. 14.

Ribot assim resume suas observações:

> Julgamos da maior importância chamar a atenção para este ponto: a memória orgânica não supõe, somente, uma modificação dos elementos nervosos, mas a formação entre eles de associações determinadas para cada acontecimento particular, o estabelecimento de certas associações dinâmicas que, pela repetição, se tornam tão estáveis como as conexões anatômicas primitivas. A nossos olhos, o que importa como base da memória não é somente a modificação imprimida a cada elemento, mas a maneira por que muitos elementos se agrupam para formar um *complexus*.

A memória psicológica propriamente dita sugere as mesmas reflexões, porque nossas ideias se associam entre si segundo leis determinadas pela continuidade, pela semelhança, pela diferença, etc.

Por outro lado, é preciso notar que uma dessas associações secundárias pode entrar, por seu turno, em outros grupos, a fim de neles representar um papel diferente, porque as relações dinâmicas criadas, por exemplo, para a marcha, podem servir com outras modificações para a patinagem, a natação ou a dança.

É realmente na massa nervosa que se organizam essas associações e pode-se conceber que seja esse o lugar de sua conservação? Não o creio e eis por quê: se admitirmos, com Claude Bernard, que todos os movimentos produzidos no organismo exigem a destruição da substância viva, o cérebro, que funciona com atividade ininterrupta, deve renovar-se um número considerável de vezes, durante a existência, de sorte que o movimento impresso em uma célula nervosa deve ir enfraquecendo cada vez mais, à medida que aumenta o número das renovações desta célula; desde então, concebe-se mal como se manteriam relações dinâmicas estáveis, em meio à perpétua alteração das moléculas, que constituem milhões de pequenos organismos, formadores da trama da substância nervosa; e assim, no fim da vida, quando essas reconstituições se realizaram já milhares de vezes, a lembrança dos primeiros anos deverá ter desaparecido completamente.

A reencarnação

Ora, a observação demonstra que, nos velhos, são as lembranças da mocidade as que mais persistem. Essa anomalia seria inexplicável se, realmente, fosse o sistema nervoso o registrador de todas as sensações.

É aqui que intervém o ensino espírita. Sabemos que a alma humana está associada a uma substância infinitamente sutil, a qual Allan Kardec deu o nome de perispírito. Esse corpo espiritual existe durante a vida e sobrevive à morte. É ele o molde no qual a matéria física se incorpora, ou, mais exatamente, o plano ideal que contém as leis organogênicas do ser humano. O perispírito está ligado ao corpo por intermédio do sistema nervoso; toda sensação, que abala a massa nervosa, desprende essa espécie de energia, à qual se deram os mais diversos nomes: fluido nervoso, fluido magnético, força ectênica, força psíquica, força biológica etc. Essa energia age sobre o perispírito, para comunicar-lhe o movimento vibratório particular, segundo o território nervoso que foi excitado (vibração visual, auditiva, táctil, muscular etc.), de maneira que a atenção da alma seja acordada e que se produza o fenômeno da percepção; desde esse momento, essa vibração faz parte, para sempre, do organismo perispiritual, porque, em virtude da lei da conservação da energia, ela é indestrutível. Sem dúvida, poderá desaparecer do campo da consciência, mas, como vimos, persiste inalterada nas profundezas dessa memória latente a que hoje se chama inconsciente. Foram as experiências espíritas que estabeleceram a certeza absoluta desse corpo espiritual, que se torna visível durante o desdobramento do ser humano e que demonstra a sua persistência depois da morte, pelas aparições, e, sobretudo, pelas materializações.

Esses últimos fenômenos, que reconstituem momentaneamente o ser humano, tal como existia na Terra, física e intelectualmente, provam, com luminosa evidência, que é ele que organiza e mantém o corpo humano, e que, segundo a clara expressão de Claude Bernard, dele contém a ideia diretriz, a estrutura e as funções. É nele que reside a última razão das funções biológicas e psicológicas de todos os seres vivos.

Por ser o perispírito é indestrutível, conservamos, depois da morte, a integridade de todas as nossas aquisições terrestres, e a memória acorda, então, completa, nos seres suficientemente evolvidos, de maneira que podemos abraçar o panorama de nossa passada existência.

Veremos mais adiante as consequências que daí resultam para a vida espiritual e porque a recordação das vidas anteriores não é igualmente renovada para todos os Espíritos que habitam o Espaço.

É ainda difícil, na hora atual, saber com exatidão as condições da vida de Além-túmulo; entretanto, as numerosas comunicações obtidas há meio século, no mundo inteiro, permitem-nos fazer uma ideia geral do estado psicológico da alma depois da morte.

Sabemos que a separação entre o espírito e a matéria produz um período de perturbação, durante o qual a alma não tem consciência exata de sua nova situação. Ela fica como em um sonho, e ora ignora todo o mundo material que acaba de deixar, ora tem vagas percepções, que, misturando-se com suas lembranças, lhe dão uma espécie de existência anormal, comparável ao delírio que acompanha certas doenças terrestres. É nesta categoria que é preciso classificar esses Espíritos que ainda se creem vivos, e cujas manifestações dão, por vezes, lugar aos fenômenos de "assombração", tantas vezes verificados.

Evocando-se os seres que se acham nesta situação, só se obtêm, as mais das vezes, respostas incoerentes; pouco a pouco, porém, esta espécie de doença perispiritual tem fim, quer normalmente, quer sob a influência dos Espíritos protetores, e a alma acorda, então, em seu novo meio, e as lembranças da vida terrestre podem renascer em toda a sua integralidade.

Temos verificado que a memória se inscreve no perispírito por camadas sucessivas, por assim dizer, pois que nos fenômenos de regressão da memória, assinalados por Pitres, Bourru, Burot, Janet e outros, cada idade ressuscita todos os acontecimentos contemporâneos, e os de uma época, 19 anos por exemplo, estão associados de maneira indissolúvel: não se confundem nem com os das idades anteriores nem com os que se lhes seguem.

Melhor, ainda, em certos pacientes, como Louis V., o estado fisiológico é inseparável do psicológico, que lhe está associado; isso nos

A reencarnação

permite compreender como, durante uma materialização, o Espírito, tornando a criar, momentaneamente, um corpo físico, que é a representação do que possuía em um período de sua vida terrestre, pode fazê-lo por simples ato de sua vontade, isto é, por autossugestão.

É possível comparar a ação do corpo espiritual à de um campo de força, magnética ou elétrica, porque se sabe que estes podem agir sobre a matéria por meio de linhas de força que formam desenhos mais ou menos complicados.

É possível, pois, imaginar que todos os órgãos terrestres estão representados no perispírito; que, no momento da materialização, é a energia fornecida pelo médium que põe o mecanismo em ação, e que essa matéria exteriorizada, a que se dá o nome de ectoplasma, e que emana igualmente do médium, vem incorporar-se mecanicamente nesse esboço fluídico ao qual obedece passivamente, se a exteriorização da matéria não é contrariada por influências perturbadoras.

Concebe-se facilmente que um fenômeno tão anormal seja acompanhado de perturbações mais ou menos pronunciadas, no que concerne ao estado psicológico, e que, durante as aparições tangíveis, o ser que se manifesta tenha, nos primeiros tempos, grande dificuldade em servir-se do seu cérebro perispiritual, que acaba de ser profunda e subitamente modificado.

Esses reparos ajudam-nos a compreender por que as aparições de vivos ou as que se produzem pouco tempo depois da morte são, em geral, pouco loquazes, e muito avaras de ensinamentos, se chegamos a interrogá-las. O mesmo não acontece quando tratamos com Espíritos que foram, pouco a pouco, se habituando a esse novo estado, porque neles se verifica que as faculdades intelectuais vão retomando seu funcionamento normal, tal como era na Terra. Foi o que se pôde observar com Katie King que, nos últimos tempos de suas aparições, contava aos filhos de Crookes os acontecimentos de sua vida passada na Índia, ou com Estelle Livermore, que, no fim de duzentas sessões, pôde escrever as mensagens em francês, língua que conhecia perfeitamente, enquanto a médium Kate Fox completamente a ignorava.

Essas verificações experimentais são para mim de primeira ordem, visto mostrarem que o Espírito possui o poder de organizar a matéria; que nele residem as faculdades intelectuais, e não no corpo físico, então desaparecido e com os elementos dispersos na Natureza.

Se a memória da última vida terrestre é renovada depois da morte, o mesmo não se dá, em muitos casos, com as existências anteriores, e os inimigos do Espiritismo procuram servir-se deste argumento para combater a teoria da reencarnação. Mas ainda aqui a observação dos fatos nos permite compreender essa anomalia aparente.

Vimos que existem séries de memórias superpostas, e que as camadas superficiais são acessíveis à consciência. Se quisermos penetrar mais profundamente no armazém das lembranças, é necessário mergulhar o paciente no estado sonambúlico, donde resulta desprender-se parcialmente a alma do corpo, dando ao perispírito o movimento vibratório que lhe é próprio. E assim como em um raio de luz branca existem comprimentos de ondas diferentes, que vão muito além da parte visível, também no corpo espiritual se verificam zonas de intensidade vibratória prodigiosamente diversas. As camadas perispirituais das vidas anteriores têm um mínimo de movimentos vibratórios, que as torna inconscientes para os Espíritos pouco evolvidos, de sorte que estes ignoram se viveram anteriormente, e sustentam, com a maior boa-fé, que só existe uma vida terrestre. É possível, porém, despertar-lhes as recordações, magnetizando-os, e então se desenrola diante deles o panorama do passado.

Que não se acredite seja esta explicação inventada pelas necessidades da causa. Ainda aqui me conservo no terreno experimental, e é bem notável que fossem nossos instrutores espirituais que nos tivessem colocado na pista desse descobrimento.

Em uma época em que não se conheciam as experiências sobre a regressão da memória, já ensinava Kardec que, no Espaço, o Espírito

A reencarnação

pode ser magnetizado como na Terra, e por esse motivo reconquistar a plenitude de uma memória integral. Eis, com efeito, o que lemos na *Revue Spirite*, páginas 175 e seguintes:

> Trata-se do Espírito de um médico muito estimado, o Doutor Cailleu; conta ele, pelo médium Morin, que, apesar de ter saído havia muito da perturbação, se achou um dia em um estado semelhante ao de um sono lúcido.
>
> Diz ele: "Quando meu Espírito experimentou uma espécie de entorpecimento, achava-me, de alguma sorte, magnetizado pelo fluido de amigos espirituais; devia daí resultar uma satisfação moral que, explicam eles, é a minha recompensa, e, além disso, um estímulo a que continue na estrada que segue meu espírito, há muitas existências já. Eu estava, pois, adormecido por um sono magnético espiritual; vi o passado formar-se em um presente fictício; reconheci individualidades desaparecidas no correr dos tempos, e que não tinham sido mais que um e único indivíduo. Vi um ser começar uma obra médica, outro mais tarde continuar a obra, apenas esboçada pelo primeiro, e assim por diante. Cheguei a ver, em menos tempo do que vos estou a falar, formar-se, no decorrer das idades, aumentar, e tornar-se ciência, o que, no princípio, não passava dos primeiros ensaios de um cérebro ocupado com o estudo do alívio do sofrer humano. Vi tudo isso, e quando cheguei ao último destes seres que tinham trazido, sucessivamente, um complemento à obra, reconheci-me então. Aí tudo se apagou, e voltei a ser o Espírito, ainda atrasado, do vosso pobre doutor.

Aqui, o ensino de nossos guias espirituais ultrapassou a Ciência, e a narrativa nos prova que as leis do magnetismo são as mesmas, tanto no Espaço como na Terra. Reciprocamente, se magnetizarmos um paciente terrestre, de forma a exteriorizar seu corpo fluídico, e se continuarmos, no Espírito desprendido, a ação magnética, de maneira que atinjamos as camadas profundas do periespírito, poderemos renovar a memória das vidas anteriores desse paciente.

Foi o que fizeram os espíritas espanhóis, como é fácil de verificar, reportando-nos aos relatórios do Congresso Espírita de 1889.

Mais tarde, por indicação de Léon Denis, o Coronel de Rochas empenhou-se na mesma senda e obteve resultados interessantes, que estão consignados em seu livro *Les Vies Successives*. Infelizmente, estas experiências não estão ao abrigo de certas críticas, principalmente no que concerne à sugestão, que o magnetizador exerce, mesmo involuntariamente, nos pacientes. Estou, entretanto, persuadido de que chegaremos a ficar libertos de tais causas de erro e poderemos adquirir novas provas da grande lei de evolução que rege o Universo inteiro. Tomando, então, em consideração, esse poder que possui o corpo perispiritual de reter para sempre todas as influências que agem nele, durante suas passagens pela Terra, teremos uma explicação clara e simples dos problemas da hereditariedade, que a Ciência contemporânea é impotente para resolver. Este será sempre um serviço importante que o Espiritismo tem feito à Humanidade, e nossos sucessores lhe prestarão, enfim, a homenagem que lhe é justamente devida.

7.1 Estudo sobre as sessões em que se produzem pretendidas revelações sobre as vidas anteriores do paciente ou dos assistentes

Se é perfeitamente exato, como veremos, que se pode levar a regressão da memória até as vidas anteriores, em certos pacientes sonambúlicos, não é menos certo, infelizmente, que o estudo desta questão esteja eriçado de dificuldades de toda a natureza.

Somos obrigados, nestas pesquisas, a estar em guarda, em primeiro lugar, contra uma simulação sempre possível, se temos que lidar com indivíduos profissionais; em segundo lugar, mesmo com sonâmbulos perfeitamente honestos, convém desconfiar de sua imaginação, que corre muitas vezes livremente, forjando histórias mais ou menos verídicas, a que o professor Flournoy deu o nome de "romances subliminais". Essas espécies de personificações de indivíduos imaginários foram frequentemente produzidas, entre outros, pelo professor Richet, que as designou com o nome de *objetivação de tipos;* sabemos que, por autossugestão, é possível a um paciente, mergulhado naquele estado, imaginar-se tal ou qual personagem e compô-la com tão grande luxo de atitudes, que pareceria estarmos realmente diante de uma individualidade verdadeira.

Outras causas de erro, segundo os casos, podem ainda intervir, se o paciente possui uma faculdade de clarividência ou criptestesia, que lhe permita tomar conhecimento dos pensamentos dos assistentes ou, se é psicômetra, de ressuscitar, com grande verossimilhança, cenas que se passaram muito longe dele e em épocas pretéritas.

Vê-se que é absolutamente necessário examinar as narrativas com o mais severo método crítico, se não nos quisermos deixar arrastar a apressadas conclusões, que o futuro não tardaria a desmentir. Submetendo-me a essa disciplina é que analisarei os casos seguintes, depois de haver eliminado certo número de outros, que não me pareceram apresentar garantias suficientes de autenticidade.

Vejamos uma categoria em que a boa-fé dos experimentadores me parece certa. Esses fatos foram, pela maior parte, observados espontaneamente por espíritas, e como diferem das pesquisas sistemáticas de Flournoy e de Rochas, vou relatá-los em primeiro lugar, porque lhes cabe a prioridade.

No Congresso de 1900, Estevan Marata fez a seguinte interessante comunicação, a qual mostra como se poderia chegar, por vezes, a fazer renascer, no estado sonambúlico, lembranças tomadas às vidas anteriores:

> Foi em 1887; havia na Espanha um grupo espírita chamado "La Paix", cujo fundador e presidente era Fernandez Colavida, cognominado, do outro lado dos Pireneus, "o Kardec espanhol". Nas suas sessões, o grupo fazia o estudo e a fiscalização dos problemas espíritas. Minha mulher e eu éramos, nessa época, membros desse grupo.

Ora, um dia, Colavida quis experimentar se podia provocar em um sonâmbulo a lembrança de suas existências passadas. Magnetizou o médium em alto grau e mandou que dissesse o que tinha feito na véspera, na antevéspera, uma semana, um mês, um ano antes, levando-o, assim, até a infância, que ele explicou com todos os pormenores.

Encaminhado sempre, o médium contou sua vida no Espaço, a morte de sua última encarnação e chegou a quatro encarnações, de que a mais antiga era uma existência inteiramente selvagem. É preciso notar que, em cada existência, os traços do médium se modificavam completamente. Para conduzi-lo ao estado habitual, o magnetizador fê-lo voltar até a existência presente, e o acordou.

Não querendo ver-se acusado de ter sido enganado, ele fez outra pessoa magnetizar o médium, devendo-lhe sugerir que as existências passadas não eram verdadeiras. Apesar dessa sugestão, o médium expôs de novo as quatro existências, como o fizera alguns dias antes.

Obtive o mesmo resultado com outro médium;[131] magnetizei minha mulher até ao sonambulismo, para comprovar o caso de uma poesia que lhe tinha sido oferecida por pela Sra. Amalia Domingo Y Soler, na qual um Espírito anunciava um fato acontecido em existência anterior; o caso foi confirmado por minha mulher nesse estado sonambúlico.

Creio que se alguém quiser empreender esses estudos pode chegar aos mesmos resultados, mas é preciso rodear o médium de todos os cuidados possíveis, porque lhe podem suceder acidentes muito perigosos. Não leveis muito longe vossas pesquisas e só experimenteis com bons sonâmbulos, habituados a separarem-se do corpo, e a só ficarem unidos pelo perispírito.

É claro que não temos aqui nenhuma demonstração efetiva da realidade dessas retrocognições. Demais, não houve qualquer revelação verificável, relativamente a essas vidas anteriores, de sorte que nada nos autoriza a ver aí uma ressurreição verídica do passado.

Chegamos, agora, a experiências efetuadas em outros meios.

---

[131] Nota do autor: Os primeiros estudos foram digiridos por todos os membros que formam o grupo "La Paix".

A reencarnação

7.2 Revelação imprevista

Devo à amabilidade de Gastin, eminente ocultista muito conhecido, a relação seguinte:

Caro Sr. Delanne,

Tenho o prazer de confirmar a curiosa experiência que obtive há alguns anos, de maneira inteiramente inesperada.

Foi em 1906. Eu morava ainda em Avignon, e já me ocupava muito com o estudo sistemático dos fenômenos psíquicos, fora de qualquer doutrina ou teoria.

Não chegara a ter opinião a respeito do valor da hipótese espiritualista, e minhas tendências positivistas inclinavam-me a ver na sugestão e na autossugestão uma explicação suficiente de todo fenomenismo psíquico e parapsíquico.

Ia frequentemente a Romans, onde morava meu tio com uma família de espíritas composta de pai, mãe, e duas moças, das quais não tive nenhum trabalho em fazer dois pacientes.

Na esperança de obter uma fiscalização mais séria do fenômeno, adormeci simultaneamente as duas moças e procurei obter com elas fatos de vidência sonambúlica, enquanto meu tio, médium psicográfico, recebia comunicações a alguns passos de distância.

Aimée, a mais moça das pacientes, apresentava frequentes e muito interessantes manifestações de sonambulismo lúcido.

A mais velha, Juliette, ao contrário, não apresentava qualquer fenômeno interessante: ficava em uma espécie de letargia inconsciente, donde a tirava, em vão, abrindo-lhe os olhos e encarando-a. Sobrevinha um estado cataleptoide e ela fechava os olhos, logo que o meu olhar, por qualquer razão, os deixava.

Fora desse caso banal, absolutamente nada me fazia esperar uma realização qualquer, na ordem experimental, com essa paciente comum. A perda da consciência era, entretanto, evidente.

Um dia, renovei uma experiência, tentada muitas outras vezes em vão, aliás sem um fim preciso, quando as duas irmãs estavam adormecidas, e meu tio, à mesa, diante do papel; aproximei-me de Juliette, abri-lhe os olhos, e a encarei como de costume; diz-me ela, então, bruscamente, com o ar surpreso:

— Como é curioso, não o vejo mais, ou antes, vejo-o envelhecido, calvo, com o olhar severo. Mas não é o senhor, é antes sua expressão; é um velho que se lhe assemelha, e atrás desse rosto, frio e severo, que me espanta, eu o vejo, tal como o conheço, vivo e sorridente.

Tendo-lhe pedido maiores detalhes, Juliette acrescentou:

— Ah, o rosto do velho desapareceu, mas outro o substitui.

E, sucessivamente, em uma ordem que não tive tempo de notar, de tal forma o fato tinha sido imprevisto e rápido, a paciente descreveu longa série de rostos de todas as idades, homens e mulheres, que vinham, como máscaras vivas, porém frias, colocar-se diante de minha fisionomia, e sempre com a mesma expressão do olhar. Esta porta da alma, no dizer dos fisionomistas, que a paciente reconhecia como sendo minha própria expressão, como a característica de minha individualidade.

Depois, toda a visão desapareceu repentinamente, e Juliette só viu a mim, atual e presente. Inquiri o que podiam representar, em sua opinião, as curiosas visões caleidoscópicas. Ela respondeu, claramente, que não sabia nada.

Aproximei-me de sua irmã, que dormia sempre, a alguns passos, e lhe perguntei se também tinha visto.

— Sim — respondeu-me. — Houve mesmo muito mais rostos do que minha irmã assinalou, mas passavam tão depressa que não os pude apanhar.

— Que podem significar essas visões?

— Suas precedentes existências.

Justamente, nesse instante, meu tio escrevia mediunicamente: "São as suas precedentes encarnações".

Evidentemente, não havia nessa sucessão de fatos, para mim que estava fora de qualquer doutrina espiritualista, e bastante disposto a ver em tudo o papel da sugestão e da autossugestão, nada de demonstrativo, com relação à possibilidade de uma visão de encarnações passadas.

A reencarnação

Achava-me entre espiritistas e pensava que era muito natural receber de Aimée e de meu tio, em relação subconsciente com Juliette, uma explicação de ordem espírita.

Para melhor observar o fenômeno, resolvi provocá-lo de novo, e pedi a Juliette que abrisse novamente os olhos, sugerindo-lhe que ela ia ver desenrolarem-se as mesmas visões.

Apesar de todos os meus esforços de sugestão (e eu estava, então, em plena forma, como hipnotizador), foi-me impossível reproduzir, mesmo embrionariamente, aquela visão, e devo acrescentar — porque o fato tem importância capital —, que Juliette, em seguida, se tornou a paciente comum que até então tinha sido. Desaparecia assim o argumento explicativo da sugestão e da autossugestão.

Não é convosco, Sr. Delanne, que tenho que desenvolver este ponto de lógica; fá-lo-eis com mais autoridade que eu, se quiserdes utilizar, em vossos trabalhos, a narrativa que acabo de apresentar.

Crede em meus sentimentos muito fraternos,

Louis Gastin

Parece evidente que deve ser eliminada, por parte do Senhor Gastin, toda e qualquer sugestão, mas como a cena se passa em um meio espírita, no qual são as teorias de reencarnação familiares, pode-se supor que houvesse irrupção temporária de ideias subconscientes, que se exteriorizaram sob formas visuais, em relação com aquela teoria. Entretanto, teria grande valor a confirmação da narrativa pela segunda paciente, se ela não a tivesse ouvido de sua irmã. O mesmo com a escrita mediúnica do tio de Gastin.

Enfim, não tendo sido fornecida qualquer prova sobre aquelas anterioridades, sou forçado, sem negar a possibilidade de uma revelação exata, a classificar esse fato entre os que não oferecem provas suficientes de sua realidade.

O mesmo se dá com o caso seguinte:

7.3 Romance subliminal ou reminiscência

Em sua interessante obra *La Survivance Humaine*, página 535, P.E. Corniller se refere a uma das sessões que teve com sua médium Reine, jovem modelo, completamente ignorante das teorias espíritas.

"Ei-los", disse ela, "agora em contemplação diante do lago e conversando... É tão prodigiosa a realidade, que nos parece estar na conversa". A lucidez da médium se torna cada vez mais clara.

A vista do lago azul faz-lhe renascer a lembrança de suas vidas anteriores na Itália e no Oriente. Ela relata certos incidentes aos seus dois companheiros e faz descrições e comparações.

Conta sua vida em Nápoles e em Capri. Fala da Sicília, descreve aspectos do Vesúvio com precisão extrema. Em Capri, conheceu uma casa, mais tarde ocupada por Vetellini;[132] dá-lhe a situação exata; faz observações sobre as cenas da Natureza; viu o mar efervescente, quando as lavas do Vesúvio nele mergulhavam; notou a falta absoluta de pássaros nesse belo céu. Depois se espanta que o velho amigo nunca tivesse a curiosidade de voltar lá após se tornar Espírito.

"Isto te seria tão fácil! Por que não vais? Gostas mais dos bancos e da bolsa; pois bem, iremos juntos. Eu te levarei; conheço bem o Egito...". E ela aí retorna, ao tempo em que era um curandeiro. No Egito, doutor da alma e do corpo. Nessa vida, estava com Vetellini; eram amigos, ele mais velho e a protegia. Nota que, no Oriente, em razão das condições atmosféricas, a vida do astral é perceptível. Os encarnados, um tanto adiantados, sentem, por assim dizer, constantemente, o contato dos desencarnados.

Notou Reine, muitas vezes, que não poderia nunca pôr o Senhor Corniller ciente de tudo isso. Vetellini a tranquiliza, e lhe diz que ele a fará falar alto. Ela não o crê muito. Parece-lhe impossível dizer em alta voz, em Paris, o que viu aqui na América.

Vetellini já tinha dito em outra sessão que Reine vivera no Egito. Tendo-se-lhe posto na mão uma pedra de um colar desse país, ela declarou: "Isso vem do Egito. É psicometria?".

---

[132] Nota do autor: Vetellini é o guia da médium Reine e do grupo de Corniller.

A reencarnação

Aqui, ainda, nenhuma indicação precisa sobre as pretendidas vidas anteriores, e as descrições de Reine poderiam, em rigor, ser o fruto de leituras antigas, ou de conversas ouvidas, ou mesmo a ação clarividente da paciente. Isto nos leva à maior reserva na apreciação deste curioso fenômeno.

Parece que, com os casos seguintes, damos um pequeno passo à frente em algo de mais demonstrativo.

Tomo a narrativa abaixo, da brochura publicada por Henri Sausse (*Des Preuves, en Voilà*, p. 32). Conhecendo pessoalmente o autor, de longa data, posso garantir sua absoluta boa-fé e a veracidade dos seus relatos:

> Vindo a nossas reuniões, a Sra. Comte Calixte se fazia acompanhar da Srta. Sophie, sua dama de companhia. Esta, notando a facilidade com que os médiuns eram postos em sonambulismo, e o estado de bem-estar em que se encontravam, ao acordar, pediu-me que procurasse adormecê-la para ver se ela possuía, em estado latente, faculdades que nos pudessem ser úteis.
>
> No fim de uma sessão, eu disse à Srta. Louise,[133] antes de despertá-la:
>
> — Ajude-a a desprender-se; vou adormecer a Srta. Sophie.
>
> Ela me respondeu, nervosamente, em voz baixa:
>
> — Não, não quero. Não quero, mas faça como entender.
>
> Fiquei surpreendido com o tom no qual foi feita a observação, e não insisti. No dia seguinte, revi Louise, e, sem lhe dizer o fim de minha visita, eu a pus em sonambulismo, e perguntei-lhe a causa de sua conduta, na véspera. Ela se obstinou, por muito tempo, em guardar um segredo que não me dizia respeito, mas, por insistência minha, acabou por declarar:
>
> — Opus-me porque essa pessoa foi a causa de minha desgraça em passada existência; nós nos juramos um ódio eterno; eu a desprezo, odeio, e nunca lhe perdoarei — nunca, ouviu? —, todo o mal que me fez.
>
> — Creio — disse-lhe eu — que não foi só o acaso que as colocou no mesmo caminho, mas os nossos amigos, para proporcionar-lhes o meio de reconciliação.

---

[133] N.E.: Médium que trabalhava no grupo espírita de de Henri Sausse.

Ela revoltou-se contra ests ideia, mas, à força de paciência e de boas razões, acabei por fazer com que ela prometesse ajudar-me a adormecê-la e lhe perdoasse.

Na sessão seguinte, não contei nada a ninguém dessa última entrevista. Depois de haver adormecido simultaneamente Louise, Maria e Molaret, pus este em meu lugar, à direita de Louise, e Maria à sua esquerda; colocando-me em frente de Sophie, provoquei nela o sonambulismo. Neste momento, Maria e Molaret tomaram Louise pela cintura e lhe disseram:

— Vamos, Louise, coragem, é preciso ajudá-la a desprender-se; é preciso, também, perdoar-lhe, é preciso esquecer. Sim, perdoe e esqueça; são nossos amigos que lhe pedem; é preciso que este ódio acabe e que um perdão sincero as reconcilie.

Sophie acabava de adormecer, por seu turno; Louise, então, tomou-lhe a mão e lhe disse:

— Veja e lembre-se.

Sophie ficou um momento estupefata, assombrada; pôs-se depois a chorar copiosamente e disse:

— Não, você não me pode perdoar; eu lhe fiz muito mal para que você possa esquecer. Onde ocultar-me? Tenho vergonha de mim mesmo.

E chorava a ponto de inundar o corpete. Louise e os outros choravam também. Enfim, disse Louise:

— Pois que nossos amigos o pedem, que tudo se apague deste passado sinistro, que tudo seja esquecido.

E levantando-se, espontaneamente, os quatro médiuns ficaram enlaçados num forte abraço, chorando agora de alegria.

Custei muito a trazer os quatro ao sentimento da realidade e fazê-los voltar, para os acordar. Os outros membros do grupo seguiram esta cena comovente, sem a compreender. Tive que lhes dar a chave do enigma. Era o fim de um ódio póstumo.

Observei, aliás, dois outros casos semelhantes.

Em setembro de 1887, em uma sessão, um dos Espíritos que nos ajudavam em nossos trabalhos, o amigo Joseph, nos disse:

— Venho dar-lhes meus adeuses; não voltarei mais a estas reuniões, onde fui tão fraternalmente acolhido; vou reencarnar.

— Se quisesse dizer-nos em que condições, poderíamos procurá-lo, para ainda nos ocupar do amigo...

A reencarnação

— Não, é inútil; seria contra a lei de Deus. Se o mistério de nosso passado nos é oculto, é que há para isso motivos sérios e não podemos infringi-lo, procurando descobrir o véu que nos oculta o nosso destino.

Foi sua última visita.

Se não conhecêssemos exemplos de contágio psíquico, produzido entre pacientes, no estado sonambúlico, poderíamos classificar este fato de reconhecimento recíproco, entre as boas provas da reencarnação.

Infelizmente, ainda aqui, nenhuma informação precisa nos foi dada sobre as vidas anteriores dos dois pacientes, o que nos deixa em indecisão e não permite nos pronunciemos de maneira absoluta sobre o valor desse reconhecimento mútuo.

7.4 A reencarnação na Inglaterra

Os adversários do Espiritismo afirmam muitas vezes que há frequentes contradições, entre os ensinos dos Espíritos desencarnados que se manifestam na França e na Inglaterra, a respeito da reencarnação.[134]

Sem dúvida, a maioria dos desencarnados anglo-saxões não admitem que a evolução da alma, em nosso globo, se faça por uma série de vidas terrestres. Dizem eles que essa evolução se produz nos diferentes planos do espaço e em outros planetas. Existem, entretanto, numerosos centros nos quais os ensinos do Além são conformes aos dos países latinos, e isto é digno de nota, porque, cada vez mais, a teoria palingenésica vai ganhando terreno entre nossos vizinhos e mesmo na América do Norte.

Eis um exemplo, entre muitos outros a que eu poderia me referir.[135]

---

[134] N.E.: Além do que é abordado aqui, o leitor poderá consultar o cap. 21 de *A história do espiritualismo*, de autoria do espiritualista inglês Arthur Conan Doyle, a fim de conhecer a opinião de diversos espiritualistas ingleses sobre a reencarnação (tradução de José Carlos da Silva Silveira, p. 434-438).

[135] *Revue Scientifique et Morale du Spiritisme*, nov. 1903, p. 314.

7.5 A reencarnação pode ser provada?

O autor começa por dizer que, na Inglaterra, a maioria dos espiritualistas se recusam a acreditar na reencarnação, porque os médiuns, em transe, declaram não que a reencarnação seja certamente um mito, mas que não tem nenhuma noção a respeito. Além disso, os homens acham a morada na Terra tão triste que não tem vontade de voltar para ela. Enfim, a maioria dos espiritualistas guardam reservas, e acham que ainda não há provas suficientes. Continua ele:

> Eu era do número destes últimos e rejeitava aquele ponto de doutrina com tanto mais energia, quanto, durante muito tempo, os Espíritos que se manifestavam por minha mediunidade lhe eram francamente opostos.
>
> Mas, há uns três anos, um grupo de Espíritos, em nosso centro, que é particular, proclama que a reencarnação não é uma teoria, mas um fato.
>
> Quando recobrei os sentidos, na primeira vez, e me fizeram saber o que eu tinha dito, protestei, vivamente, contra a escolha de minha pessoa, adversário decidido, para defender tal teoria. Eles voltavam, entretanto, com tal insistência, que acabei por lhes perguntar:
>
> — Podeis prová-lo?
>
> Responderam:
>
> — Deixe-nos, primeiro, mostrar quem nós somos, e, quando tiverem suficiente confiança em nós, terminaremos nossa obra.
>
> Deram, então, tais provas de identidade e de conhecimento do passado, do presente, e, em certos casos, do futuro; prestaram aos membros deste pequeno centro tais serviços, que uma plena confiança lhes foi outorgada.
>
> Prometeram eles, então, pôr-nos em relação com pessoas que havíamos conhecido em precedente existência, e mostrar-nos cenas de nossa vida passada, que reconheceríamos. Uma tarde, descreveram-nos uma senhora, dizendo-me que eu a encontraria dentro em pouco. Dez dias mais tarde, fui a uma praia de banhos, onde nunca tinha ido e tomei um apartamento por correspondência.
>
> À minha chegada, disse a hoteleira que havia na casa uma senhora que esperava minha chegada; era estranha no lugar e viera dois dias antes ocupar

um apartamento. Declarara que tinha muitas vezes sonhos, nos quais via pessoas que devia encontrar em seguida. Assim — acrescentou — espero esta semana M. W., que não conheço. Não sei onde, nem quando, mas sei que isto sucederá.

Uma prova bem mais surpreendente foi dada a outro membro do círculo. Uma senhora foi apresentada a um senhor e logo sua memória lhe retraçou uma outra existência, na qual ela o tinha conhecido. O reconhecimento foi recíproco, porque ele sorriu e disse:

— A senhora se lembra de mim. Se é assim, que cada um de nós escreva, à parte, o nome que tivemos.

Foi o que fizeram; depois trocaram as folhas de papel em que tinham inscrito os nomes. Eram idênticos. Se não há aí uma prova, que me forneçam outra explicação.

Poderia citar, ainda, outros casos, mas prefiro ficar naquele. Por que os Espíritos que demonstraram dizer a verdade em todos os outros pontos nos haviam de enganar nesse?

7.6 As vidas sucessivas

Tal é o título de uma obra publicada em 1911 pelo Coronel de Rochas, antigo administrador da Escola Politécnica. O autor é muito conhecido pelas numerosas pesquisas que fez sobre a exteriorização da sensibilidade, os estados superficiais e profundos da hipnose, e, em último lugar, por suas experiências concernentes a memória pré-natal. Nesta obra, relata as experiências que realizou de 1892 a 1910, com 19 pacientes, nos quais procurou acordar, mergulhando-os em estados magnéticos, cada vez mais profundos, a lembrança de suas vidas anteriores.

Seu processo consistia em fazer passes longitudinais, a fim de adormecer profundamente os pacientes, e fazer-lhes sugestões, de maneira que despertassem neles as recordações da vida atual até o nascimento; levando mais longe a experiência, procurou obter a revelação das existências que lhes teriam precedido a atual.

Todos os pacientes fizeram descrições mais ou menos verossímeis de vidas anteriores. Infelizmente, na maioria dos casos, foi impossível obter a certeza dessas visões retrospectivas. O autor não procurou precisar, suficientemente, os nomes, as datas e os lugares onde se teriam desenrolado essas visões regressivas.

Creio que se o Sr. de Rochas tivesse melhor conhecido e praticado as experiências do Espiritismo, teria podido tirar grande fruto de seu real poder fluídico, pedindo aos seres desencarnados que o ajudassem, e por seu turno, agindo sobre a alma do paciente, quando exteriorizada, pois que, nesse período, se produz a renovação da memória integral.

Rochas não foi mais feliz em outra tentativa em sentido inverso, a de fazer prever, pelos sensitivos, o que lhes deveria acontecer mais tarde.

Para que o sonâmbulo voltasse ao estado normal, Rochas empregava passes transversais e os continuava depois do despertar, o que levava o paciente a outro estado, em que se dizia que ele previa o futuro.

Creio que, neste caso, a sugestão exercida pelo magnetizador seria verdadeiramente a causa eficiente, porque a conexão entre ele e seus pacientes era sempre muito íntima, o que deixa supor que sua ação mental se transmitia àqueles com quem operava, com a maior facilidade.

De Rochas faz notar, com muita justeza, que, estando as ideias de inferno e purgatório muito espalhadas em todos os meios em que foi buscar seus pacientes, é de espantar que nenhum deles lhes fizesse menção, quando se achava entre duas pretendidas encarnações.

Vamos ver outro experimentador, mais feliz que o Sr. de Rochas, pois que, uma vez, ao menos, obteve pormenores exatos acerca de uma vida anterior de sua paciente.

7.7 A médium Hélène Smith

Em seu livro *Des Indes à la planète Mars*, Flournoy, professor de Psicologia da Faculdade de Ciências de Genebra, fez um importante

A reencarnação

e completo estudo das faculdades de uma médium, a que ele chama Senhorita Hélène Smith.

É digno de relevo que essa moça, de boa educação, de uma sinceridade e boa-fé absoluta, que se prestara, gratuitamente, durante anos, à investigação dos sábios, tivesse apresentado personificações imaginárias ao lado de outros fatos nitidamente espíritas.

Em verdade, Flournoy esforçou-se por explicar todos os fenômenos pela autossugestão da médium, a qual, muito sensível, teria sido levada, subconscientemente, em seus sonhos, a imaginar que não se encontrava na posição social que lhe competia, de sorte que, frequentando Centros Espíritas, onde são correntes as ideias de reencarnação, teria sucessivamente e subliminalmente, isto é, durante seus períodos de inconsciência, forjado dois romances, pelo menos, relativos às suas vidas anteriores.

Um dos seus romances a representa como a reencarnação da rainha Maria Antonieta, e o outro como a mulher de um príncipe hindu, que vivia no XIV século e teria reinado no Kanara.

Uma terceira criação hipnoide é relativa ao planeta Marte, de que a Srta. Smith dá descrições um tanto fantasistas; mais ainda, ela teria feito conhecer a linguagem dos habitantes desse nosso mais próximo vizinho.

Flournoy, muito habilmente, mostrou a gênese provável dessa suposta linguagem marciana, e provou, pela análise dos textos, que não passava, em realidade, de uma imitação da língua francesa e que só os sinais representativos das letras tinham verdadeira originalidade. Mas esta não ultrapassa a que os alunos podem produzir em classe, quando imaginam alfabetos secretos para se corresponderem.

Reconheço, também, que a crítica de Flournoy relativa à reencarnação na Srta. Smith da infortunada rainha da França é muito justificada, porque as lembranças relativas a esse ciclo real estão cheias de anacronismos e a escrita da pretendida personalidade de Maria Antonieta nada tem em comum com os textos que nos ficaram.

Além disso, quanto aos acontecimentos históricos, como é fácil encontrá-los por toda parte, não se lhes pode dar grande valor, pois que a memória subliminal registra grande número deles pelas leituras, pelas peças de teatro, pela conversa.

Este reparo aplica-se a todos os casos do mesmo gênero, e quando se sabe com que fidelidade a memória sonambúlica conserva os clichês visuais ou auditivos, deve-se, em bom método, atribuir esses conhecimentos as aquisições normais da vida corrente e não a lembranças de uma existência anterior.

Uma exceção deve ser feita, entretanto, quando se trata de acontecimentos históricos, que não se acham relatados nos manuais comuns de História nem nos dicionários históricos ou biográficos, mas tão só em alguns documentos ignorados do público que, para os descobrir, necessita de laboriosas pesquisas, e dos quais o paciente não pôde ter conhecimento.

Se a esses informes precisos, relativos a uma civilização não europeia, se juntarem descrições da região e reminiscências da língua que foi aí empregada, a probabilidade, então, de que esses conhecimentos sejam devidos a lembranças de uma vida passada torna-se muito grande. Eis por que vou narrar, em síntese, aquilo a que Flournoy chama o ciclo hindu de Hélène Smith.

Um reparo preliminar deve ser feito: é que essa ressurreição do passado se produziu no curso de numerosas sessões, sem nenhuma sugestão prévia dos assistentes, e que o sono sonambúlico se apresentava espontaneamente na paciente, quer no curso das sessões, quer durante a vida normal, e principalmente pela manhã, ao despertar. As visões reproduziam, então, as cenas da vida anterior e realizavam-se por alucinações visuais ou auditivas.

Contentar-me-ei em fazer aqui, por falta de espaço, um muito curto resumo do ciclo hindu, enviando o leitor, quanto aos pormenores, à obra indicada.

A reencarnação

Conta Flournoy, nesse capítulo, como sua médium Hélène Smith, pretendendo ser a reencarnação da princesa hindu Simandini, imita sua personagem, do modo mais realista, mais vivo:

> Ela assenta-se no chão, com as pernas cruzadas ou meio estendidas, o braço ou a cabeça indolentemente inclinados sobre o esposo Sivrouka. A religiosa e solene gravidade de sua prosternação, quando, depois de haver por muito tempo balançado a caçoleta fictícia, cruza no peito as mãos estendidas e se inclina por três vezes, batendo com a fronte no solo; suas melopeias lentas e dolentes; a agilidade dos movimentos, quando se diverte com seu macaco imaginário, e o acaricia, e o excita, e o censura, rindo; toda essa mímica e esse falar exótico tem tal cunho de originalidade, de naturalidade, que se indaga, com espanto, donde virá a essa jovem das margens do Lago Léman, tal perfeição de jogo.
>
> Se só se tratasse — diz Flournoy — de pantomima[136] hindu, o mistério seria menor: algumas narrativas ouvidas na escola ou lidas em folhetins poderiam explicar, *em rigor*, as diversas atitudes, o caráter musical dos cantos e as aparências sanscritoides. É um trabalho que as faculdades subliminais podem executar de modo ainda mais perfeito, entre os indivíduos dispostos ao automatismo.

Entretanto, acrescenta o sábio psicólogo:

> Há dois pontos que complicam o romance hindu e parecem desafiar, até aqui, pelo menos, qualquer explicação normal, porque ultrapassam os limites de um puro jogo de ideias. São os informes históricos, precisos, dados por Léopold — o guia da médium —, de que se puderam, em certo sentido, verificar alguns, e a língua hindu, falada por Simandini, que contém palavras mais ou menos reconhecíveis, e cujo sentido real se adapta à situação em que foram pronunciadas.
>
> Ora, se a imaginação de Hélène pôde ter reconstruído pelas informações gerais, flutuantes, de nossa atmosfera de país civilizado, os costumes, os usos e

---

[136] N.E.: Mímica; representação de uma história exclusivamente por meio de gestos, expressões faciais e movimentos (*Houaiss*).

as cenas do Oriente, *não se sabe donde lhe proviriam o conhecimento da língua e de certos episódios de pouco relevo da história da Índia* (grifo nosso).

Eis um fato de primeira ordem, que se explica muito bem por uma renovação da lembrança e que não se pode, mesmo, explicar por outra forma.

Mas Flournoy não a quer aceitar.

Consultou ele, sobre os pontos históricos evocados pela médium, os mais qualificados especialistas da história asiática. Nenhum tinha conhecimento das personagens e das localidades citadas. Eram, entretanto, eruditos da ciência histórica.

Em último recurso, viu-se forçado a escavar nas bibliotecas e acabou por encontrar, num velho e poeirento alfarrábio — *A história da Índia* —, de Marlès, um trecho que lhe prova, irrefutavelmente, que a descrição de Hélène não é um mito. É claro que os sábios, os eruditos, precedentemente consultados, trataram Marlès por cima do ombro, e recusaram considerá-lo como um confrade sério. Isso é muito feliz para a memória dele.

Quanto a Flournoy, apesar da inverossimilhança da suposição, não hesita em considerar que a memória integral de Hélène colheu os ensinos no obscuro e desconhecido Marlès, e detém-se ligeiramente, nas diferenças ortográficas entre o texto deste último e o da médium.

Só o que perturba, e ele o confessa, *é que não pode dizer onde, quando e como Hélène teria podido tomar conhecimento daquele texto*. Diz ele:

> *Confesso sem subterfúgios que não sei nada,* e dou, voluntariamente, testemunho da indomável e perseverante energia com que Hélène não cessou de protestar contra a minha hipótese no ar, que tem o dom de a exasperar; e isto se compreende, porque ela se cansa em perscrutar as lembranças e não encontra aí o menor traço dessa obra de que só existem dois exemplares poeirentos em Genebra. Só por um concurso de circunstâncias absolutamente

A reencarnação

excepcionais e quase inimagináveis poderia Marlès achar-se, um dia, entre as mãos de Hélène. E como não teria ela disso a menor recordação?

Em suma, e pela própria declaração de Flournoy, o romance hindu constitui um enigma psicológico ainda não solúvel de maneira satisfatória, pois que revela e implica em Hélène, relativamente aos costumes e a língua do Oriente, conhecimentos de que foi impossível, até agora, achar a fonte segura.

Apesar desta restrição formal, que tira toda autoridade às hipóteses anti ou extraespíritas, nossos contraditores não hesitaram em apoderar-se de toda essa parte da obra de Flournoy e dela ainda se servem como dum projétil mortífero, sem perceberem que isso, na realidade, se volta contra eles.

É impossível ver ali ou telepatia, ou alucinação, ou autossugestão. Só resta admitir o que não cessa de repetir a médium: que ela ressuscita o passado longínquo da princesa hindu Simandini.

Nas sessões em que esta se manifesta, não é a reencarnação da princesa que a médium representa, mas a ressurreição de antigas lembranças. Hélène Smith se sente realmente a princesa Simandini, revinda sob a forma de uma jovem moderna. Parecem ambas a mesma individualidade. Esta se manifesta, no curso do tempo, sob a forma de Simandini na Índia, e, mais tarde, na Suíça, com a mentalidade de Hélène. Este gênero de manifestação é digno de reparo: nada tem com as incorporações ou encarnações, habituais nos médiuns, de uma personalidade que lhes é inteira e completamente estranha. Trata-se de um fenômeno distinto.

O que me autoriza a esta afirmação é que, em sua mocidade, Hélène tinha gostos artísticos inteiramente diversos dos que poderia haurir na ambiência genebrina.

Eis o que, a respeito, diz Flournoy:

> Pelas descrições da Sra. Smith e pelas suas próprias, Hélène era tímida, séria, concentrada e não gostava de brincar com as meninas de sua idade. Preferia sair só com sua mãe, ou ficar tranquila e silenciosa em casa, divertindo-se em desenhar,

o que fazia com a maior facilidade, ou executar obras de sua composição, no *estilo oriental*, obras que deslizavam, como por encanto, entre seus dedos de fada; não tenho mérito nisso — dizia ela — porque não me dá nenhum trabalho; sou levada, por vezes, a fazer essas obras e esses desenhos, não sei como, com pequenos pedaços de pano, que se reúnem, de alguma sorte, em minhas mãos.

Com judicioso bom senso, observa Flournoy que a mediunidade não é nenhumamente incompatível com uma vida normal e regular; que um médium não é necessariamente um neuropata,[137] como tem tentado fazer acreditar certos médicos de vista curta.

Sendo o assunto de grande importância, permito-me citar a autorizada opinião do célebre psicólogo de Genebra:

A quem se espantar pelo lugar que ocupa, na imaginação de Hélène, o medo de passar por doente ou anormal, é preciso dizer, para desencargo dos médiuns e dos sábios incriminados, que a culpa cabe às invenções, aos ditos no ar, de todo gênero, com que o público ignorante envenena, à vontade, a existência dos médiuns e a dos que os estudam.

É claro que se encontram nas fileiras da douta faculdade ou dos corpos científicos, como em toda companhia um tanto numerosa, certos espíritos estreitos, muito fortes, talvez, em sua especialidade, mas prontos a lançar o anátema naquilo que não se enquadra com suas ideias feitas, e a chamarem logo doença, patologia ou loucura tudo o que se afasta do tipo normal da natureza humana, tal como eles a concebem no modelo de suas pequenas personalidades. É, naturalmente, o veredicto desfavorável, mas cheio de segurança, desses médicos com antolhos e desses pretendidos sábios, o que se divulga de preferência e vem bater nas orelhas interessadas. Quanto ao julgamento reservado e prudente dos que não gostam de se pronunciar apressadamente, nem de fechar questões, cuja solução *é* ainda impossível, esse, não é preciso dizer, ninguém o tem em conta, porque a massa quer conclusões líquidas e decididas.[138]

Tal pensamento é justo e está bem expresso.

---
[137] N.E.: Aquele que sofre de doença do sistema nervoso (*Houaiss*).
[138] FLOURNOY, Théodore. *Des Indes à la planète Mars*, p. 18.

A reencarnação

7.8 Despertar do passado durante o transe

Eis um caso que transcrevo de nossos vizinhos de Além-Mancha:

Há uma vintena de anos, vinha eu da cidade, por um belo dia de primavera, e comprei, por acaso, um número do *Saturday Review*, que acabava de *ser* publicado. Chegando a casa, achei minha mulher atacada de violenta dor de cabeça. Aconselhei-a a deitar-se e ajudei-a a dormir, fazendo-lhe passes magnéticos. Em 5 minutos, ela mergulhou em profundo sono; instalando-me perto da janela, em confortável poltrona, puxei o jornal e predispus-me a lê-lo. Não tardei em absorver-me na leitura de um artigo sobre a situação política da França. Tinha parado numa frase obscura, quando, com grande surpresa minha, a esposa começou a tratar do assunto, e me fez uma pequena prédica, bastante interessante e instrutiva, sobre o estado político e os negócios da França, a propósito do dito artigo, mostrando o maior conhecimento da história da França, que lhe parecia inteiramente familiar.

Acreditei, a princípio, que um Espírito falava por sua boca, e lhe perguntei quem era. Ela respondeu:

Não é um Espírito estranho, mas o meu. Quando me magnetizaste, meu corpo adormeceu, e meu espírito logo se achou livre. Percebi o profundo interesse que te causava a leitura desse artigo e entrei a estudá-lo em teu proveito.

— Mas — perguntei-lhe —, como podes estar tão a par da história e da política francesas, tu, que em teu estado normal, nada sabias disso, e nenhum interesse lhe davas?

— Quando retomo meu corpo, *essas* coisas e muitas outras que conheço muito bem, em estado de espírito, apagam-se imediatamente, e eu não me lembro de mais nada.

— Mas, por que os assuntos de que acabas de tratar te são familiares ao espírito? Pareces ter conhecimentos extraordinários sobre a diplomacia francesa.

— Por certo, visto que eu conheço perfeitamente a França e os franceses; fui outrora uma senhora francesa, e representei um papel histórico dos mais importantes.

A conversa durou ainda certo tempo, depois do que, ela me disse:

— Devo agora tomar o corpo; chegou o momento; boa noite.

Um minuto depois, minha mulher acordava bem-disposta e inteiramente curada de sua enxaqueca. Devo notar que essa conversa de seu Espírito comigo se distinguia pela escolha das expressões mais elegantes e mais distintas. Em estado normal, ela fala com facilidade, mas sua frase é brusca e pouco medida. Ao contrário, com o Espírito desprendido, seus discursos são como que etéreos, e ela mostra a maior delicadeza de estilo. Sempre verifiquei que, nos períodos de transe, seu Espírito podia responder a todas as perguntas que eu lhe fizesse. Eram maravilhosos os conhecimentos que manifestava e me parecia isto a prova mais decisiva da elevação a que podem atingir nossos espíritos, quando se desatam do corpo.

Apesar de se terem produzido estes fenômenos há muitos anos, fizeram tal impressão em mim, que me parece se terem dado ontem.

Robert H. Russel Davis
Buckingham, Praça Brighton[139]

Este exemplo confirma o despertar dos conhecimentos anteriormente adquiridos, no período de transe do estado sonambúlico. Reveste-se de grande valor por ter sido observado espontaneamente e porque o autor não podia conhecer os trabalhos de Rochas e Flournoy, uma vez que sua observação lhes é muito anterior.

7.9 Caso complexo de reminiscências

O príncipe Sayn Wittgenstein é bem conhecido dos espíritas. Em seu livro *Animismo e espiritismo*, Aksakoff dá seu testemunho acerca do testamento do barão Korf, cujo Espírito indicou ao príncipe, em Paris, o endereço onde tal testamento havia sido escondido na Rússia. Era um homem sincero e leal, de modo que podemos aceitar seu depoimento com toda confiança. Eis o que ele nos relata: [140]

---

[139] *Revue Sociale et Morale du Spiritisme*, setembro, 1905, p. 179
[140] Extraído do livro *Os espíritos diante dos nossos olhos*, de Wlilliam Harrison.

A reencarnação

Narra o príncipe Émile de Sayn Wittgenstein que a Sra. C..., uma médium escrevente francesa muito distinta, viera passar algumas semanas, no verão de 1869, em minha casa de Nieder Walley.

Tendo realizado algumas sessões mediúnicas, perguntamos-lhe se era possível, ou não, evocar, durante o sono, o Espírito de uma pessoa viva. Pouco tempo depois, caiu do teto, sobre a mesa em volta da qual se assentava a Sra. C..., uma pequena medalha oval de bronze embaciado, aderida a um pouco de terra ressequida, exibindo, de um lado, a efígie do Cristo e, do outro, a imagem da Virgem Maria, parecendo remontar, por seu aspecto, ao século XVI. Fomos informados de que a medalha havia sido enterrada com alguém que falecera de morte violenta e que a usava de modo constante. Presentemente, essa pessoa estava reencarnada na Alemanha, e a medalha tinha por objetivo estabelecer entre nós e ela uma relação fluídica, a fim de aliviá-la de uma obsessão dolorosa.

Soubemos que seu nome começava pela letra "a" e que deveríamos chamá-la *em memória da Cidade de Dreux*. Nos dias que se seguiram, realizamos uma série de sessões com a Sra. C..., a quem eu havia magnetizado. Tomando de um lápis, a médium escreveu: "Eis-me aqui".

P. – Como se explica que já estejais dormindo? [Eram apenas 10 horas.]

R. – Estou acamada, doente e com febre.

P. – Poderíeis dizer-nos o vosso nome atual?

R. – Ainda não. Quando eu usava a medalha, vivia na França, sob o reinado de Luís XIV. Fui morta por um homem que raptou uma pensionista do convento onde eu era freira.

P. – Por que ele vos matou?

R. – Eu voltava de Dreux, para onde fora convocada por nossa abadessa. Surpreendera-os e, como ameaçasse gritar, o homem golpeou-me a cabeça com o castão de sua espada, visando apenas atordoar-me, mas o golpe foi tão violento que me matou.

P. – Como ele conseguiu entrar no convento?

R. – Com a conivência do porteiro, que fingia dormir quando ele subtraiu suas chaves. Vendo-me morta, meu agressor ficou apavorado e, auxiliado por seu criado, enterraram-me no primeiro lugar que lhes pareceu conveniente. No local há hoje uma casa, mas meus restos continuam enterrados no jardim.

P. – Que lugar é esse?

R. – Le Pré aux Clercs.

P. – O homem que vos matou era nobre?

R. – Sim, pertencia à família Lesdiguières.

P. – Quem era a pensionista raptada?

R. – Uma noviça de família nobre. Colocou-a numa carruagem e partiu imediatamente, pois deveriam encontrar-se mais tarde. Ela nunca soube de minha morte, vindo a falecer alguns anos depois em um país estrangeiro, onde ambos se haviam refugiado.

P. – Que fez vosso Espírito, após haver deixado o corpo?

R. – Segui diretamente para a casa de nossa abadessa, que se encontrava terrivelmente horrorizada. Ela me viu e se julgou vítima de um pesadelo. Depois vaguei em torno da capela, crendo-me ainda viva. Só percebi minha condição de Espírito quando aqueles que me olhavam no chão oraram por mim. Fui tomada de acabrunhante perturbação e me senti incapaz de perdoar-lhes. Mesmo agora, tive grande dificuldade de atender ao vosso apelo, por me sentir forçada a retornar a Dreux e assombrar a igreja sob minha aparência de outrora, como já o fazia antes de minha atual encarnação. É uma sugestão terrível que prejudica meu progresso, impedindo-me, durante o sono, de entrar em contato com os Espíritos bons, que nos reconfortam durante a noite. Émile, ajudai-me a me libertar [Depois de algumas palavras de encorajamento e a promessa de ajudá-la, continuamos].

P.: – Em que rua de Paris se situava o vosso convento?

R.: – Rua da Abadia.

P.: – Quem era seu santo padroeiro?

R.: – São Bruno: a congregação das senhoras da Paixão.

P.: – O convento ainda existe?

R.: – Saqueado e destruído pela Revolução.

P.: – Resta-lhe ainda alguma coisa?

R.: – Um muro.

Após isto, escrevi a um amigo, o qual me informou, depois de longas pesquisas, que havia descoberto um velho muro,

A reencarnação

incrustado entre algumas casas, e que outrora devia ter pertencido ao convento.

P.: – Na atual encarnação, guardai lembrança da que a precedeu?

R.: – Uma espécie de temor, como se devesse morrer de morte violenta, uma lesão na cabeça, o que por vezes me torna nervosa. Vejo, agora, que é um reflexo do passado. Vez por outra, sonho com fantasmas em trajes monacais e assassinos se atirando contra eles.

P.: – Morais longe daqui?

R.: – Na Alemanha.

P.: – É alemão o vosso nome?

R.: – Sim; tais questões me causam desgosto.

P.: – Será que vos conheço?

R.: – Certamente, sim.

P.: – Onde residis?

O médium começa a traçar, com dificuldade, "F"... "Fu"... Grito, sob brusca inspiração, "Fulda". No mesmo instante, a Sra. C... gritou e foi tomada por violento sobressalto, por pouco não caindo da cadeira, como se atingida por um choque elétrico. Compreendi imediatamente que o Espírito que a controlava era o de minha prima Amélia de Y., que reside em Fulda, onde ocupa elevado posto numa assembleia protestante da nobreza.

P.: – [Após longo intervalo]. Por que abalastes tão fortemente a médium?

R.: – Eu não queria que soubésseis, ainda.

P.: – Vosso corpo está desperto?

R.: – Não, mas estou surpresa.

Enquanto discutíamos, eu e a Sra. C..., sobre a realidade da intervenção de minha prima, a mão da médium escreveu inconscientemente um nome que pôs fim a todas as minhas dúvidas, porquanto se referia a um segredo que só eu e a condessa conhecíamos.

P.: – Como posso assegurar-me de vossa identidade e estar certo de que não sois um Espírito farsista, que zomba de nós?

R. – Quando me reencontrardes daqui a pouco, perguntai se tive sonhos nos quais imagino que fui morta. Responderei que não, mas que sonho, algumas vezes, com um padre assassinado por anarquistas. Podeis também mostrar-me a medalha. A mim parecerá já tê-la visto.

Com essa evocação, findaram as sessões consagradas às conversas com Amélia. Alguns meses mais tarde, encontrei minha prima na casa de campo de minha irmã. Como de hábito, Amélia troçava de minha crença espírita, declarando que tudo não passava de ilusão e decepção. Respondi de bom humor a esses ataques, sem me irritar, defendendo, no entanto, minhas teorias sobre os sonhos, as reminiscências e as mensagens dos Espíritos.

Em tom de brincadeira, perguntei-lhe se alguma vez ela havia sonhado em ter sido assassinada. Respondeu-me que não, acrescentando, logo a seguir: "Tenho, entretanto, um sonho desagradável, como um pesadelo que me persegue, faz-me ficar nervosa e indisposta no dia seguinte". Como eu insistisse para obter mais detalhes, ela me disse, finalmente, ter sonhado com um padre católico, em trajes sacerdotais, a fugir de uma igreja que ardia em chamas, perseguido por homens armados que queriam matá-lo.

Depois de mudar de assunto, peguei a medalha, dando a impressão de que a havia comprado num antiquário. Após apalpá-la por alguns instantes, examinou-a de forma tão atenta e demorada que lhe perguntei: "Que tendes?". Respondeu-me que não sabia explicar por que esse objeto lhe parecia tão familiar. Parecia que lhe pertencera, ou, pelo menos, que o tinha visto outrora, sem, no entanto, lembrar-se em que circunstâncias o fato se dera. Contei-lhe, então, toda a história de sua evocação pela médium, o que a levou a pedir-me que lhe mostrasse a escrita mediúnica que fora obtida.

A escrita mediúnica não parecia assemelhar-se à dela, porquanto me escrevia sempre em alemão e se servia de caneta, ao passo que as comunicações eram grafadas a lápis e em caracteres franceses.

No entanto, quando ela a viu, bradou que de fato a escrita era dela, quando usava lápis, em vez de caneta. Imediatamente, pedi-lhe que escrevesse a lápis algumas palavras que lhe ditei, constando, de fato, que a escrita era semelhante à original.

Agora ela tem medo de que sua alma, durante o sono, possa fazer assombração a uma velha igreja. Então lhe roguei, a fim de demovê-la de tal ideia, que apelasse ao seu anjo da guarda, e dissesse, em voz alta, antes de deitar-se: "Não irei".

Assim agindo, eu soube depois, por meus guias, que ela havia se livrado dessa obsessão.

Serei grato, acrescenta o príncipe Wittgenstein, a toda e qualquer pessoa que possa me explicar tal fato por outra teoria que não seja a reencarnação.

Príncipe Émile de Sayn de Wittgenstein

Neste caso, parece certo que foi, realmente, o Espírito da prima do príncipe Wittgenstein que se manifestou, pois a escrita mediúnica é idêntica à da pessoa viva. Como não houve nenhum contato prévio entre a médium e aquela senhora, não se pode alegar haver-se tratado de um caso de clarividência.

Se a história desse assassinato for falsa, forçoso é admitir que essa dama, piedosa e bem-educada, deu-se ao prazer de mentir sem qualquer interesse de sua parte. Além disso, durante seu desprendimento espiritual, ela acreditava na teoria das vidas sucessivas, na qual se recusava a crer de forma consciente quando em estado de vigília.

Pessoalmente, prefiro aceitar seu relato como verídico, já que nada me leva a suspeitar de sua realidade.

7.10 Uma renovação do passado

Tomo o caso seguinte à obra de meu amigo Léon Denis, *Le Problème de l'Être et de la Destinée* (p. 289).

Conheci pessoalmente o Príncipe Wisczniewski, que sempre me pareceu digno da mais inteira confiança. A Sra. Nœggerath, autora do livro *La Survie*, ouviu o príncipe fazer a mesma narrativa e a assinalou ao Sr. de Rochas. Ei-la:

> O Príncipe Adam Wisczniewski comunica-nos o relato a seguir. Ele o deve a testemunhas, algumas das quais vivem ainda, e só consentem que as designem pelas iniciais.
>
> O Príncipe Galitzin, o Marquês de B., o Conde de R., estavam reunidos no verão de 1862, nas águas de Hamburgo.
>
> Uma noite, depois de haverem jantado muito tarde, passeavam eles no parque do Cassino, quando perceberam uma pobre deitada num banco. Depois de se lhe aproximarem e interrogarem, convidaram-na a vir cear no hotel. Ela comeu com grande apetite, e, pouco depois, Galitzin, que era magnetizador, adormeceu-a. Qual não foi, porém, o espanto das pessoas presente, quando, profundamente adormecida, aquela que, na véspera, só se exprimia em mau dialeto alemão, pôs-se a falar muito corretamente em francês, contando que, por punição, se havia encarnado pobremente, em vista de haver cometido um crime em sua vida precedente, no século XVIII. Habitava, então, em um castelo na Bretanha, à borda do mar. Tivera um amante, e, querendo desembaraçar-se do marido, lançou-o ao mar, do alto de um rochedo. Com grande precisão, designou o lugar do crime.
>
> Graças a essas indicações, o Príncipe Galitzin e o Marquês de B. puderam, mais tarde, ir à Bretanha, nas costas do Norte, e, separadamente, entregaram-se a dois inquéritos, cujo resultado foi idêntico.

A reencarnação

Havendo interrogado grande número de pessoas, não puderam, a princípio, colher nenhuma informação. Encontraram, enfim, dois velhos camponeses, que se lembravam de ter ouvido contar por seus pais a história de uma jovem e bela castelã, que fizera perecer o esposo, projetando-o ao mar. Tudo o que a pobre mulher de Hamburgo dissera, em estado sonambúlico, fora reconhecido como exato.

O Príncipe Galitzin, em sua volta a Paris, repassando em Hamburgo, interrogou o Comissário de Polícia, a respeito dessa mulher. O funcionário declarou-lhe que ela era desprovida de qualquer instrução, só falava o vulgar dialeto alemão e vivia dos mesquinhos recursos de uma mulher de soldado.

Aqui, a amnésia, no que concerne ao passado, tão bem desapareceu durante o sono sonambúlico, que a infeliz mulher não só ressuscitou seu trágico passado como empregou a língua francesa, que ignorava completamente em estado normal.

Se possuíssemos muitos exemplos tão característicos, a certeza de que voltaríamos várias vezes à Terra não faria mais dúvida a ninguém.

É de desejar que sábios imparciais se entreguem ao estudo desses fenômenos, e tenho a convicção de que não tardariam a colher fatos igualmente demonstrativos.

7.11 Extrato da Conferência sobre a Reencarnação feita no Congresso Espírita de Liège, em 28 de agosto de 1923, pelo Dr. Torres

Há vinte e três anos, um irmão e um sobrinho de meu pai moravam em uma aldeia de minha província, quando foram assassinados em consequência de querelas locais.

Algum tempo depois dessa morte violenta, meu tio se comunicava por um médium, em minha família. Ele estava muito satisfeito com tudo o que lhe tinha sucedido. Explicava-nos, como, em existência anterior, numa cidade muito afastada, em Daroca, província de Aragon, numa casa que descreveu minuciosamente, e em data que precisou, ele, e o sobrinho, que era então a esposa de meu pai atual, entenderam-se para matar meu pai, a fim de satisfazerem paixões carnais.

Meu tio estava contente com seu estado no Espaço, e por haver passado pela prova escolhida. Agradecia a Deus ter-lhe permitido saldar essa conta tão dolorosa.

Os inquéritos feitos em Daroca, cidade completamente desconhecida de todos nós, confirmaram, em todos os pontos, os pormenores dados pelo Espírito de meu tio. Os nomes da rua e da casa, a data do crime que ficou impune, os nomes das personagens, tudo foi inteiramente verificado.

Há razão para supor que a clarividência do médium não pode ser invocada como explicação, pois que essas revelações foram feitas espontaneamente pelo Espírito do tio do doutor.

Depois de ter conhecimento desta narrativa, escrevi ao Dr. Torres para lhe pedir ao Centro alguns informes relativos ao médium e para saber se alguma ata havia sido feita. Eis as informações que ele me forneceu:

A sessão se realizou em minha casa, em minha família, onde essas reuniões são muito frequentes. Não fazemos atas, convencidos que estamos da verdade espírita; a sessão foi feita em presença de seis pessoas.

O médium pertencia à minha família e conhecia somente o assassínio do meu tio e do sobrinho de meu pai, mas ignorava tudo o mais, o drama e as circunstâncias indicadas pelo Espírito, assim como os nomes dos atores do drama executado em Daroca.

A mediunidade se deu por transe ou incorporação completa, com inconsciência total do médium, ao acordar.

7.12 Uma expiação

Terminemos esta curta resenha dos casos experimentais, citando o relatório existente nos arquivos do centro da cidade de Huesca, dirigido por Domingo Montréal. Ele é bastante instrutivo, como se vai ver:

A reencarnação

De 1881 a 1884, encontrava-se nas ruas de Huesca um indivíduo conhecido pelo nome de louco Sussiac. Vestia-se de modo burlesco, falava só, ora corria sem destino, ora caminhava solenemente, e não respondia a nenhuma das perguntas que lhe eram dirigidas. Por fim, como se tornasse perigoso, submeteram-no a estreita vigilância.

Na mesma cidade, formou-se um grupo de estudos espíritas, entre pessoas de cultura mediana, sendo Domingo Montréal o presidente e Sanchez Antônio, médium. Este último apresentava uma particularidade: a de que, *inteiramente iletrado,* escrevia muitas vezes sem pontuação, e outras com perfeição extrema, longas comunicações.

O presidente resolveu evocar o Espírito do louco, na ocasião em que ele parecia dormir, e obteve dele muitas mensagens. Enfim, o louco Sussiac morreu e, espontaneamente, pouco depois, deu pelo médium iletrado Antonio uma mensagem, afirmando que tinha sido Senhor de Sangarren; que tivera uma conduta culpável e que a vida, no curso da qual o conhecêramos, lhe tinha sido imposta como expiação.

Afirmou que acharíamos a confirmação de suas palavras nos arquivos ainda existentes no seu antigo castelo.

Fui, em companhia de Severo Lain e de Marvallo Ballestar à antiga morada senhorial, onde nos responderam que não havia traço de arquivos. Grandemente desapontados, reunimo-nos em sessão, para dar conta do resultado de nossa missão. Antônio escreveu, então, que, se voltássemos ao castelo, encontraríamos perto do fogão da cozinha, em um esconderijo, os documentos que desejávamos.

Assim o fizemos, e, tornados a Sangarren, obtivemos a permissão de sondar a parede, e, com grande espanto nosso, encontramos, em um pequeno reduto, uma série de pergaminhos. Trouxemo-los para Huesca, onde foram traduzidos pelo professor Oscariz e confirmavam em todos os pontos as afirmações do Espírito.[141]

Nesse caso, ainda a lei moral se exerce de maneira indiscutível, e os documentos, descobertos em seguida às indicações do espírito do

---

[141] *Revue Scientifique et Morale du Spiritisme,*1912, p. 442.

louco, estabelecem a muito grande probabilidade de suas afirmações, no que concerne à sua existência passada.

7.13 Resumo

Vimos, no curso do capítulo precedente e deste, que a memória não é uma faculdade tão instável, como poderia parecê-lo à primeira vista. É perfeitamente exato que não conservamos a lembrança integral de todos os acontecimentos, que nos sobrevieram no curso de nossa vida, visto que o esquecimento é uma condição essencial para que o Espírito não seja embaraçado pela inumerável multidão de lembranças insignificantes. Mas, ao contrário do que geralmente se crê, a perda das lembranças não é absoluta. Todas as sensações visuais, auditivas, tácteis e cenestésicas que têm agido em nós ficam gravadas, de maneira indelével, na parte permanente de nós mesmos, a que os sábios chamam subconsciência, e os espiritistas, perispírito.

Essas sensações, temo-lo averiguado, podem renascer, espontaneamente, ou durante o sono sonambúlico natural ou provocado.

Cada estado anterior da existência atual renasce com um frescor e uma intensidade que equivalem à realidade. Parece, pois, que cada período da vida deixa, na trama fluídica do corpo espiritual, impressões sucessivas inapagáveis, formadas por associações dinâmicas estáveis, que se vão superpondo sem confundir-se, mas cujo movimento vibratório diminui à medida que o tempo se escoa, até o momento em que essas sensações ou lembranças caem abaixo do limiar da consciência espírita.

Uma vez que as coisas são assim, que o Espírito é indestrutível e que é nele que se encarnam os arquivos de toda a vida mental e física, é natural supor que, se damos a esse corpo fluídico movimentos vibratórios análogos aos que ele registrou em qualquer momento de

A reencarnação

sua existência, far-se-á renascer, do mesmo passo, todas as lembranças concomitantes desse período do passado.

Foi o que sucedeu, como vimos, nas experiências de Richet, Bourru e Burot, Pitres e outros. É lógico, pois, prosseguir a regressão da memória até além dos limites da vida atual de um paciente, por meio da ação magnética. Assim fizeram os espiritistas e os sábios de que falei neste capitulo. Sem dúvida, os resultados não são sempre satisfatórios, uma vez que nem todos os pacientes se acham aptos a fazer renascer o passado. Isto se deve a causas múltiplas, e a principal resulta, ao que parece, do que se poderia chamar a densidade perispiritual, isto é, a imperfeições relativa desse corpo fluídico, cujas vibrações não podem achar a intensidade necessária para ressuscitar o passado, de maneira suficiente, mesmo com o estímulo artificial do magnetismo. Acontece, por vezes, entretanto, que, durante o estado de sono ordinário, a alma, exteriorizada temporariamente do corpo, encontra, momentaneamente, condições favoráveis para que o renascimento do passado possa produzir-se.

Pode suceder que essa renovação seja acidental, como em relâmpagos, no estado normal. Assiste-se, então, a uma revivescência de imagens antigas que dão àquele que as experimenta a impressão de que já viu cidades ou paisagens, ainda que nunca lá fosse.

São estes casos que vou estudar nos capítulos seguintes, e ver-se-á que eles também, se apresentam grande variedade, podem, entretanto, ser compreendidos e entrar facilmente no quadro da memória integral, admitindo-se que esta reside no corpo espiritual que acompanha a alma durante todo o curso de sua evolução contínua.

CAPÍTULO 8

A hereditariedade e as crianças-prodígio

ALGUNS REPAROS SOBRE A HEREDITARIEDADE. — A HEREDITARIEDADE ESPECÍFICA E CERTA. — A HEREDITARIEDADE PSICOLÓGICA NÃO EXISTE. — AS HIPÓTESES DOS SÁBIOS PARA EXPLICAR A HEREDITARIEDADE. — EXEMPLOS DE SÁBIOS QUE SAÍRAM DE FAMÍLIAS INTEIRAMENTE IGNORANTES; RECIPROCAMENTE, HOMENS DE GÊNIO QUE TÊM FILHOS DEGENERADOS. — DIFERENTES CATEGORIAS ENTRE AS CRIANÇAS-PRODÍGIO. — OS MÚSICOS. — OS PINTORES. — OS SÁBIOS. — OS LITERATOS. — OS POETAS. — OS CALCULISTAS.

8.1 As crianças-prodígio

Algumas palavras sobre a hereditariedade.

Em minha obra *A evolução anímica*,[142] tratei sumariamente da questão da hereditariedade em suas relações com a teoria da reencarnação.

---
[142] Cap. 5.

Bastar-me-á, aqui, lembrar ligeiramente que a posição do problema não mudou nestes últimos anos. Vimos, precedentemente, que o Espírito, depois de sua desencarnação, pode, durante as sessões de materialização, reconstituir, por meio da matéria e da energia fornecidas pelo médium, o corpo físico que possuía em sua vida anterior. Há nele o poder de organizar a matéria, segundo o tipo particular que foi o seu. É muito provável que opere da mesma maneira, vindo encarnar-se na Terra, mas então, se nenhuma influência estranha agisse sobre ele, deveria renascer com um tipo físico semelhante ao que possuía anteriormente.

Ora, isto não acontece, porque, como é de observação corrente, os filhos assemelham-se mais ou menos aos pais, e os progenitores podem, até, transmitir aos descendentes particularidades especiais do seu organismo.

Assim é que os músculos fortes do ferreiro, as mãos calosas do camponês ou do trabalhador, as mãos pequenas, nas famílias em que não se fazem trabalhos físicos, o desenvolvimento das mais diferentes aptidões pelo uso, o cunho que imprime ao exterior de um homem a profissão que ele exerce, são fatos muito familiares, e, posto que não repousem em nenhuma observação precisa, a ideia de sua transmissão tem sido sempre observada.

Ribot assim classifica as diferentes formas de hereditariedade.

1) A *hereditariedade direta*, que consiste na transmissão, às crianças, das qualidades paternas e maternas. Esta forma de hereditariedade oferece dois aspectos:

a) Ou a criança herda igualmente do pai e da mãe, tanto no físico como no moral, caso muito raro, em sentido absoluto, porque seria o ideal da lei realizado;

b) Ou a criança, saindo ao mesmo tempo ao pai e à mãe, assemelha-se mais a um deles. E aqui ainda a preciso distinguir dois casos:

– O primeiro é aquele em que a hereditariedade se dá entre sexos do mesmo nome; do pai ao filho, da mãe à filha;

A reencarnação

– O segundo caso, que parece mais frequente, é o da hereditariedade entre sexos de nomes contrários, do pai à filha, da mãe ao filho.

2) A hereditariedade de retorno, ou atavismo, consiste na reprodução, entre os descendentes, das qualidades físicas e morais dos seus antepassados. Ela é frequente do avô ao neto, da avó à neta.

3) A hereditariedade colateral ou indireta, muito mais rara que as precedentes, como seu nome indica, é aquela em linha indireta, do sobrinho ao tio, da sobrinha à tia.

4) Enfim, para completar, é preciso citar a hereditariedade telegônica, muito rara, sob o ponto de vista fisiológico, e de que não há, talvez, no moral, um só exemplo probante. Consiste na reprodução, nas crianças nascidas de um segundo casamento, de algumas qualidades próprias ao primeiro cônjuge.[143]

Tais são as diversas fórmulas nas quais se classificam os fatos da hereditariedade.

Para nós, espiritistas, no fenômeno da hereditariedade há duas coisas a distinguir: primeiramente, o caráter específico do ser que nasce, e, em segundo lugar, suas faculdades intelectuais.

É inteiramente certo que os progenitores, pertencentes a uma espécie determinada, dão nascimento a um ser da mesma espécie. É uma lei geral e absoluta; mas em cada espécie, no ponto de vista morfológico, verifica-se a existência de raças e, nestas, grandes diferenças entre os produtos de um mesmo par, segundo a preponderância de um sexo sobre outro. Em suma, deve-se admitir que o tipo estrutural é funcional nos animais e nos homens.

É ele devido à ação do perispírito sobre a matéria, mas os caracteres secundários, como a cor dos olhos e dos cabelos, a forma e a dimensão de certas partes do rosto ou do corpo, o mesmo dos órgãos internos, são o resultado de hereditariedade física. Tem-se visto, por vezes, que o pai pode transmitir ao filho o cérebro, e a mãe o estômago; um o coração, o outro o fígado, etc.

---
[143] RIBOT, Théodule. *L'Hérédité*, p. 204.

Por que mecanismos se opera esta transmissão, é profundo mistério, e todas as teorias examinadas há meio século, para o explicar, têm sido totalmente impotentes para solucionar o problema.

Sabe-se hoje que o ser que vai nascer não existe nos órgãos sexuais, como uma redução microscópica, que não teria mais que aumentar, desenvolvendo todas as suas partes. O ponto de partida é uma simples célula que, fecundada, passa por uma série de formas sucessivas e diferentes, antes de chegar ao fim de sua evolução, que tem por fim representar o ser completo dessa espécie.

Quais são as causas que necessitam esta evolução e por que agentes podem produzir-se?

A grande maioria das teorias imaginadas, em vista de uma explicação dos fenômenos da vida e, por consequência, da hereditariedade, repousa na suposição de que, entre as moléculas químicas e os órgãos da célula visível ao microscópio, existiria, ainda, uma categoria de unidades, partículas protoplásmicas iniciais que, por seu caráter e seu modo de agrupamento, determinariam as diversas propriedades da matéria viva.

É pela definição das propriedades e das disposições dessas partículas infinitesimais que os autores se esforçaram por explicar o caso complexo da hereditariedade.

As teorias, por engenhosas que sejam, não nos fornecem, ainda, uma explicação realmente científica dos fenômenos da hereditariedade. Foi o que não tiveram receio de declarar os autores do livro *Teorias da evolução*.

Foi Herbert Spencer quem lançou as bases da teoria hereditária, em 1864. Ela foi desenvolvida em 1868 por Charles Darwin sob o nome de pangênese. Em seu sistema, as partículas são *gêmulas*. Em 1884, Karl von Nägeli imaginou que estas pequenas unidades, designadas como *micelas*, formassem redes que compusessem o que ele chamava de *idioplasma* e *plasma nutritivo*.

A reencarnação

Em 1902, August Weismann complica ainda mais o sistema, imaginando não apenas dois tipos de plasma, mas também os *ides*, os *determinantes* e os *bióforos*.

Com efeito, dizem eles, que é que, na composição do protoplasma, determina seu caráter de vida? Somos aí reduzidos inteiramente às hipóteses. Elas não são diretamente verificáveis e só podem ser julgadas por nós, neste ponto de vista: tal concepção dá uma explicação verossímil dos diferentes fenômenos vitais — ontogênese, hereditariedade, variação, etc.? Tais hipóteses são necessárias, porque não nos podemos resignar a não ter nenhuma ideia sobre essas questões, que nos apaixonam mais que quaisquer outras.[144]

Em suma, a hereditariedade morfológica é a lei, posto que apresente tão numerosas exceções para os caracteres secundários que não há, quase nunca, identidade entre os progenitores e seus descendentes.

No ponto de vista intelectual, dá-se inteiramente o mesmo, porque existe considerável número de exemplos de grandes sábios, que saíram dos meios mais ignorantes. Foi assim, por exemplo, que Roger Bacon, Berkeley, Berzelius, Blumenbach, Brewster, Comte, Copérnico, Claude Bernard, Descartes, Galien, Galvani, Hegel, Hume, Kant, Kepler, Locke, Malebranche, Priestley, Réaumur, Rumford, Spinoza, Sisto Quinto, Young e outros, nasceram em meios pouco cultos, e nada podia fazer prever as notáveis faculdades que os distinguiriam em grau tão eminente.

Reciprocamente, existe um número considerável de grandes homens cujos descendentes foram abaixo de medíocres. Péricles procriou dois tolos, Paralos e Xantipos. O sábio Aristipe deu o nascimento a um furioso como Clínias; do grande historiador Tucídides, nasceu o inepto Milésias.

Sócrates e Temístocles só tiveram filhos indignos. Entre os romanos, vê-se o mesmo. Cícero e seu filho, Germânico e Calígula,

---

[144] DELAGE; GOLDSMITH. *Les Théories de l'Evolution*, p. 100.

Vespasiano e Domiciano; o grande Marco Aurélio teve por filho um furioso — Cômodo. Na história moderna, os filhos de Henrique IV, de Luís XIV, de Cromwell, de Pedro, o Grande, como os de La Fontaine, de Crébillon, de Goethe e de Napoleão dispensam outros exemplos.

Melhor ainda: as crianças-prodígio provam-nos, com evidência irresistível, que a inteligência é independente do organismo que a serve, e isto porque as mais altas formas da atividade intelectual se mostram entre aqueles cuja idade não atingiu a maturidade plena. É esta uma das melhores objeções que se podem opor à teoria materialista.

As formas mais elevadas da Arte e da Ciência se apresentam nas crianças de tenra idade. Citemos numerosos exemplos, para que não fique qualquer dúvida a respeito.[145]

8.2 Os músicos

Encontram-se exemplos de prodigiosa precocidade em todas as épocas e em todos os países.

No século XVII, Haendel, com 10 anos, compunha motetos,[146] que se cantavam na igreja de Halle.

O caso de Mozart é bem conhecido. É notório que na idade de 4 anos executava uma sonata, e sua faculdade musical desenvolveu-se tão rapidamente que, aos 11 anos, compôs duas pequenas óperas. Sabe-se com que feliz êxito continuou sua carreira.

Aquele a quem chamavam o deus da música, Beethoven, já se distinguia aos 10 anos por seu notável talento de executante.

E noutro gênero, a precocidade do grande violinista Paganini foi tal que, aos 9 anos, já o aplaudiam num concerto, em Gênova.

---

[145] Nota do autor: Ver, igualmente, as obras de Léon Denis, *O Problema do ser, do destino e da dor*; do Dr. Pascal, *A Evolução Humana*; e do Dr. Lancelin, *A Vida Póstuma*.

[146] N.E.: Música coral polifônica composta geralmente sobre textos sagrados da Igreja Católica Romana, surgida no século XIII (*Dicionário de termos e expressões da música*).

A reencarnação

Aos 6 anos, Meyerbeer possuía bastante talento para dar concertos muito apreciados.

Liszt, maravilhoso virtuose desde a mais tenra infância, escreve, aos 14 anos apenas, uma ópera em um ato, *Don Sanche, ou Le château de l'amour.*

Rubinstein, trazido da Rússia para Paris, aos 11 anos, excitou a admiração universal, pela beleza de seu toque ao piano.

Sarasate, aos 11 anos, mostrava já as qualidades de pureza de som e de estilo, que fizeram dele o maior violinista de nossa época.

Saint-Saëns, virtuose precoce, aos 11 anos dava seu primeiro concerto de piano, e tinha apenas 16 quando fez executar sua primeira sinfonia.

Em nossos dias, certas crianças se revelaram com disposições verdadeiramente notáveis para a música.

Tive o prazer de ver, no Congresso de Psicologia de 1900, o jovem Pepito Ariola, que, aos 3 anos e meio, tocava e improvisava ao piano árias variadas. O professor Richet publicou sobre o caso um estudo no qual disse que "ele tocou diante do rei e da rainha da Espanha seis composições de sua invenção, sem conhecer as notas, nem saber ler ou escrever". Imaginou ele um dedilhado especial, substituiu a oitava por arpejos segura e habilmente executados.

É muitas vezes bem difícil — acrescenta Richet — dizer, quando se ouve um improvisador, de quem é a invenção, e se se trata da reprodução, pela memória, de árias e trechos já ouvidos. É certo, entretanto, que Pepito improvisa com perfeição e apresenta, muitas vezes, melodias extremamente interessantes, que parecem mais ou menos novas aos assistentes. Há uma introdução, um meio, um fim, e, ao mesmo tempo, uma variedade, uma riqueza de sonoridade, que talvez espantassem, num músico de profissão; numa *criança, porém, de três anos e meio, torna-se o fato absolutamente assombroso.*

Mais recentemente, ainda, o jovem Ferreros desde os quatro anos e meio dirige, com segurança e mestria notáveis, a orquestra do Folies-Bergères.

Toda a grande imprensa parisiense, ordinariamente tão cética, fez-lhe o elogio: Dizia *Le Journal*:

> Miguel Ângelo ainda não acabara de usar seus primeiros calções e seu mestre Ghirlandajo despedia-o do *atelier*, porque ele não tinha mais nada a aprender. Aos 2 anos, Henri de Heinecken falava três línguas. Aos 4, Batista Raisin mostrava, no violino, rara virtuosidade. Aos 6 anos, Mozart compunha seu primeiro concerto.
>
> Hoje é Willy Ferreros quem espanta Paris pela segurança, pela arte e pela fantasia com que dirige a orquestra na *Revue des Folies-Bergères*.
>
> Já não há crianças.

Poderia alongar a lista dessas crianças prodigiosas que mostram, desde o verdor dos anos, apreciável talento, talento esse que não puderam adquirir nesta vida, com a educação, e que devem, necessariamente, trazer consigo, como herança de uma ou mais vidas anteriores consagradas ao desenvolvimento daquela arte.

Vou mostrar, sempre com exemplos, que as outras faculdades do espírito se afirmam em certos indivíduos com um poder tão evidente como entre os músicos.

Trata-se da Pintura, e vamos verificar que as manifestações desta arte, tão difíceis de adquirir pela prática, se apresentam em certos indivíduos verdadeiramente predispostos.

8.3 Os pintores

Giotto é ainda um exemplo das disposições inatas, que são trazidas do berço. Ainda criança, simples pastor, traçava já, por instinto, esboços tão cheios de naturalidade que Cimabue o tomou a seu cuidado.

Um dos mais belos gênios da Itália, Michelangelo, na idade de 8 anos, já conhecia suficientemente a técnica do seu ofício, e tanto, que seu mestre Ghirlandaio afirmou que nada mais havia a ensinar-lhe.

Desde criança, Rembrandt manifestou tal gosto pelo desenho que Lombroso declara ter sabido ele desenhar como um grande mestre, antes de haver aprendido a ler.

O primeiro quadro do pintor Marcel Lavallard foi recebido no Salon quando ele tinha 12 anos.

A 12 de agosto de 1873, com 10 anos e 11 meses, morria o jovem Van de Kefkhore, de Bruges, e deixava 350 quadros, sendo que alguns — diz Adolphe Siret, membro da Academia de Ciências, Letras e Belas-Artes da Bélgica — poderiam ter sido assinados por nomes como Diaz, Salvator Rosa, Carot e outros.

Outro crítico, o pintor Richter, grande colorista francês, teve ocasião, acidentalmente, de ver uns vinte painéis do jovem-prodígio; felicitou, então, o seu proprietário por possuir esboços de Théodore Rousseau, em tão grande quantidade. Houve enorme trabalho por desenganá-lo, e, quando ele reconheceu a verdade, não pôde esconder uma lágrima, por ver desvanecidas tantas esperanças.

8.4 Os sábios, os literatos e os poetas

Hermógenes, desde os 15 anos, ensinava Retórica ao sábio Marco Aurélio.

Pascal foi incontestavelmente o mais belo gênio do século XVII. Ao mesmo tempo geômetra, físico e filósofo, é igualmente literato de fino lavor. Desde os verdes anos, mostra gosto pelos estudos e especialmente pela Geometria. Aos 13 anos, descobrira as 32 primeiras proposições de Euclides e publicava um tratado sobre as seções cônicas. Firma-se-lhe mais tarde o gênio pelas pesquisas sobre o peso do ar, e a invenção do carrinho de mão. É sobretudo como filósofo que seu espírito se eleva aos mais altos cumes do pensamento.

Pierre Lamoignon, com a mesma idade, compunha versos gregos e latinos, tidos como muito notáveis, e não era menos adiantado na cultura do Direito que na das Letras.

Gauss de Brunswick, astrônomo e matemático, resolvia problemas de Aritmética quando tinha apenas 3 anos; sabe-se com que êxito ele continuou sua carreira de Matemática.

Ericson, morto em 1869, mostrava tal gênio para as ciências mecânicas que, aos 12 anos, foi nomeado, pelo Governo, inspetor do grande canal marítimo da Suécia. Dirigia 600 operários.

Victor Hugo apresentava, desde os 13 anos, sua magnífica faculdade de versificação, como prova o prêmio que obteve em Toulouse. Chamavam-lhe "a criança sublime".

William Sidis, de Massachusetts, sabia ler e escrever aos 2 anos; aos 4 falava quatro línguas, e aos 12 resolvia problemas de Geometria; foi admitido no Instituto de Tecnologia de Massachusetts quando a idade para admissão era de 21 anos, e fez na Universidade de Harvard, com admiração dos professores de altas matemáticas, que o ouviam, uma conferência sobre a quarta dimensão do espaço.

Young, que imaginou a teoria das ondulações da luz, possuía, de tenra idade, grande desenvolvimento intelectual, porque era capaz de ler correntemente, e aos 8 anos conhecia seis línguas a fundo.

Outra criança, William Hamilton, estudava hebraico aos 3 anos; aos 7 possuía conhecimentos mais extensos que a maior parte dos candidatos à agregação. "Vejo-o ainda, dizia um de seus pais, responder a uma pergunta árdua de Matemática, depois, afastar-se aos pulos, arrastando seu carrinho". Aos 13 anos, conhecia 12 línguas. Aos 8, espantava os que o rodeavam, ao ponto de declarar a seu respeito um

A reencarnação

astrônomo irlandês: "Eu não digo que ele será, mas que já é o primeiro matemático de seu tempo".

Scaliger qualificava de "gênio monstruoso" o escocês Jaques Criston que, com 15 anos, discutia em latim, grego, hebraico e árabe qualquer assunto.

Pico della Mirandola demonstrou a maior precocidade por seus profundos conhecimentos do latim, do grego, e, mais tarde, do hebraico e do árabe. Aos 10 anos, era o espírito mais culto de sua época.

Baratier Jean-Philippe, nascido em 1721, em Schwabach, no margraviato de Anspach, e morto em 1740, sabia, aos 7 anos, o alemão, o francês, o latim, o hebraico. Dois anos depois, compôs um dicionário com os mais difíceis vocábulos; aos 13 anos verteu do hebraico para o francês *O Itinerário* de Benjamim Tudèle, e no ano seguinte foi recebido como professor na Universidade de Hale. Publicou na mesma ocasião várias dissertações sábias na Biblioteca Germânica. Morreu esgotado de trabalho, em 1740.

Heinrich Heineken, nascido em Lübeck, em 1721, falou quase ao nascer; aos 2 anos sabia três línguas. Aprendeu a escrever em alguns dias e logo se exercitou em fazer discursos. Aos 2 anos e meio, prestou um exame de Geografia e História moderna. Vivia, apenas, do leite de sua ama. Quiseram-no desmamar; definhou e morreu em Lübeck, a 17 de junho de 1725, aos 5 anos, afirmando suas esperanças em outra vida. A lâmina tinha gasto a bainha.

Entre os linguistas, que cedo se distinguiram, convém citar um contemporâneo, Trombetti, que ultrapassa em muito todos os seus predecessores. Bem jovem, aprendeu o francês e o alemão; lia Voltaire e Goethe. Soube o árabe, lendo, tão só, a vida de Abd-el-Kader.

Um persa, de passagem em Bolonha, ensinou-lhe sua língua em algumas semanas. Aos 12 anos, aprendeu, simultaneamente, o latim, o grego e o hebraico. Depois, estudou quase todas as línguas vivas ou mortas. Seus amigos asseguram que ele conhece, hoje, 300 dialetos orientais.

8.5 Os calculadores

A faculdade de calcular, com extrema rapidez, nos apareceu já, com singularidade surpreendente, nos cavalos de Elberfeld, assim como em Rolf e Lola. Vamos ver que o mesmo acontece com a Humanidade.

Henri Mondeux, nascido em 1826, perto de Tours, de um camponês desprovido de qualquer instrução, revelou-se cedo uma prodigiosa máquina de cálculo. Aos 14 anos, foi apresentado à Academia de Ciências de Paris; não tinha, aliás, outras faculdades.

Em 1837, um pastor muito moço, Vita Mangiamel, quase uma criança, atraía os sábios de todos os países por sua incomparável faculdade de cálculo.

A um matemático que lhe perguntou qual o número que, elevado ao cubo e adicionado da soma de cinco vezes o seu quadrado, é igual a 42 vezes ele próprio mais 40, o jovem respondeu em menos de um minuto:

— É o número 5.

Jaques Inaudi, simples pastor, executava os cálculos mais complicados, com facilidade e rapidez desconcertantes. Foi examinado na Academia de Ciências, em 1892, e deu, com uma pressa assombrosa, a solução dos mais difíceis problemas.

Podem-se ainda assinalar as faculdades de cálculo do jovem Franckall e do incrível Diamandi.

O Novo Mundo oferece-nos, também, exemplos variados de precocidade em todos os gêneros. Assim é que, nas artes mecânicas, Georges Steuler obteve, aos 13 anos, o diploma de engenheiro.

Henri Dugan percorreu os Estados Unidos, antes dos 10 anos, e fez, para a casa que representava, os melhores negócios.

Se acreditarmos na imprensa americana, muitas vezes questionável, uma criança de 5 anos, Willie Gewin, teria recebido o diploma de doutora pela Universidade de Nova Orleans, e uma criança

A reencarnação

de 11 anos fundou recentemente um jornal, de que se extrairiam 20 mil exemplares.

O imortal autor[147] de *Jerusalém Libertada* versificava, admiravelmente, aos 7 anos.

O pequeno Joan Maude, de 5 anos, filho do autor inglês Maude, publicou em Londres sua primeira obra: *Atrás das trevas da noite*.

Estes exemplos, numerosos e variados, de precocidade intelectual, são inconciliáveis com a teoria que vê na inteligência um produto do organismo. Ainda mesmo que a hereditariedade gozasse um papel na gênese dessas prodigiosas faculdades, ficaria incompreensível que um cérebro, apenas formado, fosse capaz de causar as mais altas e mais poderosas formas da inteligência, porque só encontradas, nesse grau, em certos indivíduos, e quando chegados ao pleno desenvolvimento do cérebro.

A hipótese espírita da preexistência do homem é a única que dá uma explicação lógica das crianças-prodígio.

Perguntar-se-á como a alma de um Baratier pôde manifestar, quase no berço, conhecimentos que exigem não só uma formidável memória como dons de assimilação e raciocínio indispensáveis à compreensão e ao uso de línguas tão difíceis de assimilar, como o grego e o hebraico.

É muito provável que o Espírito desses jovens-prodígio não estivesse ainda completamente encarnado, ou que, durante períodos de exteriorização, recuperasse a memória do passado, e, em lugar de aprender, não fizesse mais que recordar.

Certos espíritas quererão, sem dúvida, explicar esses casos espantosos, supondo que as crianças eram simples médiuns. Tal interpretação me parece defeituosa, porque, em boa lógica, é inútil multiplicar as causas sem necessidade. Desde que sabemos, nós os espiritistas, que a alma existiu anteriormente à vida atual, não há nenhuma necessidade

---
[147] N.E.: Torquato Tasso (1544–1595), poeta italiano.

de fazer intervir a presença de entidades estranhas. Aliás, a mediunidade não é uma faculdade constante; não obedece à vontade do médium, enquanto as crianças de que falamos podiam, a qualquer momento, e em qualquer circunstância, dar imediatamente as provas de suas surpreendentes aptidões.

Sem dúvida nenhuma, as crianças-prodígio são exceções; entretanto, se bem que em grau menor, encontram-se, entre certos alunos de nossas escolas, as mais variadas disposições para as artes e as ciências; ainda quando eles saem de meios pouco cultos, desenvolvem-se com tal rapidez que ultrapassam os demais condiscípulos.

Não é uma intuição, propriamente dita, o que lhes dá o poder de assimilar as noções novas, mas uma espécie de reminiscência, que lhes permite apropriarem-se de matérias novas, as quais, em realidade, não fazem mais que despertar na subconsciência.

Vou agora examinar certos fenômenos em que as reminiscências parecem verdadeiras lembranças de vidas anteriores.

CAPÍTULO 9

Estudos sobre as reminiscências

REPAROS GERAIS SOBRE A INTERPRETAÇÃO DOS FENÔMENOS. — DIFICULDADES NO PERSCRUTAR AS VERDADEIRAS CAUSAS DE UM FATO. — NÃO SE DEVEM CONFUNDIR AS REMINISCÊNCIAS COM O JÁ VISTO. — EXEMPLOS DE CLARIVIDÊNCIA DURANTE O SONO. — ESTA, QUANDO SE REVELA, NO CORRER DA EXISTÊNCIA, É UMA REMINISCÊNCIA DE COISAS PERCEBIDAS DURANTE A VIDA ATUAL. — O CASO BERTHELAY E DA SENHORA INGLESA. — REMINISCÊNCIAS QUE PARECEM PROVOCADAS PELA VISÃO DE CERTOS LUGARES. — AS NARRATIVAS DO MAJOR WELESLEY E DO CLÉRIGO. — CURIOSA COINCIDÊNCIA. — REMINISCÊNCIA OU CLARIVIDÊNCIA DA SRA. DE KRAPPOFF. — RECORDAÇÕES PERSISTENTES, DURANTE A MOCIDADE, DE UMA VIDA ANTERIOR.

9.1 O sentimento do já visto[148]

Os fenômenos do Espiritismo apresentam grande variedade em suas manifestações. Têm sido eles, há meio século, submetidos aos mais severos e reiterados exames, não só da parte dos espiritistas, senão, ainda, dos sábios que se têm dado ao trabalho de verificar as faculdades dos médiuns.

Viu-se, então, que ao lado de certos fatos, indubitáveis, provocados pelos Espíritos, existiam outros que só tinham com os primeiros uma semelhança externa, mas que não são indubitáveis comunicações espíritas.

Já Allan Kardec, Hudson Tuttle, Aksakov, Metzger etc. tiveram o cuidado de nos pôr em guarda contra essas causas de erro, e as críticas dos incrédulos baseavam-se, principalmente, nesses pseudofenômenos, para tirar ao Espiritismo o que lhe dá a verdadeira força, isto é, a demonstração de nossas relações com as almas dos que deixaram a Terra. Assim é que atribuem eles todas as comunicações pela escrita ao automatismo, e os informes, aí contidos, à criptestesia ou à transmissão de pensamento, feita telepaticamente.

Do mesmo passo, os fenômenos de encarnação[149] não proviriam, segundo Janet, Flournoy ou Morselli, senão de autossugestão dos médiuns, que acreditariam representar personalidades estranhas. É a tese apresentada por Charles Richet na sua afamada obra sobre Metapsíquica.

Para os sábios que admitem a realidade das materializações, estaríamos, em todos os casos, em presença do fenômeno de desdobramento do médium ou do ectoplasma modelado por ideoplastia do paciente; do mesmo modo, a fotografia espírita seria devida a uma causa idêntica.

---

[148] N.E.: No original em francês, *déjà vu*, expressão francesa que define, no âmbito da Psicologia, uma sensação errônea ou uma ilusão de reconhecimento de uma experiência atual como se já tivesse acontecido antes. É classificada como um tipo de paramnésia (*Dicionário técnico de psicologia*).

[149] N.E.: *De incorporação*, dizemos hoje.

A reencarnação

O que torna o estudo experimental tão delicado é que o automatismo, a autossugestão, o desdobramento e a ideoplastia se misturam, por vezes, de maneira quase inextricável, com os fenômenos reais, de sorte que é preciso grande experiência para que não haja engano com essas manifestações de formas ilusórias. Quando se souber fazer a divisão entre os verdadeiros fenômenos mediúnicos e os provenientes do animismo, poder-se-á caminhar mais ousadamente na via experimental.

Presta-se, pois, verdadeiro serviço à ciência espírita, assinalando aos pesquisadores os escolhos em que podem esbarrar, impedindo-os de tomar, como revelações do Além, as elucubrações dos pseudomédiuns, ou atribuir a certos fenômenos um valor demonstrativo que eles não possuem.

Nesta ordem de ideias, creio útil chamar a atenção dos leitores para uma categoria de fatos que apresentam analogias com as provas certas que me servem para estabelecer o bom fundamento da teoria das vidas sucessivas, mas que da mesma só têm aparência: quero falar das lembranças relativas às existências anteriores.

Muitas vezes se nos tem dito que a reencarnação não passa de uma especulação filosófica, que não repousa em nenhuma prova material.

Responderei a estes que, se não se verifica geralmente a recordação das vidas anteriores, esta se apresenta, entretanto, com bastante frequência entre alguns indivíduos, de sorte que as reminiscências só podem ser explicáveis com o ter a alma vivido anteriormente.

Não há tal, respondem certos doutores; o que tomais pela recordação das vidas passadas é atribuível a uma doença da memória, assinalada há muito pelo Sr. Ribot, e que se chama a *falsa memória*, ou constitui, segundo o Dr. Stephen Chauvet, o *sentimento do já visto* ou *do já experimentado*, ou, ainda, a falsa reminiscência. Dão-lhe também o nome de *paramnésia*.

Aqui está, segundo Dr. Chauvet, no que consiste o fenômeno:

> Por vezes, é um homem que, em presença de uma mulher que lhe é desconhecida, lhe reconhece subitamente o perfil, as atitudes, o andar, a expressão do rosto, a voz.
>
> Em outros casos, mais numerosos, é uma cena de interior, ou uma paisagem, ou um aspecto da cidade, que dá a impressão do já visto.
>
> Penetrando em uma região, ate então desconhecida, rodeado o paciente de pessoas com quem acaba de fazer conhecimento, sente, de pronto, que já assistiu, há muito tempo, a mesma cena, com o mesmo quadro de objetos confusamente familiares, com as mesmas pessoas, possuindo elas as mesmas atitudes e os mesmos jogos de fisionomia, com as mesmas palavras, as mesmas entonações e os mesmos gestos; ou percebe que já estivera no mesmo estado afetivo, que acaba de dizer ou de fazer o que já fez; eis um modo muito comum de ter a ilusão do já visto.[150]

Segundo o Dr. Chauvet, este sentimento do já visto teria características especiais; ele se imporia logo à atenção e dominaria a totalidade das percepções. Em seguida, o paciente se persuadiria de que o que via era a reprodução de uma cena anteriormente percebida. Essas impressões suscitam os mesmos estados emotivos, outrora ressentidos: alegria, aborrecimento, indiferença, etc. Enfim, esta sensação é extremamente curta, mas em algumas pessoas ela se faz acompanhar de sentimento de angústia, de irritação.

O crítico literário Jules Lemaître avaliou diversas vezes a impressão em questão. Sobre um poema de Paul Verlaine[151] que ele citou em sua obra *Les contemporains*, ele escreveu o seguinte:

> O poeta quer expressar aqui um fenômeno mental muito estranho e penoso, o que consiste em reconhecer o que jamais foi visto. Isso já lhe aconteceu alguma vez? Acreditamos lembrar; queremos perseguir e precisar uma

---

[150] CHAUVET, Stephen. L'Illusion du déjà vu. *Mercure de France*, 16 dez. 1917.
[151] N.E.: Trata-se de alguns versos do poema *Kaléidoscope* (1884), dedicado ao poeta francês Germain Nouveau: *Dans une rue, au cœur d'une ville de rêve,/ Ce sera comme quand on a déjà vécu;/ Un instant à la fois très vague et très aigu.../ Ô ce soleil parmi la brume qui se lève!/ Ô ce cri sur la mer, cette voix dans les bois! / Ce sera comme quand on ignore des causes:/ Un lent réveil après bien des métempsycoses;/Les choses seront plus les mêmes qu'autrefois.*

reminiscência bastante confusa, mas da qual temos certeza, entretanto, de que é mesmo uma reminiscência; e ela foge e se dissolve pouco a pouco, e isso se torna atroz. É nesses momentos que sentimos que nos tornamos loucos. Como explicar isso? Oh! como nos conhecemos mal! É que nossa vida intelectual é em grade parte inconsciente. Continuamente, os objetos deixam em nosso cérebro impressões das quais não nos apercebemos e que são guardadas na memória sem que sejamos advertidos disso. Em certos momentos, sob um choque exterior, essas impressões ignoradas por nós são despertadas de modo incompleto: tomamos subitamente consciência delas, com mais ou menos nitidez, mas sempre sem ser informados de onde elas vieram, sem poder esclarecê-las nem reconduzi-las à sua causa. E é com essa ignorância e essa impotência que nos inquietamos.[152]

Wigan, em seu conhecido livro sobre a *Dualidade do espírito,* conta que, quando assistia às cerimônias fúnebres da princesa Charlotte, na capela de Windsor, teve, de repente, a sensação de haver sido outrora testemunha do mesmo espetáculo. A ilusão foi rápida.

Lewes aproxima, com razão, esse fenômeno, de alguns outros mais frequentes. Sucede que, em região estranha, a volta brusca de um caminho nos põe em face de qualquer paisagem que nos parece haver contemplado outrora.

Apresentado pela primeira vez a uma pessoa, temos a impressão que já a vimos. Lendo-se um livro de pensamentos novos, dir-se-ia que eles já nos foram presentes ao espírito, anteriormente.[153]

Qual a explicação que os psicólogos nos oferecem acerca desses fenômenos?

Segundo Ribot, não haveria aí mais que uma revogação de sensações anteriormente registradas em nós, o que faria crer que o estado novo é a repetição delas.

Se esta hipótese pode ser admitida para os casos simples, em que é vago o sentimento do já visto, não será ela admissível no caso seguinte, de que nos fala Ribot:

---

[152] LEMAÎTRE, Jules. *Les contemporains,* v. IV (1889).
[153] RIBOT, Théodule. *Les Maladies de la Mémoire,* p. 150.

> Um homem instruído, raciocinando bem sobre sua doença, na idade de 32 anos, foi tomado de um estado mental particular. Se assistia a uma festa, se visitava algum lugar, se tinha algum encontro, esse acontecimento, com as circunstâncias que o rodeavam, parecia-lhe tão familiar, que ele julgava certo já haver experimentado as mesmas impressões, ter estado com as mesmas pessoas e os mesmos objetos, sob o mesmo céu, com o mesmo tempo.
>
> Fizesse qualquer trabalho, e lhe parecia já o haver executado nas mesmas condições. Este sentimento produzia-se, por vezes, no mesmo dia, ao fim de alguns minutos ou algumas horas, ou se no dia seguinte, mas com perfeita clareza.
>
> Parece evidente que não se trata aqui de reminiscências, mas de uma anomalia do mecanismo mental da memória, ainda mal-explicado, posto que grande número de autores dele se tenha ocupado.[154]

O que nos importa é acentuar que, quando o sentimento do já visto se impõe ao observador, por fatos contemporâneos, conversas ou leituras, é consequência de uma doença da memória, e não há razão para que dele nos ocupemos, reunindo documentos, a fim de estabelecer, sobre recordações, a realidade das vidas anteriores.

Com efeito, o sentimento do já visto, que projeta, por assim dizer, as mesmas sensações visuais ou auditivas sobre dois planos diferentes, não pode instruir aquele que o experimenta, a respeito das circunstâncias não contemporâneas. Não lhe permite, por exemplo, prever um acidente, que surgisse, mais tarde, ou, em presença de uma paisagem, que parece já familiar, indicar aspectos da mesma, fora do alcance visual.

A paramnésia, dando o sentimento do já percebido, nada revela de realmente novo àquele que o experimenta.

O mesmo não acontece com a reminiscência. Ao ver uma paisagem que nunca contemplou, em sua vida, tem o indivíduo não só a certeza de que a conheceu anteriormente como esse sentimento se faz

---

[154] Nota do autor: Entre outros, Angel, Armand, Dugas, Fouillée, Jensen, Maudsley, Ribot, Wigan, Leroy etc.

acompanhar e se completa pelo conhecimento de coisas e pormenores dessa paisagem, que não pode ver, no momento, e que, entretanto, descreve com perfeita exatidão.

Devemos também pôr-nos em guarda contra outra causa de erro, mais difícil de descobrir, que é a faculdade que temos de desprender-nos durante o sono.

Camille Flammarion, em seu livro *O desconhecido e os problemas psíquicos*, p. 519, cita casos nos quais os pacientes veem em sonhos cidades que nunca visitaram, mas que reconhecem imediatamente. Vejamos alguns exemplos.

9.2 Visões de lugares desconhecidos da pessoa que dorme, durante o sono

Eu mesmo me apresento: Pierre-Jules Berthelay, nascido em Issoire (Puy-de-Dôme), a 23 de outubro de 1825, antigo aluno do Liceu de Clermont, padre da diocese de Clermont, em 1850, antigo vigário, durante 8 anos, em Sainte-Eutrope, três vezes inscrito no Ministério da Guerra como capelão militar.

Primeiro: depois de 3 anos de penoso ministério, estava muito fatigado, tanto mais quanto servira de contramestre vigilante, por parte da fábrica, na construção da graciosa igreja de Sainte-Eutrope, em Clermont.

Durante 4 anos, acompanhei os operários, dos 10,50 m na água dos alicerces até a cruz da torre. Fui eu que coloquei as três últimas ardósias. Nosso professor, Vincent, para que eu mudasse de trabalhos, fez-me ir a Lyon, onde nunca tinha estado. Num dos primeiros dias, disse meu discípulo, ao terminar o almoço:

— Senhor Padre, quer acompanhar-me à nossa propriedade de Saint-Just-Doizieux?

Aceitei. Eis-nos de carro. Depois de haver passado Saint-Paul-en-Jarret, lanço uma exclamação:

— Mas conheço esta região! — disse eu.

De fato, *poderia ter-me dirigido, sem guias*. Pelo menos, um ano antes, vira, durante o sono, todos esses pequenos eirados de pedra amarela.

Segundo: entrei em minha diocese, mas me mandaram exercer, nas montanhas do Oeste, penosa missão, acima de minhas forças. Fiquei sete meses muito doente, em Clermont. Pude, enfim, manter-me nas pernas; mandam-me substituir o capelão do hospital de Ambert, atacado de congestão cerebral.

A estrada de ferro de Ambert não havia sido ainda construída. Eu estava num *coupé*,[155] fazendo o serviço de Clermont a Ambert. Tendo passado Billon, lancei os olhos à direita e reconheci o pequeno castelo, com sua aleia de olmos, como se eu aí tivesse vivido. Tinha-o visto durante o sono, dezoito meses antes, pelo menos.

Estamos no ano terrível de 1870. Minha mãe, que vira os aliados se pavonearem nos Campos Elíseos, em Paris, está viúva. Ela me reclama como seu único sustentáculo. Deram-me pequena paróquia perto de Issoire. A primeira vez que ali fui, para ver um doente, encontrei-me em ruas estreitas, entre altos paredões escuros, mas achei, perfeitamente, o caminho. Tinha, durante o sono, muitos meses antes, percorrido esse dédalo de ruas sombrias.

Terceiro: acontecimentos independentes de minha vontade levaram-me a Riom. Qual não é minha surpresa, ao encontrar, como velha conhecida, a capela, que meu colega, o padre Faure, tinha construído para os soldados, capela que eu nunca vira com meus olhos, e cuja existência, mesmo, ignorava! Teria podido fazer a planta, que lhe remeto, como se tivesse servido de contramestre?

Berthelay Riom
Puy-de-Dôme.

Esta comunicação é acompanhada de quatro desenhos de monumentos vistos em sonho.

É provável que fossem as preocupações do padre que lhe produzissem o desprendimento do Espírito, o qual, durante o sono, visitou as

---

[155] N.E.: O mesmo que cupê, antiga carruagem fechada de tração animal, de duas portas e geralmente dois lugares, com o cocheiro num banco à frente (*Houaiss*).

cidades em que ele devia residir mais tarde. Ao acordar, essas visões se apagaram, para se reavivarem quando viu, realmente, aqueles lugares.

9.3 Aparição do espírito de vivos

Extraio da bela obra de Ernesto Bozzano, *Les Phénomènes de Hantise*, o caso seguinte:

Caso E. — Tomo-o à *Revue des Sciences Psychiques*, 1902, p. 151.
M. G. P. H., membro da Sociedade de Pesquisas Psíquicas, e conhecido pessoalmente na revista citada, assim como por de Vesme, enviara a relação de um caso psíquico importante ao jornal *The Spectator*, relação que provocou a remessa de uma carta de confirmação da pessoa interessada no caso. Eis a carta do diretor de *The Spectator*:

"Senhor,

A carta que vos foi enviada por M. G. P. H., e que publicastes a 1º de janeiro, sob o título *A casa do sonho*, refere-se, evidentemente, a um sonho tido por minha mulher, atualmente falecida.
A narrativa é exata em suas linhas principais. Não será supérfluo que eu dê, por minha vez, um curto resumo do fato:
Há alguns anos, minha mulher sonhou, por muitas vezes, com uma casa, da qual descreveu as disposições internas, com todos os seus pormenores, posto que não tivesse nenhuma ideia da localidade em que esse edifício se achava.
Mais tarde, em 1883, aluguei à Sra. B., pelo outono, uma casa nas montanhas da Escócia, rodeada de terrenos para casa e de lagos para pesca. Meu filho, que se achava, então, na Escócia, fechou o negócio, sem que minha mulher e eu visitássemos a propriedade. Quando fui ao local, sem minha mulher, para a assinatura do contrato, e para tomar posse da casa, a Sra. B. ainda aí habitava. Disse-me ela que, se eu não me opusesse, ela me daria o quarto de dormir, que ocupava, e que fora, durante algum tempo, 'assombrado' por uma pequena dama, que nele fazia contínuas aparições.

Como eu era muito cético a esse respeito, respondi que ficaria contente em conhecer essa fantasmagórica visita. Deitei-me nesse quarto, mas não tive a visita de nenhum fantasma.

Mais tarde, quando minha mulher chegou, ficou muito espantada por haver reconhecido, nessa casa, aquela do sonho. Visitou-a em todos os cantos, e os pormenores correspondiam ao que tantas vezes vira em sonho. Mas, quando desceu de novo à sala, disse:

— Não pode ser, entretanto, a casa do sonho, pois que essa tinha, deste lado, uma série de quartos, que faltam aqui.

Responderam-lhe logo que os referidos quartos existiam, realmente, mas que não se entrava neles pelo salão. Quando lhes mostraram, ela reconheceu perfeitamente cada aposento. Declarou, ainda, que um dos quartos de dormir não era destinado a esse uso, quando ela o visitou em sonho. Com efeito, só ultimamente fora ele transformado em quarto de dormir.

Dois ou três dias depois, minha mulher e eu fomos visitar a Sra. B. Como não se conhecessem, apresentei-as. A Sra. B. exclamou logo:

— Oh! é a dama que assombrava meu quarto de dormir.

Não tenho explicação a dar. Minha mulher não teve mais outra aventura desse gênero, a que alguns chamarão notável coincidência, e os escoceses um caso de *dupla vista*.[156]

Podeis, livremente, dar meu nome às pessoas que se interessam pelas questões psíquicas, e que quiserem obter maiores informações a respeito.

Para isso, aqui vai meu cartão de visita."

M. G. P. H. dá igualmente ao diretor da revista o nome inteiro da Sra. B., que pertence à mais ilustre aristocracia britânica.

Este exemplo justifica a distinção que tenho feito entre a paramnésia e a verdadeira reminiscência; aqui, a Sra. M.G.P.H. lembra-se não só de haver visitado essa casa, como ainda indica a existência de

---

[156] N.E.: Faculdade por meio da qual uma pessoa vê, ouve e sente além dos limites dos sentidos humanos, percebendo o que existe até onde a alma estende a sua ação (*Dicionário de doutrina espírita*); também chamada de *segunda vista* por Allan Kardec (*O livro dos espíritos*, cap. 8, q. 455).

uma série de quartos que lhe era impossível conhecer, mas que existiam, realmente.

Se a lembrança desse sonho não tivesse sido conservada, ter-se-ia podido atribuir aquele reconhecimento a uma paramnésia ou à lembrança de uma vida anterior, o que seria um duplo erro, visto que o fenômeno era devido, apenas, à clarividência da paciente, acompanhada de desdobramento.

Como distinguir, então, uma verdadeira recordação das vidas anteriores duma lucidez durante o sono ou duma perversão da memória? Evidentemente, pelo estudo das circunstâncias que acompanham o sonho, das lembranças antigas, que devem situá-lo, de forma evidente, no passado.

Eis dois exemplos que melhor farão compreender o que quero dizer:

> Armand Silvestre[157] passeia em Moscou, onde acaba de chegar; o que ele vê e ouve causa-lhe um sentimento estranho, cheio de opressão. Essa ambiência o envolve de algo maternal. Ele sente a cabeça inclinar-se, vergarem-se-lhe os joelhos, e as preces, de que não compreende as palavras, subirem-lhe aos lábios. Não sabe como explicar o fenômeno, certo, entretanto, dos lugares misteriosamente encontrados de novo, das terras nunca vistas, mas reconhecidas, dos sentimentos que vêm ao coração, como se algum antepassado, há muito tempo adormecido em uma tumba, de que se ignorasse o lugar, abrisse subitamente os braços, livres do sudário.

Não se trata aqui de paramnésia; essas preces desconhecidas são uma reminiscência do passado que o Dr. Chauvet, retomando a hipótese do Dr. Letourneau,[158] acha que se deve atribuir a uma memória ancestral.

Diz ele, com efeito:

---

[157] SILVESTRE, Armand. *La Russie*.
[158] *Bulletin de la Société d'Anthropologie* de Paris, citado em *Annales des Sciences Psychiques*, jul. 1906.

Suponhamos que um homem tenha visto uma paisagem ou uma cidade, e que, por umas tantas razões, geralmente afetivas, lhes haja conservado uma recordação poderosamente modelada; ele a poderia transmitir, em potência, a certos descendentes, que, ao nascer, a trariam envolta nas profundezas do inconsciente. Achando-se eles, um dia, em presença da paisagem ou da cidade, se lhes reviveria a lembrança ancestral, e surgiria a ilusão do já visto.

Esta hipótese, que nada absolutamente justifica, é contrária ao que sabemos com respeito à hereditariedade. Nunca se verificou, diretamente, dos pais aos descendentes, a transmissão fisiológica de uma lembrança. É impossível supor que uma impressão mental, nitidamente definida, fique latente, através de várias gerações, em vista do renovamento incessante da matéria corporal; é pois inútil determo-nos por mais tempo nessa bizarra hipótese de todo inaceitável.

Chegamos, agora, ao estudo dos casos em que, parece-me, existem verdadeiras reminiscências.

Vimos que toda atividade intelectual de nossas vidas passadas reside, em estado latente, no perispírito. Esta imensa reserva de matérias psíquicas constitui a base de nossa atividade intelectual e moral; ela forma essa trama primitiva da inteligência, mais ou menos rica, sobre a qual cada vida borda novos arabescos. Mas todas essas aquisições só se podem manifestar pelas tendências primitivas, que cada qual traz ao nascer, e a que se chama caráter. Desde então, a mais perfeita inconsciência deve ser a regra, e é precisamente o que se produz, mas não existem regras sem exceções.

Assim como se nota em certos pacientes sonambúlicos a conservação da lembrança ao acordar, também se podem encontrar indivíduos que se lembrem claramente de já haver vivido, enquanto que, em outros, a renovação se apresenta sob uma forma mais vaga, mais imprecisa, de maneira fugitiva, sob a influência de certos meios ou de certas circunstâncias, nos quais são colocados. É aí que a verdadeira reminiscência se diferencia da paramnésia, pelo conhecimento de coisas reais, que o paciente designa com exatidão, sem as ter visto anteriormente, e sem que seja lógico atribuir esse conhecimento à clarividência.

Eis alguns casos que me parecem entrar nessa categoria.

9.4 Reminiscências prováveis nas crianças

É natural supor que, durante os primeiros anos da reencarnação, certas crianças possam achar, momentaneamente, algumas lembranças, ou ao menos reminiscências da vida precedente. Tenho recebido certo número de cartas, provenientes de pessoas dignas de toda a confiança, as quais me contam o que observaram com seus filhos.

9.4.1 Menina que fala um idioma no qual se encontram palavras em francês

Devo citar, em primeiro lugar, uma observação da *Revue Spirite*, de 1869, p. 367:

> Em 1868, os jornais franceses transcreveram de um jornal inglês, de Medicina, o *Quarterly Review*, um fenômeno bem estranho. É uma menina, cuja espantosa história nos é descrita pelo Dr. Hun.
>
> Até a idade de 3 anos, ela se conservou muda e apenas conseguiu pronunciar as palavras "papá" e "mamã". Depois, repentinamente, pôs-se a falar com extraordinária volubilidade, mas em língua desconhecida, que não tinha nenhuma relação com o inglês; e o que há de mais surpreendente é que ela se recusa a expressar-se nesta língua, a única em que se lhe fala, e obriga os que convivem com ela, seu irmão, por exemplo, um pouco mais velho, a aprender a sua, na qual se encontram algumas palavras do francês, posto que, conforme dizem seus pais, não tenham sido nunca pronunciadas diante dela.
>
> Como explicar esse fato, a não ser pela recordação de uma língua que essa criança teria falado em existência anterior? É possível negar-se. Mas a criança existe. É um jornal sério, um jornal de Medicina que o narra, e a negação

é um meio cômodo, e de que se faz, talvez, excessivo uso. Torna-se, em muitos casos, o equivalente do diabo, o *deus ex machina*,[159] que vem sempre a pelo, para explicar tudo e dispensar o estudo.

Eis uma passagem da carta que a Sra. Panigot me dirigiu, com uma confirmação de sua filha:

Minha filha mal andava, porque ela andou muito tarde, aos três anos.
Passávamos, a criada, ela e eu, pelo cemitério de Préville. De repente, a criança parou diante de um túmulo, e com o dedinho mostrou-me umas flores brancas.
— Vê, mamãe, olha as flores como havia no túmulo de minha primeira mãe.
Estupefata, disse eu a criada: se eu a tivesse dado a uma ama de leite, acreditaria que a haviam trocado.
Entrando em casa, pedi à pequena que me explicasse o que ela queria dizer. Ela, contou, com pormenores, fatos perturbadores. Disse que havia perdido sua mãe, que era má, e que tinha uma irmã muito gentil.
Passo-lhe a pena para que ela termine a narrativa.

O. Panigot.

Sinto-me feliz por completar uma descrição que lhe pode ser interessante. O que vou escrever ainda me está vivo na memória, embora já tenha 32 anos.
Aquela a quem chamo a minha primeira mãe era alta, morena e magra; estava longe de ser boa. Eu ia muitas vezes para perto de uma grande torre, e quase sempre dois galgos de pêlo claro me acompanhavam.
São estas as minhas recordações nítidas. Quanto à minha irmã, não tenho dela a mínima lembrança.
Acrescentarei duas coisas à minha narrativa:
1) Não me lembro de haver crescido. Devo ter morrido jovem.
2) Aprendo o inglês muito facilmente, e a pronúncia, por intuição.

---

[159] N.E.: Expressão latina que designa solução artificial e forçada, criada para resolver um problema ou situação difícil.

A reencarnação

Foi, talvez, na Inglaterra que eu vivi.

SRA. E SRTA. PANIGOT
11, rue Dupont-des-Loges, Nancy

9.4.2 Est-ce que ce sont des souvenirs réveillés?

Na época em que isto se produzia, a Sra. Panigot não professava o Espiritismo e a criança não poderia ter ouvido falar das vidas sucessivas. Não se pode supor tivesse havido autossugestão da parte da Sra. Panigot.

Seria um sonho intenso da criança que se exteriorizou sob aquela forma?

É possível, pois que não temos uma demonstração positiva dessas lembranças do passado.

As mesmas observações são também aplicáveis aos dois casos seguintes. A Sra. de Valpinçon me comunica uma narrativa, que lhe foi feita por uma de suas amigas, mulher muito inteligente, que deseja manter o anonimato:

> Vou contar-lhe um fato que me foi muitas vezes repetido por minha mãe, porque eu tinha, então, 5 ou 6 anos. Gostava muito de bonecas e tomava muito a sério meus deveres de "mãe de família". Elas tinham enxovais completos, que eu mesmo lavava e passava; certa manhã, depois de uma grande lavagem nesses minúsculos objetos, vim aonde estava minha mãe e lhe disse que ia descansar perto dela; não querendo interromper-lhe a leitura, fiquei sossegada, sentada em minha cadeirinha, olhando as mãos, e sobretudo as pontas dos dedos, com insistência. Repentinamente, mostrando-os a minha mãe, exclamei, como saindo de um sonho:
>
> — Vê, minha mãe, tenho as mãos enrugadas, como quando era velha.
>
> — Mas que queres dizer?
>
> — Oh, não há muito tempo, tu sabes bem, mamãe.

Muito espantada, minha mãe ralhou comigo por dizer asneiras. Isso foi objeto de muitas reflexões; fez-se silêncio, e só depois de meu casamento é que minha mãe ousou falar-me dessa divagação, dizia ela.

Eis, agora, um relato que me vem da Itália, não querendo a narradora ser nomeada. A história é corroborada pelo testemunho de sua mãe e de uma amiga.

Muito me interesso pelos estudos psíquicos, mas, quando era criança, nem eu nem os que me rodeavam tinham a menor ideia da reencarnação; entretanto, dizia eu sempre que fora, outrora, um cavalheiro da Idade Média, do que estava muito convencida, e queixava-me de ser uma menina, quando podia ser um homem para combater e morrer pela pátria.

Muitos anos depois, morava em Nápoles, no Palácio do Comendador, com meu marido, oficial do Exército; um dia, achava-me com um senhor, a uma janela que dá para o pátio interno do palácio, onde o Comandante do Corpo do Exército, com o seu séquito de oficiais do Estado-Maior, estava à frente do cortejo, prestes a sair pela grande porta que dá para o Palácio do Plebiscito; nisto, senti-me abalada, e, sem o querer, exclamei: "Mas que faço aqui, quando devo montar a cavalo e pôr-me à testa do cortejo?"

Subitamente, lembrei-me de que eu era a senhora X., e que não havia outra coisa que fazer senão olhar. Mas, nesse momento, tive a recordação perfeita de ter sido chefe militar e haver estado à frente de tropas. Creio também ter sido obrigada a entrar em um convento, pois me lembro o quanto chorava e gritava, sendo menina, por me cortarem os cabelos. Um dia, a cena foi muito trágica; atirei-me ao chão, soluçando, sobre meus cabelos cortados e os repus na cabeça. Outra vez, tinha 14 anos e achava-me à janela, com parentes e amigos, para ver passar os carros de uma cavalgada, e, enquanto todos riam e gracejavam, eu, à vista de um carro onde estavam garibaldinos[160] com a camisa vermelha, que massacravam padres, experimentei tanta comoção que rompi em amargas lamentações, com grande pena dos assistentes.

---

[160] N.E.: Soldados voluntários que lutaram em expedições militares lideradas pelo revolucionário italiano Giuseppe Garibaldi (1807-1882).

A reencarnação

Devo dizer que, durante a vida atual, nunca lidei com padres ou religiosos; sinto, entretanto, por eles verdadeira repulsão e meu coração aperta ao vê-los.

Desde menina, que posso sair de mim, à vontade, e a qualquer hora, e pergunto, como Kim, de Rudyard Kipling,[161] "quem sou eu?". Acrescentarei que sou uma criatura sã, equilibrada, e não gosto de falar de tais coisas com quem quer que seja, para não ser tachada de bizarra pelos que não se interessam por esses estudos.

Milão, 29 de maio de 1922.
A. M. L. M.

Seguem-se os atestados da progenitora e de uma amigo da Sra. A. M. L. M.

Se as descrições não são devidas à imaginação da narradora, parecem indicar reminiscências de diversas vidas anteriores.

Para terminar esta curta resenha, dou aqui uma carta, ainda dirigida de Nancy:

Em outubro de 1921, em consequência da crise de habitações, fomos obrigados a pôr o nosso mobiliário num guarda-móveis até março de 1922, e de pedir hospitalidade a uma de minhas irmãs, em Luneville. Minha irmã tinha, nesse momento, em casa, um de seus netos, Georges, de 4 anos e 9 meses, que nós muito estimávamos.

Uma tarde, quando Georges estava brincando, disse-me o seguinte:

— Tia Adine, tu ficarás velha, muito velha, morrerás, ficarás pequena, crescerás e brincaremos juntos.

De outra feita, perguntou-me:

— É verdade que nos tornaremos pequenos, muito pequenos, que cresceremos e nos estimaremos?

ADELINA MULLER
55, Av. Felix Faure, Nancy

---

[161] N.E.: Kim é o personagem de obra homônima do escritor inglês Rudyard Kipling (1865–1936).

Os casos que acabo de narrar não são inteiramente demonstrativos, porque nenhuma verificação é possível. Citei-os porque mostrarei mais adiante que, com outras crianças, se apresentaram recordações de vidas anteriores, com bastante clareza, de sorte que foi possível verificar-lhes a realidade.

Estes podem ser considerados como o primeiro esboço da reconstituição da memória integral, traduzindo-se fugitivamente por vagas reminiscências, entre os indivíduos cujo organismo se presta mal a um despertar completo.

9.5 Reminiscências que parecem provocadas pela visão de certos lugares

Sabe-se que existem pessoas chamadas *psicômetras*, que têm a faculdade de reconstituir cenas do passado quando se lhes põe nas mãos um objeto qualquer, que teria sido associado àquelas cenas.

Uma pedra de um sarcófago egípcio, por exemplo, evoca a ideia do Egito e de cenas funerárias que ali se desenrolaram.

Parece que, em condições particulares, quando certas pessoas reconhecem, repentinamente, cidades ou regiões que nunca viram, esses novos lugares exercem sobre elas uma ação análoga à experimentada pelos psicômetras, mas com a diferença de que são lembranças íntimas que se evocam, absolutamente pessoais. É uma forma particular da renovação do passado, que se apresenta frequentemente, de maneira a atrair seriamente a atenção.

Eis alguns exemplos interessantes, ligados diretamente a nosso estudo. Cito em primeiro lugar a narrativa do major Wellesley Tudor Pole:

9.5.1 Visões retrospectivas

O major Wellesley Tudor narra a impressão profunda que sentiu, visitando o templo de Karnak, no Egito. Este lhe pareceu saturado de uma atmosfera mística e de fluidos magnéticos.

A reencarnação

Viu ele retratar-se-lhe diante dos olhos uma antiga procissão dos sacerdotes do Amon-Rá.

Um em particular, diz ele, atraiu a minha atenção; era louro, com olhos azuis, e diferia completamente de seus companheiros.

Esse indivíduo parecia familiar ao major. Não sei por que — declara o major —, via passar a procissão, que torneava o pilar quebrado onde nos tínhamos colocado, e meus olhos eram sempre atraídos pelo padre de cabelos louros. Quando ficou diante de mim, estendeu os braços em minha direção, e tive a impressão de que ele era eu mesmo. Veio-me a certeza, e tornei-me inconsciente do que me rodeava. O resto da visão não nos interessa mais.[162]

Parecerá, por esta descrição, que o Major Wellesley teve uma espécie de alucinação retrospectiva, a qual lhe permitiu reconhecer-se em um dos antigos sacerdotes do templo. A ação psicométrica do meio é aqui muito provável. O mesmo se dá com os dois casos seguintes.[163]

9.5.2 Um clérigo

Há uma dezena de anos, visitei Roma pela primeira vez. Em muitas ocasiões, fui tomado, na cidade, por uma onda de reconhecimentos. As Termas de Caracala, a Via Ápia, as catacumbas de São Calisto, o Coliseu, tudo me parecia familiar. Parece evidente a causa: renovava-se o conhecimento do que eu tinha visto nos quadros, nas fotografias. Isto pode ser explicado no que toca aos edifícios; não, porém, no que diz respeito aos labirintos obscuros, aos subterrâneos das catacumbas.

Alguns dias mais tarde, fui a Tivoli. Ainda aí a localidade me foi familiar, como o teria sido em minha própria paróquia. Por uma torrente de palavras, que me subiam espontaneamente aos lábios, descrevi o lugar, tal como ele era nos antigos tempos. Nunca lera nada, entretanto, a respeito de Tivoli; nunca vira gravuras que o representassem; conhecia sua existência, apenas, de alguns dias, e achava-me, no entanto, servindo de guia e historiador a um

---

[162] Nota do autor: Ver a edição de agosto de 1919 da *Pearson's Magazine*, que publicou uma coleção de casos psíquicos relacionados à Primeira Guerra Mundial (1914–1918). O redator do periódico ficou surpreso em constatar tantas pessoas dotadas de sexto sentido.
[163] ROCHAS, Albert de. *Les Vies Successives*, pág. 314.

grupo de amigos, os quais concluíram que eu havia feito um estudo especial do lugar e seus arredores.

Em seguida, a visão do meu Espírito começou a enfraquecer. Parei como um colegial que esqueceu o tema, e não pude dizer mais nada. Foi como um mosaico que tivesse caído aos pedaços.

Em outra ocasião, encontrei-me com um companheiro, nos arredores de Leatherhead, onde, ate então, nunca pusera os pés. A região era inteiramente nova, tanto para mim como para meu amigo. No curso da palestra, observou este:

— Dizem que há uma antiga estrada romana, em alguma parte destas paragens, mas ignoro se se encontra deste lado de Leatherhead ou do outro.

Respondi logo:

— Sei onde ela está.

E mostrei-a a meu amigo, absolutamente convencido de que a tinha encontrado, o que de fato sucedeu.

Tinha a sensação de me haver achado outrora nesse mesmo caminho, a cavalo, coberto de uma armadura. Esses episódios fazem-me falar sobre o assunto, com amigos, e grande número deles me declaram que já experimentaram sensações idênticas.

A três milhas e meia, a oeste do lugar onde moro, encontra-se uma fortaleza romana, em estado quase perfeito de conservação.

Um eclesiástico que veio visitar-me desejou ver essas ruínas. Disse-me ter a lembrança clara de haver vivido nesse lugar, onde fora investido de um cargo de caráter sacerdotal, no tempo da ocupação romana. Impressionou-me a sua insistência em visitar uma torre, que caíra, sem perder a forma. Havia um buraco no ápice — acrescentava ele —, no qual se costumava colocar um mastro, e aí os arqueiros se faziam içar em uma espécie de barquinha, protegida com couro; de lá, podiam ver os chefes dos antigos gorlestonianos[164] entre seus homens e atirar contra eles. Achamos, com efeito, o buraco indicado.

---

[164] N.E.: Habitantes de Gorleston-On-Sea (região situada ao leste da Inglaterra) nos tempos da Roma Antiga.

A reencarnação

9.5.3 Curiosa coincidência

Lê-se na *Light*, de 1916, p. 374, a narrativa seguinte, que lhe foi transmitida por uma revista mensal, *La Londonienne*. Esta última declara que a narrativa é de primeira mão e autêntica:

A. é um artista romano, muito conhecido, que durante a última guerra residia em Roma. Pertence a uma antiga família e ocupava um posto elevado na legação de seu país.
Alistou-se em um Regimento de Cavalaria.
Um dia, em que estava em manobras no Condado de Berkshire, cavalgava ao lado do capitão e subia áspera colina, cujo aspecto lhe era como que vagamente familiar, o que disse ao capitão.
— Conhece, pois, a região? — perguntou-lhe este.
— Não — respondeu A. —, nunca vim a Berkshire, mas, não sei por quê, parece que conheço esta colina e mesmo a que está situada além. Sei que há, ainda, uma pequena montanha, em forma de cone, e coroada por um bosquezinho. Em seguida o terreno desce rapidamente e vai ter a um plano nivelado.
— É exato — declarou o capitão, que era natural de Berkshire —, e desejo saber como você podia saber isto, pois que nada se pode ver daqui.
Depois, mudou a conversa e A. esqueceu o incidente.
No ano seguinte, fizeram-se escavações no ápice da colina e aí descobriram um monumento de pedra, que trazia uma inscrição em memória da Segunda Legião Daciana. Os dácios eram súditos dos romanos quando estes ocuparam a Grã-Bretanha. Liam-se na pedra os nomes dos que ali tombaram. Entre estes encontrava-se o de um antepassado de A. A inscrição era em latim.
Simples coincidência que permitiria a A., do primeiro golpe de vista, descrever a paisagem que lhe era desconhecida, e que ainda estava oculta a seus olhares, ou se trata de um caso de reminiscência, espécie de olhar lançado para trás, através dos séculos?
Eu dei — diz o narrador — os nomes exatos aos diretores da revista, mas não estou autorizado a reproduzi-los.

9.5.4 Reminiscência ou clarividência

Em seguida ao inquérito a que procedi, recebi da Sra. Mathilda de Krapkoff, que tenho o prazer de conhecer pessoalmente, a narrativa seguinte:

> Na deliciosa primavera de 1893, meu marido e eu desembarcamos em Yalta, na Crimeia, para ir daí a Livaldia, onde estava a Corte russa. Dirigíamo-nos para a casa de meu cunhado, que tinha posto junto ao Imperador. Eu havia, alguns dias antes, passado, pela primeira vez, a fronteira russa em Volodschick. Acabava de casar-me, um tanto contra a vontade de minha mãe, pesarosa por me ver partir para tão longe, com um jovem russo de família nobre, e eu sentia-me atraída, de modo inexplicável, para essa longínqua Rússia, tão diferente do berço natal. Lera tudo o que pudera encontrar, a fim de informar-me a seu respeito, e vivia com as heroínas de Tolstoi, de Turgueniev;[165] extasiava-me com os nomes patronímicos acrescentados ao prenome. Dizia comigo: — Lá serei Mathilda Iossifoura. Que prazer quando encontrei aquele que devia ser meu marido e que me chamou assim! Compreendi que, meu destino se realizava, e estava deslumbrada pela felicidade de, ir, enfim, para o país encantado dos meus sonhos.
>
> Como me batia o coração ao aproximar-me do marco limítrofe que designava os lindes da existência tão desejada! As tristes cores, preta e branca, pareciam-me irradiar com os mais brilhantes raios, e quando todos, em torno de mim, falavam a doce língua russa, acreditei reconhecê-la. Perguntava avidamente a significação de cada palavra, que me parecia reaprender, e com muita facilidade.
>
> Chegando a Odessa, nada me espantou, sentia-me em minha casa, e, ao desembarcar em Yalta, não era uma francesa ávida de novidades, senão uma aborígene feliz por ter vindo, enfim, passar uns dias nas belas plagas da Crimeia.
>
> Meu cunhado, por me fazer conhecer as imensas florestas do interior, organizou uma pequena cavalgada. Na véspera da partida, não cabia em mim de alegria; todo o meu ser como que se projetava para essa região que ia percorrer. Era um sentimento estranho, diferente do que experimentei com

---

[165] N.E.: Ivan Turgueniev (1820–1910) foi um escritor e dramaturgo russo.

A reencarnação

minha chegada à Rússia, mais irresistível, mais poderoso. Desde as primeiras horas, meus olhos haviam sido atraídos, como por um mágico imã, para a massa sombria dos bosques.

A noite pareceu-me interminável. Enfim, surgiu a aurora radiosa, e nossa caravana se pôs em marcha, comboiada por dois guias tártaros, que conheciam bem a região.

Passeamos, durante horas, sob essa floresta majestosa, ora suspensos dos imensos panoramas de oceanos de verdura, ora mergulhados nos vales sombrios, onde as árvores se erguiam, grandiosas, entrecruzando a ramaria.

Tínhamos feito muitas paradas, mas, para a tarde, como cavalos e cavaleiros estivessem fatigados, seguimos docilmente os guias, no caminho de retorno.

Essa jornada foi inefável. Transbordava-me o coração com mil sentimentos confusos; meu espírito parecia correr para novos caminhos, para um desconhecido pressentido. Íamos sempre para a frente, mas os guias começavam a manifestar inquietação, pesquisando à direita e à esquerda, inspecionando os bosques densos. Eis que nos fazem parar, e declaram que perderam a rota. As veredas se tornam confusas, e eles não sabem qual tomar. Consternação geral; furor de alguns. É já tarde. Como circular, à noite, nessas sombrias florestas que parecem não ter limites?

Meu marido vem tranquilizar-me, mas me encontra calma; sinto que sei onde estamos. Dir-se-ia que outro ser complementar entrou em mim, e que esse duplo conhece o lugar. Gravemente, declaro que todos devem sossegar, que não estamos perdidos, que é só tomar o atalho à esquerda e segui-lo; que ele nos levará a uma clareira, ao fundo da qual, por trás de umas árvores, há uma aldeia meio tártara, meio russa. Eu a vejo; suas casas erguem-se em torno de uma praça quadrada; no fundo, há um pórtico sustentado por elegantes colunas de estilo bizantino. Sob esse pórtico, bela fonte de mármore, e, atrás, os degraus de uma casa antiga, com janelinhas de caixilhos, tudo encantador de antiguidade. Parei. Falara rapidamente, com segurança. A visão era em mim nítida, precisa. Vi já tudo isso, muitas vezes, parece-me. Todos me rodeiam e olham com espanto; que singular gracejo! Isso lhes parece fora de propósito, mas essas francesas...

Devia estar pálida; fiquei gelada. Meu marido me examina com inquietação, mas eu repito alto:

— Sim, tudo está certo e vocês vão ver.

Torço as rédeas para o atalho à esquerda. Como me tratam qual uma criança querida, e os guias, acabrunhados, se acham sentados no chão, seguem-me, um tanto maquinalmente, sem cuidarem do que se passa.

O quadro evocado está sempre em mim, eu o vejo e sinto-me calma. Meu marido, perturbado, diz ao irmão:

— Minha mulher pode ter o dom da segunda vista, e uma vez que estamos perdidos, vamos com ela.

Robustecida pela sua aprovação, meto-me pelas matas, que cada vez se adensam menos, e corto pelo bosque, tanta é a impaciência de chegar. Ninguém fala; a bruma se eleva e nada faz pressentir uma clareira, mas eu sei que ela está lá, bem diante de nós, e prossigo a marcha. Estendo, enfim, o braço, e com o chicote aponto para a clareira, palavra mágica. Há exclamações, todos se apressam; é uma clareira, mais comprida que larga; veem-na entre a penumbra; o fundo perde-se na bruma, mas os cavalos, também eles, parecem sentir que estamos prestes a chegar, galopam, e vamos dar com grandes árvores, sob as quais penetramos.

Estou fora de mim, projetada para o que quero ver. Um último véu se desprende. Vejo uma fraca luz e, ao mesmo tempo, uma voz murmura, não ao meu ouvido, mas a meu coração:

— Marina, ó Marina, eis que voltas. Tua fonte rumoreja ainda, tua casa está sempre lá. Sê bem-vinda, cara Marina.

Ah, que comoção, que alegria sobre-humana!

Jaz ali tudo diante de mim, o pórtico, a fonte, a casa. É demais; cambaleio e caio, mas meu marido logo me apanha e me coloca docemente sobre esta terra, que é minha, perto de minha doce fonte. Como descrever meu enlevo? Estou prostrada pela emoção; caio em soluços. Sombras aparecem; fala-se russo, tártaro. Levam-me para a casa; minhas pernas claudicantes sobem os degraus. O coração se me confrange, ao atravessar-lhe os umbrais. Depois, de repente, à ficção substitui-se a realidade; vejo um quarto desconhecido, objetos estranhos; a sombra de Marina apaga-se; não saberei jamais quem ela foi; nem quando viveu, mas sei que estava aqui; que morreu jovem. Sinto-o, estou certa...

Meu marido faz-me beber um chá quente; todos os companheiros sentam-se em torno de mim, querem saber como adivinhei, como vi, mas não explico coisa alguma, a não ser a meu marido. Ninguém saberá o segredo de Marina, e eu me sinto tão bem nesta doce casa, onde respiro o ar do outro mundo! Nunca tive tal bem-estar; estou leve, feliz.

A reencarnação

Fazem-se as acomodações para a noite, como é possível. Sento-me à soleira da porta e peço a meu marido que pergunte a quem pertence a casa e quem nela viveu. Não se descobre grande coisa; a casa pertenceu a um polonês, descendente, dizia-se, de uma família exilada. Os antigos lembram-se dele; morreu muito velho e só. Veio um parente; a casa, muito arruinada, foi vendida; o herdeiro voltou. Repararam-na, e é agora o chefe da aldeia, o estaroste,[166] quem a habita com a família; e não saberei mais nada, a não ser que eu, Marina, aqui vivi. Meus olhos contemplaram essa cortina de belas árvores, o murmúrio da fonte embalou meus sonhos, a doce casa me abrigou. Os perfumes da noite quente da primavera parecem envolver-me e escuto, intensamente, em êxtase, essa divina elegia, o murmúrio da fonte, a voz do rouxinol, o doce rumor da brisa nos ramos. A essa harmonia celeste, meu coração enternece, e, no fundo do meu ser, uma voz longínqua, doce e enfraquecida, mas penetrante, repete: "Marina!"

Muitos anos se passaram depois desta viagem radiosa; vivi-os na Rússia, nesse país dos meus sonhos, que não me iludiu, porque eu fui aí muito feliz e sempre me senti em *casa*. Aprendi o russo e o polonês com facilidade surpreendente.

Devo acrescentar que nunca mais me sucedeu, na Rússia, nada semelhante ao que acabo de descrever, com toda a sinceridade, e de que sempre guardei a mais viva, a mais deliciosa lembrança. Estudei; sei, agora, que não me enganava, e que Marina e eu não fazíamos mais do que uma só Mathilda de Krapkoff.

Paris, 2 de julho de 1922.

Essa narrativa nos põe em presença de um desses casos ambíguos, em que hesitamos no pronunciar-nos de maneira categórica, entre a explicação pela clarividência e a das lembranças de uma vida anterior; entretanto, parece que a última explicação é aqui a mais verossímil, e é esta a razão por que transcrevi o relato da Sra. Mathilda.

Vejamos outro exemplo de reconhecimento de lugares, onde é provável que o narrador tenha vivido anteriormente. Nada leva a crer que as visões claras que ele teve, durante a infância, fossem

---

[166] N.E.: Representante eleito de comunidade rural ou urbana, na Rússia czarista (*Aurélio*).

reminiscências de uma vista clarividente, que nenhuma causa teria podido determinar:

> Em minha primeira infância, era inclinado a sonhos, como o são muitas crianças de imaginação ativa.
> Duas cenas me perturbaram mais de cem vezes; estou bem certo delas, ainda que, tornando-me homem, elas se apagassem e fossem interpretadas como sonhos de criança. Vou descrevê-las.
> Uma grande aldeia estendia-se ao norte de uma planície ondulada, e terrenos cobertos de mato se encontravam por detrás; à frente havia uns regatos cortados por uma ponte. Isto se apresentava como que visto do alto de uma colina. Existia na aldeia uma igreja; uma estrada estendia-se ao norte, e via-se um parque a leste. Pensei nessa aldeia mais de cem vezes e povoei-a com pessoas imaginárias, cheias de bizarras aventuras, como o fazem as crianças. Em seguida, quando me tornei aluno em Oxford, minha mãe sugeriu-me que fosse visitar Adderburg, frequentemente habitada por minha família desde 1800, e onde ela passou parte de sua existência, com um tio que aí morava. Disse-me ainda que fosse ver a velha praça, cheia de suas lembranças de criança.
> Fiz a viagem num dia de inverno. Cheguei a uma colina baixa, e lá, diante de mim, estavam quase exatamente reconstituídas as cenas de meus sonhos de criança: a grande aldeia, o pequeno rio, o bosque e a igreja. Minha mãe nunca me descreveu Adderburg. É curioso que, tendo passado a meninice no Condado de Devon, concebesse uma aldeia típica e real de Oxfordshire, que não se assemelhava, de forma alguma, a aldeia em que vivi em minha infância.
> Outra cena foi mais interessante ainda e mais persistente: era uma grande aldeia perto do mar, orientada para o Leste. A colina sobre, que está edificada é muito abrupta, e de tal forma que as ruas são constituídas por escadas. As casas são sobrepostas. Ao alto se acha um terreno com mato. Sonhei sempre que habitava aí, numa casa situada ao Norte. Sonhava de dia, centenas de vezes, com essa aldeia, esses degraus, essas casas de terraço, dando para o mar azul. Minha morada era sempre ao Norte, um pouco no interior das terras. Até o mês de julho findo, nunca vira, em todas as minhas viagens, um lugar semelhante àquele que eu via em sonho.

A reencarnação

Pediram-me, certa vez, que visitasse Clovely, ao norte do Condado de Devon, onde por muito tempo habitaram meus antepassados; minha bisavó era uma Cary.

Com grande espanto, vi os terraços, a colina abrupta, os degraus descendo para o mar, e, para os lados do Leste e do Norte, a casa dos Carys, onde, durante séculos, habitaram meus antepassados.

Vi na igreja sete túmulos da família Cary.

Clovely é descrita em Westward, que eu li somente há alguns anos, pela primeira vez. A semelhança dessa descrição, com a minha visão, nunca me chamou a atenção.[167]

Vamos encontrar, no capítulo seguinte, narrativas nas quais a reminiscência é acompanhada de circunstâncias que permitem supor acharmo-nos em presença de lembranças reais de vidas passadas.

---
[167] *Proceedings of the Society for Psychical Research.*

CAPÍTULO 10

As recordações de vidas anteriores

REMINISCÊNCIA CERTA RELATIVA AO SÉCULO XVIII. — O
DESPERTAR DAS LEMBRANÇAS DA SRA. KATHERINE RATES.
— O CASO DE LAURE RAYNAUD.

Escreve-nos o secretário da Sociedade de Pesquisas Psíquicas:[168]

Esta narrativa foi-nos enviada pela Sra. Spapleton, em Montagu-Square, 46, Londres, W, membro da Sociedade de Pesquisas Psíquicas.

A escritora, diz-nos ela, a pessoa de sensibilidade artística muito desenvolvida, e musicista particularmente dotada. Foi-nos dado o seu nome confidencialmente. A Sra. Spapleton é íntima da narradora, há muitos anos, e garante a completa veracidade da história.

Conta a escritora que, em sua primeira mocidade, transcorrida em São Petersburgo, via constantemente, em seu quarto, à noite, uma mulher que parecia velar por ela. Foi em vão que procuraram persuadi-la de que se tratava de uma ilusão; ela ficou certa da realidade.

Com a idade de 6 anos, viu, um dia, sua mãe com roupas à Luís XVI. Deu um grito de espanto, porque eram precisamente estas as vestes da aparição.

---

[168] *Journal of the Society for Psychical Research*, v. XIII, p. 90-96.

Gabriel Delanne

Fato notável, essa criança desenhava homens e mulheres com a indumentária do século XVIII, apesar de não haver em casa qualquer gravura ou desenho que lhe pudessem servir de modelo. Os homens tinham casacos com grandes abas, calções e sapatos baixos; as mulheres traziam uma montanha de cabelos, tal como as vemos nas estampas antigas. Isso indica uma reminiscência de passados tempos, visto que a criança não tinha sob os olhos esses modelos. Aos 10 anos — diz ela —, minha aparição cessou de vir ver-me regularmente. Suas visitas tornaram-se menos frequentes, até que pararam.

Quando aprendi História, interessou-me especialmente a vida de Maria Antonieta. Estimava-lhe o nome e vertia lágrimas pelo seu trágico destino.

Naturalmente, qualquer criança, e mesmo a maior parte das pessoas grandes, podem ter simpatia especial por algumas figuras da História, mas a minha era mais que uma simpatia ordinária, era um culto, uma obsessão.

Passava horas no museu de South Kensington, contemplando o busto de Maria Antonieta, examinando-lhe a mesa de toucador, com seus potes de *rouge,* etc. Posso declarar que minhas horas mais sérias decorreram contemplando esses tesouros, e era com sensibilidade, vizinha das lágrimas, que encarava o busto da rainha.

Entretanto, a vida continuou; tornei-me ativa e tive ocupações diversas. A imagem da rainha apagou-se um pouco de minha atarefada existência, posto que sentisse por ela extraordinária afeição: ela me era mais cara que qualquer outra pessoa no mundo.

Sonhava com ela frequentemente, e, apesar de espaçados, os sonhos tinham sequência mais lógica que os outros, e lembrava-me dos pormenores, ao acordar; representavam eles episódios vulgares da vida corrente. Passavam-se sempre no mesmo lugar, que eu nunca vira.

Há cerca de 5 anos, morava em Margate, com a família de um doutor. Formávamos alegre sociedade e nada poderia sugerir a ideia de uma casa mal-assombrada. Um dia, entretanto, ao entrar no quarto de dormir, vi a mesma figura, Maria Antonieta, em pé, perto de uma mesinha de madeira. Não havia mesa semelhante no quarto. Apoiava uma das mãos na mesa e me olhava. Não era a mesma expressão; operara-se horrível mudança; parecia desvairada, agonizante; não mais lhe brilhavam os belos olhos, e fixavam-me com um olhar estranho, glacial. Sua cabeleira, quase branca, estava apenas atada acima da cabeça; era lisa, chata, sem o penteado de outrora. Não pude

A reencarnação

mais conter-me, atirei-me para a frente e com um soluço lancei-lhe os braços, exclamando "Maria Antonieta!", mas a aparição desapareceu.

Um ano depois, vim a Paris, pela primeira vez, e, entre outros lugares, visitei o Museu Grévin. Recebi um choque, vendo a exata reprodução de minha visão, em Margate, com suas minúcias. A estátua representava a rainha na Conciergerie; apenas, a figura de cera não era como a que eu vi. Não exprimia nenhum traço da agonia que eu notei, então. Os amigos que estavam comigo riram de minhas fantasias, e, em verdade, aprendi a ser reservada a respeito de minhas estranhas visões, visto que, por toda parte, minhas narrativas eram acolhidas com ceticismo. Tive, depois deste incidente, um período de sonhos regulares: estava no parque, num palácio, em companhia de Maria Antonieta, jogando cartas ou bilhar com Luís XVI, a Sra. Elisabeth, ou eu tocava num velho cravo, num salão, cheio de gente, e Maria Antonieta, perto de mim, fazia sinal com a mão para que houvesse silêncio.

O fato mais curioso a respeito desses sonhos é que me via sempre como um homem, nunca como moça.

No último verão, estava numa aldeiazinha, não muito longe de Versalhes; a região deveria parecer-me nova, porque nunca visitara os arredores de Paris. Mas, por toda parte onde passeava, em Saint-Claud, Marly, Versalhes, tinha a sensação de que já vira todas aquelas paisagens, muito antes.

A primeira vez que fui a Versalhes, acompanhava-me uma criada, que ali ia fazer compras. Feitas estas, sugeri a ideia de visitarmos o palácio. Quando lá chegamos, demos-lhe a volta por fora, e apesar de não ter visto nenhum plano desse monumento, indiquei a criada onde se achavam os apartamentos do rei e da rainha. Perguntou-me ela se eu conhecia o palácio. "Não", respondi-lhe, "nunca vim aqui e não compreendo como sei tudo isto".

Ao caminhar pelo parque, pareceu-me ele tão familiar e cheio de lembranças, que não cheguei a precisá-las, porque elas para logo se apagavam, de sorte que tremia, sensibilizada, sentindo horrível pressão na garganta.

Ao dia seguinte, todos os nossos amigos vieram visitar o palácio. Um de nós possuía um livro guia. Nunca lhes narrara os meus sonhos relativos ao palácio, que eles conheciam melhor que eu. A primeira coisa que verifiquei, ao entrar, foi que tinha designado perfeitamente as diferentes alas dos apartamentos, habitados outrora por Luís XVI e Maria Antonieta. Atravessamos uma fila sem fim de quartos, mais ou menos semelhantes, e como não havia nenhuma inscrição que indicasse os quartos especiais, foi-me impossível descobrir algo a respeito, exceto no livro guia. Entretanto, antes que meus amigos pudessem ter tido qualquer ideia, pelo livro, fi-los parar em determinado quarto, tomada da mesma forte emoção dos dias precedentes, fui diretamente a uma portinha, que se achava em um caixilho da parede. Ela era dificilmente notada por quem ignorasse a sua existência.

"Há aposentos mais adiante", disse eu, e acrescentei: "Devo ir lá". Nesse momento, veio a nós um dos guias oficiais: "Desejam visitar os apartamentos de Maria Antonieta?", perguntou. À minha resposta afirmativa, abriu a porta para nós. Meus amigos estavam espantados com os meus conhecimentos do lugar e eu os dirigia melhor que o cicerone oficial, o qual mostra ao público apenas o que está catalogado no guia. Achei as portas que davam comunicação para os outros quartos, sem poder explicar como os conhecia. O próprio guia admirou-se e supôs que eu fizera intensas pesquisas históricas.

Os locais eram justamente como eu os havia suposto intuitivamente, posto que se tivesse efetuado muitas alterações. Creio que se eu entrasse nesses quartos, de olhos fechados, teria podido reconstituir no papel a disposição exata deles, com seu mobiliário antigo.

Trianon

O Trianon me parecia ainda mais familiar, ainda que faltassem muitos objetos, que eu acreditava se deviam encontrar ali. O aposento da música era idêntico ao que eu tinha visto em sonho, quando tocava diante da rainha; só as cadeiras tinham colocação diferente.

Outro fato curioso a respeito do Trianon é este: eu desenhara muitas vezes o monograma M.A., embaixo dos retratos de Maria Antonieta, e, como todos sabem, há maneiras diversas de traçar estas letras; meu monograma, porém, era sempre o mesmo, e descobri que fora o fac-símile daquele que se encontra na escala, no Trianon.

Mas, o que me perturbou profundamente, ao visitar o Trianon, foi a multidão por meio da qual o guia nos conduziu, através dos apartamentos. Eu tinha quase certeza de que, se pudesse passar um dia ou uma noite sozinha nesses aposentos, veria pessoas que neles habitaram e cenas que ali outrora se desenrolaram.

A reencarnação

Muitas pessoas há que têm a sensação, ao ver um lugar pela primeira vez, de que já o viram. Pode existir, mesmo, para o caso, uma simples explicação científica, mas eu não me limitava à lembrança desses lugares, fazia mais, antes de chegar a um ponto, de dobrar uma esquina, podia dizer o que se encontrava além, com pormenores exatos.

Assim, por exemplo, quanto ao castelo de Marly, de que hoje só há ruínas, e de que nenhum guia fala, aí chegando pela primeira vez, descrevi a um amigo o que iríamos achar numa curva do caminho, o que foi absolutamente certo.

A própria Paris me parecia menos familiar do que eu esperava; não podia, entretanto, passar na rua Saint-Honoré sem que um calafrio me percorresse a espinha, e nada me fazia ir a certo lugar da Place de La Concorde, antiga Place da la Révolution. Descrevia sempre um círculo em torno dela e tinha um estremecimento de pavor com toda a praça. Uma noite, quando dormia em um hotel situado na esquina da rua Saint-Honoré, fui assaltada por terrível pesadelo.

Ouvia os rugidos selvagens da populaça, e, olhando pela janela, vi Maria Antonieta passar na carrocinha, e a mim mesmo, na multidão, lutando freneticamente por abrir caminho, enquanto gritava sem cessar: "A Rainha, deixem-me alcançar a Rainha. Devo chegar junto da Rainha". Depois, via-me perto do cadafalso, batendo freneticamente nas pernas do carrasco, para o impedir de executar o seu triste ofício, e a multidão arremessava-me para trás. Dei então um grito horrível, e o meu sonho terminou.

Enquanto morei perto de Versalhes, vi muitas vezes Maria Antonieta sentada em uma cadeira, perto de minha cama. Estou agora na Inglaterra; revi a rainha, em plena luz do dia, sentada perto de minha escrivaninha, em atitude de desconsolo. A visão durou, apenas, alguns segundos. Procurei, muitas vezes, encontrar a explicação desse mistério, que me assombra desde a primeira infância. Parece-me que não poderá haver outra hipótese além da recordação de uma existência anterior.

Durante todo o tempo de minha estada na França, acreditei que resolveria o enigma, mas foram vãos meus esforços, o que me causou sensação penosa. Não perdi ainda a esperança de aproximar-me da solução desse grande mistério, quando voltar àquele país.

C. A. B.

Esta narrativa apresenta características que permitem colocá-la entre as que nos dão provas de uma vida anterior. É de notar tenha a testemunha, desde seus verdes anos, desenhado personagens, homens ou mulheres do fim do século XVIII, apesar de não ter tido nunca um modelo diante dos olhos.

Há algo mais do que o sentimento do já visto, para as descrições do castelo de Versalhes, desde que essa senhora sabia de antemão onde se encontravam os apartamentos de Maria Antonieta e, no Trianon, reconheceu a sala em que, no sonho, tocava cravo. É provável que fosse por lucidez que adquirisse aqueles conhecimentos, os quais possuiu igualmente para o castelo de Marly, donde só existem ruínas.

A visão quase constante, desde tenra idade, de Maria Antonieta, permite supor que existia, entre aquela senhora e a rainha da França, relações anteriores. Creio que este caso é digno da mais séria atenção.

10.1 Despertar de recordações

No livro *Os mortos falam?*, conta Katherine Bates:

Devo começar por declarar que, durante, muitos anos, tive a impressão vaga, flutuante, de que um laço mais íntimo do que aquele que geralmente se sente, ligava-me a um dos meus antepassados. Para ser sincera, acrescentarei que, por vezes, me parecia continuar-lhe a vida. Não tenho qualquer razão valiosa para demonstrar o fundamento dessa intuição, salvo um sentimento de afinidade com um homem, morto há grande número de anos, antes de meu nascimento, e sobre o qual ninguém atraíra minha atenção. Até aqui tudo se poderá explicar por um jogo de imaginação, mas houve uma curiosa coincidência, no curso de uma experiência feita por mim, com uma clarividente que me era completamente desconhecida.

Tinham sido descobertas, no escritório de nosso advogado, cartas escritas por esse antepassado, quando era oficial da Guarda, há mais de cem anos.

A reencarnação

Fui a uma clarividente, a Sra. Howart, entreguei-lhe uma dessas antigas cartas, e pedi-lhe que me desse suas impressões por psicometria.

Esperava que ela me falasse dos primeiros anos do século XIX, mas tal não se deu; descreveu-me ela o caráter daquele antepassado que, para ela, evidentemente, estava morto e não devia mais reaparecer na Terra. Eu ignorava se as descrições do caráter do escritor da carta eram reais, pois que ninguém me falava dele. Dei em seguida uma carta escrita por mim, conservando-a dobrada, de maneira que ela não lhe pudesse ver a letra. Logo que seus dedos tocaram a escrita, pareceu espantada e exclamou:

— Fazem-me observar que eu me enganei no que concerne à última frase que pronunciei precedentemente, com relação àquele que escreveu a primeira carta. Isso quer dizer que não era a sua última encarnação,[169] porque ele reencarnou no escritor desta nota, cuja presente vida lhe é melhor que a anterior.

— Melhor — repliquei eu — se engana; quer no ponto de vista da situação, quer no dos bens, sua vida presente é muito menos favorecida.

Sob a intuição dos guias, disse a vidente:

— Ela é muito mais favorável para o seu desenvolvimento espiritual, que é a única coisa de verdadeiro valor.

Poder-se-á supor que a Sra. A. leu em minha subconsciência e deu a meus pensamentos uma forma um tanto dramática.

De acordo, mas há algo ainda a dizer, que me aconteceu alguns anos mais tarde e que não admite a mesma interpretação.

A Sra. Bates conta que prometera a uma de suas amigas, a Sra. Bigelow, fazer-lhe uma visita na Broadway, durante suas férias. Ignorava completamente a existência dessa aldeia, situada em Worcestershire, e acrescenta que nunca lhe ouvira pronunciar o nome. Foi aí com uma de suas primas e eis o que experimentou. Cedo-lhe a palavra:

Logo que o carro nos depôs à entrada da aldeia, senti aí forte impressão de familiaridade; parecia-me que tinha nascido naquele lugar e que re-

---

[169] Nota do autor: Vê-se que a ideia de reencarnação não é tão ignorada na Inglaterra (ao contrário do que se tem afirmado muitas vezes na França).

vivia os dias de minha infância. Muitas vezes, antes de chegar a uma esquina, dizia a minha prima: já sei o que há cá, é uma herdade ou granja; tomemos outra direção. O fato reproduziu-se muitas vezes, com grande espanto de minha prima, que nada compreendia, mas era forçada a admitir que eu tinha razão. Tudo isso a surpreendia, tanto quanto a mim, porque não havia sombra de dúvida de que eu nunca viera a Broadway, nem dela ouvi falar.

Nas cartas encontradas com o nosso advogado, tratou-se de um Coronel Lygon, residente na cidade de Worcester, que convidava o escritor para as festas que ele dava. Não havia, porém, menção de localidade, e como eu sabia que aquele coronel se tornou mais tarde o primeiro *Lord* Beauchamps, supus, naturalmente, que essas visitas eram feitas em Madresfield Court, sua propriedade.

Uma semana depois, indo em visita a uma parenta de minha prima, soube, incidentemente, durante a conversa, que Broadway fora a residência da família Beauchamps, que só habitara Madresfield nos últimos 50 anos.

A Sra. Bates faz a suposição de que o morto, com o qual simpatizara, pudesse comunicar por sugestão todos os informes relativos à aldeia de Broadway, mas insinua que lhe é igualmente permitido admitir que são lembranças pessoais as que se lhe revelaram quando reviu a citada aldeia.

Essa teoria da reencarnação — diz ela — nada tem de ilógica, pois permite compreender o progresso individual através das existências sucessivas.

Parece que estamos em presença de duas espécies de fenômenos, que confirmam a teoria da evolução, visto que um paciente psicômetra encontra, nos dois escritos que lhe são submetidos, o mesmo escritor espiritual, e em seguida a Sra. Bates se reconhece na aldeia de Broadway, à casa do Coronel Lygon, aonde seu antepassado viera tantas vezes, antes de habitar Madresfield Court.

A reencarnação

10.2 O caso de Laure Raynaud

A interessante descrição relativa ao caso de reencarnação de Laure Raynaud foi muito bem observado e descrito pelo Dr. Durville.

Esse trabalho saiu publicado pela primeira vez na *Psychic Magazine*, de janeiro de 1914, sendo reproduzido pelo *Fraterniste*. Vou fazer conhecer-lhe as partes essenciais, lamentando que a falta de espaço não me permita reproduzi-lo integralmente.

> Laure Raynaud morreu com 45 anos. Graças a seu notável poder, curara uma multidão de deserdados. Os curados, que fazem legião, conservam-lhe um eterno reconhecimento.
>
> Vejamos, agora, o que nos relata o Dr. Durville, que a conheceu muito de perto, visto que ela era empregada em sua clínica, e foi antiga aluna da Escola de Magnetismo Heitor Durville, de Paris.
>
> A história que vou relatar, aqui, poderá parecer estranha a pessoas pouco familiarizadas com os nossos estudos psíquicos. Aos próprios psiquistas, ou, pelo menos, a alguns, ela será de intertação muito delicada. Espero, em todo o caso, que tanto uns como outros tê-la-ão como o resultado de um estudo imparcial, e com o mérito de ser a relação fiel de fatos vividos em minha vizinhança imediata.
>
> Estranha é por certo esta história, pelo imprevisto dos fatos que a constroem, e pela sua interpretação, que é todo um problema filosófico. Como os fatos desse gênero são excepcionais, e ainda, como os já relatados, são, por vezes, apresentados apressada e insuficientemente completados, achei que devia expor esse caso com os seus pormenores; esforcei-me por enunciar, tanto quanto possível, as palavras exatas das testemunhas, e por oferecer aos leitores um máximo de garantias, citando por extenso e nome e o endereço dessas testemunhas. Desejo ardentemente que esse método se generalize, visto que já não estamos mais no tempo em que a pessoa precisava esconder-se, para tratar de psiquismo.
>
> Apenas, um dos atores da história preferiu ser designado tão-só pelas iniciais. Acedi, lamentando sua reserva. Chamar-lhe-ei M. G. Lamento, tanto mais, quanto se trata de uma das mais conhecidas e consideradas personalidades de Gênova.

Gabriel Delanne

Enfim, como a narrativa não espera chegar à prova científica que avança, e como não é mais que uma série de coincidências, resolvi também não citar o nome por inteiro da família onde vivera a personalidade da Sra. Raynaud, em vida precedente, e nomeá-la-ei por seu prenome e a primeira letra do nome, Jeanne S. A família F. é de Gênova; não a conheço, nem com ela tenho qualquer relação; poderia ela formalizar-se vendo o nome envolvido numa história de reencarnação. Devo notar ao leitor que as ideias que se vão seguir não são minhas; relatando-as, despojar-me-ei de minha personalidade, de minhas concepções científicas e filosóficas. Quis manter-me no papel passivo de rolo registrador, que toma notas e transcreve. Espero ter colimado o fim. Procurei, de igual modo, ser imparcial.

Quanto à interpretação dos fatos, tanto a hipótese materialista como a espiritualista podem sustentar-se com motivos válidos, ilusões, ou transmissões de pensamento. Encarei as hipóteses, discutindo-as. Não tenho, aliás, a tola pretensão de querer fechar o assunto. É um estudo que ofereço aos colegas psiquistas.

Quando ainda pequena, parece que Laure não era como as crianças de sua idade. Sua mãe, uma senhora que passava dos 50 anos, veio procurar-me em Paris e me afirmou o seguinte: "Laure teve, desde os primeiros anos, ideias que não compreendíamos, que eram dela mesmo, sem que as tivesse aprendido. Muitas vezes nos chateava [sic] com suas histórias, e penso que enlouqueceria se continuasse assim". Ela sabia que os princípios ensinados pelos padres não são a verdade e suas ideias eram tão tenazes, tão firmes, que recusava obstinadamente ir à missa aos domingos com os seus. "Era preciso", continua sua velha mãe "levá-la com uma *cachouère* [leia-se *chicote*], que não esclarecia as ideias da criança".

O cura[170] da aldeia interessava-se por Laure, porque ela era inteligente, e ele gostava de conversar com ela. A pequena Laure lhe contestava o paraíso, o purgatório, o inferno, e lhe afirmava que o Espírito, depois da morte, volta à Terra, em outro corpo. O cura então se zangava, ficava vermelho e murmurava entre dentes: "Estranha criança! Menina misteriosa!". E retirava-se, sonhador, sem ter podido obter da criança um arrependimento ou outra coisa que não fosse amuar-se e declarar: "Está bem! Não direi mais nada". Esse cura exerce seu ministério em Aumont, no Somma, terra natal de Laure; é um velho de 72 anos, chamado Geimbard.

---

[170] N.E.: Pároco, vigário de freguesia, povoação, aldeia (*Houaiss*).

A reencarnação

As ideias "bizarras" da pequena não se foram apagando com a idade; quando a linguagem lhe permitia exprimi-las melhor, elas se precisaram. Com 17 anos veio a Amiens. Aí era assediada pela ideia de tocar os doentes, para curá-los; aos íntimos e aos próximos, nas horas de confidência, expõe suas concepções a respeito da sobrevivência.

Chego a 1904, quando ela se casa. Foi-me dado reconstituir as ideias de Laure, a partir desse momento, graças àqueles de seus amigos, que pude encontrar. Ela sabia que os humanos possuem um princípio espiritual imaterial que sobrevive à morte. Esta sobrevivência, porém, não se dá em um longínquo paraíso ou inferno; é à Terra que a alma volta, para reencarnar, depois de haver estado muitos anos no Espaço. Laure Raynaud sabia tudo isto; lembrava-se de já ter vivido e gostava de contar sua vida precedente; sua recordação não era completa; só sabia de algumas passagens, de algumas circunstâncias dessa existência, mas essas passagens, essas circunstâncias eram para ela de uma limpidez inaudita.

A casa onde vivera, seu exterior, o parque que a rodeava, os arredores, o céu azul, tudo era presente a seu espírito como um clichê luminoso. Dizia ela que poderia reconhecer sua morada, tão facilmente, como um amador de quadros reconhece uma tela que lhe agradou. Via-se a si mesma nessa existência precedente, mas nada sabia das suas minúcias; via-se aos 25 anos e dava de sua pessoa informes precisos. Quanto à família, não se lembrava.

Seu marido, Pierre Raynaud, que mora em Paris, na rua Petrarca, exprime assim suas lembranças, com referência às ideias da esposa: "O senhor sabe como eu sou cético, sobretudo em fenômenos psíquicos. Vejo-me, entretanto, obrigado a reconhecer que há, na história da reencarnação de minha mulher, coisas bem interessantes. Pelo que me diz respeito, pessoalmente, posso assegurar que Laure me fez, desde o começo de nossas relações, a descrição de fatos concernentes a uma existência, que ela teria vivido anteriormente. Não me lembro com precisão tudo que me disse; sei, no entanto, que falava muitas vezes de uma espécie de clichê, que ela tinha de si própria. Via-se jovem e doente do peito, errando em um grande parque, numa região que não podia nomear, mas cujo céu era puro... uma região do Midi,[171] sem dúvida. Apesar de nascida no Norte, Laure tem um tipo nitidamente meridional, pele morena, cabelos escuros. Minha mulher explica isto; seu tipo lhe vem da vida anterior. Lembro-me perfeitamente que ela julgava ter achado um

---

[171] N.E.: Nome dado à região sul da França (*Dictionnaire Larousse*).

dia a sua terra. Ora, no que ela descobriu em sua viagem a Gênova, há coisas que coincidem, de forma estranha, com o que outrora me contou".

Sua velha amiga, a Sra. Dutilleu, que mora na rua Damartin, nº 2, em Amiens, narrou-me, a respeito do assunto de que nos ocupamos, uma história análoga à que me expôs o Sr. Raynaud. Nela encontro alguns detalhes novos. Disse-me ela: "Foi durante as longas noites que passamos juntas que minha amiga contava a sua outra vida, transcorrida tão depressa, sob um céu mais hospitaleiro que o nosso. Queixava-se do clima frio do Norte: seu país tinha outro sol, mais quente e mais alegre".

Passaram-se os anos. Laure Raynaud realiza seus sonhos de infância; toca os doentes para os curar; e obtém curas notáveis. O ruído dessas curas se estende como um rastro de pólvora. Ricos e pobres aglomeram-se em seu salão da rua Enguerrand, em Amiens, para encontrar um alívio a seus males. As pessoas de maior destaque da localidade, juízes, advogados, médicos, vêm consultá-la. Mas a Sra. Raynaud, não gostando de Amiens, quer vir a Paris; justo, no momento de sua maior fama, na época em que seus adeptos a veneravam, como a um deus, ei-la que deixa bruscamente a clientela. Chamam-na a Paris e ela vai para lá. É para completar o seu saber de curadora que se dirige para a capital; inscreve-se na Escola Prática de Magnetismo. Foi aí que a conheci. Notei depressa sua notável faculdade, e assim, em 1911, ofereci-lhe a direção de minha Casa de Saúde, que ela aceitou.

10.2.1 O que a Sra. Raynaud disse em 1911 a Durville

Vivi ao lado da Sra. Raynaud desde 1911; posso, pois, observá-la dia a dia, e estudar, repousadamente, suas faculdades curiosas e ideias originais. Estou em condições de afirmar que ela é, no ponto de vista mental, perfeitamente equilibrada. Não se trata de uma psicopata; não tem nenhuma alucinação, nenhuma ideia mórbida; é uma mulher calma e razoável; tem grande fé no poder curador de sua mão. Os resultados que a vi obter, em minha casa, autorizam a confiança em si. É enfim, uma intuitiva maravilhosa, que me predisse muitos acontecimentos de minha vida, todos imprevisíveis. Declaro, entretanto, não estar convencido de tudo o que me disse ela, e em particular das vidas sucessivas. Ser-me-iam precisas provas sólidas e o que colhi só pode ser considerado, o declarei, como uma série de interessantes coincidências.

A reencarnação

A Sra. Raynaud falou muitas vezes, diante de mim, de sua última vida anterior, mas não, dei muito valor a essas histórias, pois que não via a possibilidade de uma verificação qualquer.

Laure dizia-me que já vivera; habitara seguramente uma região do Sul; sua casa era grande, bem maior que as casas comuns; tinha um terraço para o levante; as janelas eram grandes, numerosas, abobadadas em cima; havia dois andares e ainda um terraço no superior.

Era nesse terraço que ela gostava de passear, jovem, morena, com olhos muito negros e grandes; estava triste por se achar gravemente doente; tossia e ia morrer do peito. Seu caráter era altivo, severo, quase mau; a doença a tinha irritado, sem dúvida. Vivia inativa e gostava de errar, ociosa, no parque. Este era plantado com velhas árvores; por trás e aos lados havia casas habitadas por um grupo de operários. A morte logo a surpreendeu, aos 25 anos, talvez. Mais de meio século se passou, no qual ela viveu uma vida extraterrestre;[172] depois reencarnou na aldeia de Aumont, no Somma. Eis o que eu a ouvi narrar muitas vezes.

10.2.2 O testemunho da princesa Fazyl

Em junho de 1912, a Princesa Fazyl, que mora em Paris, estava muito fatigada. Estendera-se num leito. Laure lhe fazia companhia. Começou, então, a princesa a evocar recordações da infância, o Egito, com o céu de fogo, com seus bosques de mimosas, tamarindos, romanzeiras, figueiras, palmeiras, e o Nilo, o Nilo benéfico, de águas verdes ou vermelhas, que a íbis de cabeça negra vem visitar. E perto do rio a grande casa da família, branca, com seu jardim, que descia até as águas.

"E eu também", continuou a Sra. Raynaud, "conheci o país do Sol, não nesta existência". E contou à princesa suas recordações da vida anterior, de si própria, de sua casa, de seus pais. "Não sei se foi no Egito que vivi. Mas não me lembro de um grande rio; foi, talvez, na Itália soube sempre que voltaria um dia a esse país, e sei que o reconhecerei, tantas são as imagens que tenho claras a meus olhos".

E a princesa sorria, não de incredulidade, mas de surpresa.

---

[172] N.E.: Isto é, uma vida fora do plano material.

10.2.3 Como a Sra. Raynaud encontrou sua casa

As coisas estavam nesse pé e os meses passavam; eu me limitava a conceder às ideias da Sra. Raynaud, concernente a sua vida anterior, o valor relativo que se concede a um sonho, quando sobrevém uma circunstância imprevista.

Recebi, em março de 1913, uma carta de Gênova, chamando-me à casa de uma senhora da aristocracia genovesa. Estávamos, nessa época, em pleno II Congresso Internacional de Psicologia Experimental, e eu muito ocupado em presidir minha comissão e acompanhar o concurso da varinha mágica. Não podia deixar Paris.

Por felicidade a doente gostava muito da Sra. Raynaud. Fora já por ela magnetizada em minha casa, em Paris. Pedi à Senhora Raynaud que partisse para a Itália. A viagem devia ser fértil em curiosas surpresas. Chegando a Turim, a Sra. Raynaud teve a vaga impressão de que o lugar não lhe era desconhecido. Parecia-lhe que já, vira sítios como os que se lhe desenrolavam aos olhos. Entretanto, nunca viera à Itália, não lera obras sobre esse país, e, principalmente, não acreditava ter visto imagens que o representassem. E o trem corria sempre. Ela chegou a Gênova. Lá, o que não fora até então para a Sra. Raynaud mais que uma impressão, tornou-se certeza. Ela conhecia verdadeiramente essa terra; fora aí que vivera em uma existência precedente.

Chegando à casa dos seus hóspedes, apresentou-lhes suas ideias e mostrou desejo de ir à procura de sua casa.

Nosso excelente M. C., psiquista erudito e espiritualista convencido, ofereceu-se para auxiliar a Sra. Raynaud em suas pesquisas. Conhecendo Gênova a fundo, pediu-lhe que desse de sua casa todos os sinais que ela conhecia, e ela disse a M. C. o que já se leu.

— Existe, não propriamente em Gênova, mas em suas cercanias — diz M. C. —, uma grande casa que me parece responder à forma, à situação e à arquitetura que você indica. Vamos.

M. C. pede a Sra. Raynaud que o acompanhe. Tomaram um automóvel e atravessaram toda a Gênova. Em breve o carro parou diante de uma grande casa branca.

— Não é esta — disse a Sra. Raynaud —, mas eu conheço muito bem o lugar e minha morada não é longe. Partamos e iremos encontrar, dobrando à esquerda, um caminho que sobe, e, desse caminho, perceberemos, através das árvores, o que procuramos.

A reencarnação

O automóvel marcha, seguindo as indicações da Sra. Raynaud; encontra-se, de fato, o caminho à esquerda, estendendo-se com uma inclinação bastante acentuada, até uma casa branca, que corresponde aos sinais indicados: grande quadrilátero, com seu grande terraço embaixo, terraço em cima, muitas janelas, largas, abobadadas, do estilo da Renascença italiana; à frente, o parque inculto, descendo para os fundos.

— Ah! — diz M. C. — lá está a casa da família S., família muito conhecida em Gênova.

— Foi lá que eu morri — acrescentou a Sra. Raynaud —, foi ali, naquele terraço, que passeava, fraca, doente do peito. Sofria muito, vivia triste; foi ali que morri na flor da idade, há um século.

E o automóvel levou M.C. e a Sra. Raynaud, contentes com sua descoberta.

Iam-se agora procurar as provas.

10.2.4 Encontra-se em Gênova um registro de óbito que seria o da Sra. Raynaud

Voltando à casa de nossos amigos, a Sra. Raynaud, ao jantar, deu pormenores sobre seu achado, evocou com prazer algumas lembranças de sua precedente existência, e depois acrescentou:

— Sei que não estou enterrada, como todo o mundo, no cemitério; meu corpo repousa em uma igreja, tenho disso a convicção.

Ficaram todos perplexos. Mas o tempo urgia. A Sra. Raynaud terminara sua missão em Gênova; era preciso voltar à França. Eu tinha com efeito grande necessidade dela para que magnetizasse meus doentes, e ela, por seu turno, desejava estar presente antes do fim do Congresso.

Voltou. Tive, então, conhecimento de todas as surpresas que lhe reservara a viagem, e tomei desde logo a decisão de fiscalizar, nos limites do possível, o que disse minha colaboradora. Havia muitos pontos interessantes a pesquisar.

Primeiro: Existira na casa referida, em Gênova, uma senhora, que pudesse ser identificada com a hipotética Sra. Raynaud, morena, sempre doente, morta de doença do peito, há cerca de um século?

— Se essa pessoa existiu, onde estava sua sepultura?

Munido desses pontos de interrogação, fiz, por intermédio de um amigo, longas pesquisas em Gênova; elas conduziram a bem estranhas averiguações.

A igreja de São Francisco de Álvaro conserva em seus arquivos os obituários das pessoas falecidas na casa indicada pela Sra. Raynaud, como sendo sua. Nesses arquivos, meu amigo descobriu um registro de que me enviou cópia, e que reproduzo integralmente, com exceção do nome da família, que designo pela letra D. Nele se nota:

1°) Que há referência a uma mulher, que foi sempre adoentada, o que é conforme o que relatou a Sra. Raynaud;

2°) Que essa mulher parece ter morrido do peito, pois que ali se diz que morreu de um resfriamento; o termo morrer de resfriamento é, em geral, sinônimo de morrer de tuberculose pulmonar;

3°) Que o falecimento remonta há cerca de um século, exatamente em 22 de outubro de 1809;

4°) Que o corpo da defunta foi enterrado em uma igreja. Notemos, enfim, que no registro nada contradiz o que declara a Sra. Raynaud.

10.2.5 Extrato do registro de óbito da paróquia de São Francisco de Álvaro, Gênova

23 DE OUTUBRO DE 1809 – Jeanne S., viúva de B., que habitava há muitos anos em sua casa, sempre adoentada, e cujo estado de saúde se agravou nestes últimos dias, em consequência de um forte resfriado, morreu a 22 do corrente, com todos os sacramentos da Igreja, sendo seu corpo transportado para a igreja de Notre-Dame-du-Mont (Seguem-se as assinaturas).

10.2.6 Uma paciente do Dr. Durville, a Sra. d'Elphes, completa as provas dadas pela Sra. Raynaud

Quando recebi de Gênova o atestado de óbito, que seria o da Sra. Raynaud, eram cerca de 9 horas da manhã; achava-me à mesa e fazia o meu pequeno almoço; estava nesse dia atrasado para com as minhas ocupações. Muitos doentes me esperavam. Bebendo apressadamente o conteúdo de minha xícara de leite, abria igualmente apressadamente a minha correspondência, contentando-me em lançar a vista sobre a extensão, a letra, a natureza e a assinatura, reservando-me depois para a leitura. O atestado teve a mesma sorte; a carta, com os selos italianos e a letra do meu amigo de Gênova, indicara-me a proveniência do papel e sua natureza. Vi algumas palavras do

A reencarnação

texto, as assinaturas e nada mais. Fechei a carta, coloquei-a na mesa com as outras, e fui ver meus doentes. Pela manhã, veio-me a ideia do registro. Falei dele a uma amiga que pediu informes. Respondi-lhe, mais ou menos:

— Não o li, sei apenas que vem de Gênova, que é o extrato do registro de uma paróquia, mas não sei qual; que o prenome da defunta é Jeanne, e creio também que o nome da família começa por D. É tudo o que sei.

Tive, então, a ideia de entregar o ato genovês a um dos meus amigos videntes, a ver se ele me poderia revelar alguns fatos interessantes, verificáveis; para evitar, porém, tanto quanto possível, o elemento transmissão do pensamento, esse grande escolho da vidência, procurei fazer com que nenhuma pessoa, das que me rodeavam, pudesse ler o conteúdo do registro. Conhecendo-o, poder-se-ia, quem sabe, agir telepaticamente sobre o paciente adormecido e falsear, talvez, a natureza do resultado. Tomei, pois, o papel, e sem que eu mesmo lhe lançasse de novo as vistas sobre o conteúdo, meti-o num envelope, que fechei. Só eu o tinha visto, em Paris, e dele sabia apenas as palavras precedentemente lidas. Recebi logo uma de minhas pacientes, a Sra. d'Elphes, adormeci-a e lhe dei o papel, sem lhe dizer a menor palavra relativamente ao que dela desejava.

SESSÃO DE 28 DE MAIO DE 1913 — Instalo-me em minha escrivaninha, tomo a pena, e anoto tudo o que diz a paciente, sem dizer sim ou não, se está certo ou errado. Transcrevo aqui as notas tais como se encontram em meu livro de observações:

— Este papel vem de longe... Espero que me oriente... Vejamos, é dali [indica o Midi]. Sim, mais longe; deixo a França, mas sem atravessar o mar. Ah, aí estou: é a Itália, há o mar perto, um porto: é Gênova. [Desde que faço experiências com pessoas adormecidas, é a segunda vez, apenas, que uma paciente me pode dizer o nome preciso de uma cidade]. [Silêncio] Eis-me em uma grande casa; que bela casa, branca, grande sem ser imensa, mas que estilo é esse? Vejo grandes janelas, e acima outras menores, abobadadas. [Até aqui tudo é rigorosamente igual às declarações da Sra. Raynaud]. À esquerda, olhando para a fachada, vejo uma torre. Sobe-se por muitos degraus a um grande vestíbulo lajeado [inexato]. A casa fica numa inclinação, o jardim alteia-se por trás [tudo muito exato; na fotografia da casa que publiquei não se vê a fachada principal e por consequência os degraus; não pudemos tirar a fotografia por outra forma]. Mas, que devo encontrar nessa casa? — pergunta a Sra. d'Elphes — Noto aí muita gente.

— Procure — disse eu — uma senhora de que trata o papel que tem em mão.

— Uma senhora... ah, sim, eu a vejo, mas a senhora morreu.

— Pode dar-me o seu nome?

— Um nome... é muito difícil [procura e suspira depois]. Não sei se me engano, vejo Jeanne.

— E o nome de família?

— Espere, veem-se muitos; Broglie, acho que esse nome tem relação com o que nos interessa; não o posso ver com os olhos, encontro ainda dois que começam por M. Modena? Médicis? [Tudo isso é equivocado]. Ah, vejo agora um "s"... e o nome tem sete letras, a segunda poderia bem ser um "a", e vejo dois "f" no meio [Muito exato].

A paciente está, fatigada, desperto-a.

SESSÃO DE 4 DE JUNHO DE 1913 – Adormeço a Sra. d'Elphes; quando ela se acha em sonambulismo, dou-lhe o mesmo envelope fechado, que contém o registro e digo-lhe somente:

— Continue a descrição que deixou na sessão precedente. E então, depois de alguns instantes, diz ela:

— Aí estou; vejo Jeanne em uma grande casa de Gênova. Ora, mas como ela sofre! Tosse. E depois, não é doce de gênio... É um caráter altivo, não a vejo viver muito tempo, vejo-a morta... [Um silêncio]. Então, que devo ver? [Tudo aqui é de acordo com o quadro que a Sra. Raynaud tinha pintado de si própria.]

— Continue — disse eu — a ver a Sra. Jeanne.

— Que quer que veja a seu respeito? Ah, espere, parece-me que ela não foi enterrada, como todos, em um cemitério.

— Então, onde poderia ter sido enterrada?

— Doutor, não sei se me engano, mas parece que em uma igreja.

[Creio interessante acentuar que, até então, a minha paciente só tinha dito coisas por mim conhecidas, e aqui começam as verdadeiras revelações.]

— Em uma igreja?

A reencarnação

— Sim, a igreja é retangular, quase quadrada, com colunas à entrada e pilares mais adiante; Jeanne está lá num túmulo; ele é perto do altar e bem modesto; a pedra não é horizontal, mas vertical, e por trás vejo sete esquifes; contém pessoas da família de Jeanne, e o ataúde desta se acha situado junto à parede. É só o que vejo. Estou fatigada. Ah, vem-me uma ideia! Essa Jeanne não tem descendentes na França, no Midi? Vejo muitos.

— Não sei absolutamente nada. [A sessão foi longa; desperto a Sra. d'Elphes.]

A Sra. Raynaud nunca me dissera que, depois de sua curta existência, fora enterrada numa igreja. Procurei, pois, saber se a paciente tinha visto certo. Abri o envelope que continha o registro de óbito e li:— Seu corpo foi transportado e enterrado na igreja de Notre-Dame-du-Mont.

Teria eu lido inconscientemente o registro, antes de o colocar no invólucro, e a revelação fornecida pela paciente não seria mais que um fenômeno de leitura nas profundezas de meu cérebro? Quem sabe? Em todo o caso, no que se refere à descrição da igreja, não foi o informe lido em meu subconsciente, pois que não a podia absolutamente saber. Ignorava, com efeito, como era construída aquela igreja, porque nunca fui a Gênova. Para verificar a justeza da vidência da paciente, escrevi a meu amigo genovês e lhe mandei cópia da narrativa da vidente, pedindo que ele mesmo observasse o que havia de verdade nas revelações. Alguns dias depois, eu recebia uma carta de que extraio as passagens seguintes:

"Meu caro Doutor,

Fui domingo pela manhã à igreja. Não me pude entregar a todas as investigações necessárias, porque a igreja estava ocupada com o serviço da missa. Procurei em vão o túmulo, perto do altar-mor, que se encontra na cripta, então cheia de gente. A igreja é efetivamente retangular, quase quadrada, com colunas à entrada e pilares em seguida. Voltarei na próxima semana."

Alguns dias depois, recebi novos informes de Gênova.

Meu amigo C. voltou à igreja, fora das horas do serviço religioso. Eis um trecho de sua carta:

"Envio-lhe a fotografia da igreja; não a pude tirar de outra forma, em razão da topografia do lugar. Há, com efeito, como disse sua vidente, um túmulo:

é o da família S. Apenas não está situado ao lado do altar, mas embaixo. Sobe-se aí por uma escada."

Essa carta retificava em parte a precedente. Havia um túmulo na igreja. Apenas o local era inexato. Não pude saber nem o número de defuntos sepultados nesse sarcófago, nem o sítio ocupado por Jeanne. Foi lamentável.

Escrevendo a meu amigo, pedi-lhe indagasse se a família S. tinha representantes no sul da França. Depois de muitas semanas, respondeu-me ele:

"Não há membros da família S. no Sul, mas existem no Principado de Mônaco; não é longe do sul da França."

Com efeito.

Sessão de 11 de junho de 1913 — Paciente: Sra. d'Elphes; Experimentador: Dr. Durville; Testemunhas: André Durville, Senhora Raynaud.

Adormeço a Sra. d'Elphes. Como precedentemente, quando ela está sonambulizada, peço que se transporte de novo a Gênova. Diz ela espontaneamente:

Mas Jeanne está agora reencarnada, sinto-me atraída para o norte da França, uma região plana, de campo, pequena aldeia, perto, porém, de uma grande cidade. Por que vejo essa aldeia? Noto como um arco-íris que liga a igreja onde repousa o corpo de Jeanne à aldeia.

— Mas que significa o arco-íris?

— Quer dizer que há uma estreita relação entre os dois países, que ele toca. Sim, é nessa aldeia que Jeanne reencarnou.

— Mas, como quer que conheça uma aldeia no norte da França com os sinais que me dá?

— Espere, na cidade vejo um rio muito importante, e depois uma bela igreja. Ah, mas é muito bela! Há uma grande catedral gótica. [Silêncio.] Mas eu conheço essa catedral, é a de Amiens. Então Jeanne reencarnou numa pequena aldeia, perto de Amiens. É isso.

— Pode descrever-me a casa?

A reencarnação

— Espere; procuro-a. Ah! Ei-la; como é bizarra, não tem nada de bonita; você sabe como é diferente da de Gênova, é uma casa pequenina, simples.

— Entre e diga-me o que vê.

— Entro numa grande sala, depois de ter subido dois ou três degraus, vejo outra sala e em frente uma escada de madeira, que conduz ao celeiro [Há aqui uma inexatidão; vê-la-emos já]. Noto na casa uma jovem; é ela que me interessa, a Jeanne reencarnada; mas por que se reencarnou nessa casa tão modesta? Vejo-lhe os pais, são bons e simples camponeses. Quê? Que percebo? Acabo de ver, de repente, a pequena toda vestida de azul.

E como eu não compreendesse nada de toda essa história:

— De azul, que quer dizer? É seu corpo que é azul?

— Não; quero dizer que ela está vestida de azul; roupas azuis, meias azuis. Mas o que significa, é um símbolo, sem dúvida.

— Não, não creio que seja um símbolo, quer dizer que a criança está vestida de azul.

— Já viu crianças vestidas de azul?

— Certamente, no campo veem-se muitas vezes as crianças de azul, e vestem-nas de azul até os 9 anos.

[Surpreendido pelo que acabo de ouvir, lanço um olhar à senhora Raynaud, que está assentada atrás de mim, numa poltrona; ela faz-me um sinal, sem dizer palavra, de que é exato o que declara à vidente, e que é preciso deixá-la continuar.]

— Então me explique por que esta criança está de azul.

— Vejo-a agora maior. Está vestida como toda gente. Deixa cedo a sua terra natal. Vai à cidade vizinha, sem dúvida, mas não fica aí; vejo-a, senhora. Ah! [a vidente espanta-se e continua] oh, quem entra aqui?

[Ninguém entra na sala, foi meu irmão André quem fez ruído, mexendo-se.]

— Não, alguém entrou com o senhor, é a senhora.

— A senhora? Que senhora? Jeanne reencarnada?

— Sim, é ela mesmo... ela está lá, vejo-a, ah, mas [e dirige-se à Sra. Raynaud]; mas é possível, confunde-se com ela.

— Que quer dizer? Você se ilude.

— Não; asseguro-o: fazem-me compreender que Jeanne e a Sra. Raynaud são a mesma pessoa.

— Como, a mesma pessoa?

— Perfeitamente. Não o sabe? Eu o compreendo agora. Diga-me, a Sra. Raynaud não nasceu perto de Amiens? Então, é isto. É bem dela que se trata. A senhora não se vestia de azul quando era pequena?

— Sim, sim — responde a Sra. Raynaud.

Estando a paciente fatigada, suspendo a sessão.

10.2.7 Curiosas declarações

As sessões de 28 de maio e de 4 de junho foram muito curiosas: A Sra. d'Elphes, sem nada conhecer da história da Sra. Raynaud, fizera interessante descrição dos lugares que ela teria habitado. Em seguida, indicou a existência, nesses lugares, duma Jeanne, que correspondia aos sinais dados pela Sra. Raynaud. Revelava-nos, em seguida, que Jeanne fora enterrada numa igreja.

A 11 de junho, a Sra. d'Elphes nos diz que Jeanne reencarnara em uma aldeia, perto de Amiens, fez descrição da casa natal, afirmou que Jeanne, criança, vestia-se de azul e acabou por declarar: Jeanne reencarnada é a Sra. Raynaud.

Comentemos, agora, esta última sessão. A vidente assegura-nos que Jeanne reencarnou perto de Amiens, em uma aldeiazinha. Ora, a Sra. Raynaud nasceu em Aumont, a 25 km de Amiens; ela não podia conhecer esse pormenor. Quanto à descrição da casa natal, a paciente disse coisas que correspondem à casa em que nasceu a Sra. Raynaud, do que me assegurei, indo a Aumont. A casa, com efeito, tem modesto aspecto. Entra-se, desde logo, na sala principal, e percebe-se outra à direita, mas a escada assinalada pela vidente não existe; só há um degrau na porta, em lugar de dois ou três.

Consultando a mãe da Sra. Raynaud, soube o doutor que Laure fora consagrada ao azul, em seguida a uma novena que coincidira com seu restabelecimento.

A crítica do Dr. Gaston Durville, após a narrativa do caso de Laure Raynaud, não me parece suficiente para suprimir por completo

A reencarnação

a hipótese de uma vida anterior dela. Com efeito, não é possível recusar o testemunho da mãe de Laure, quando ela afirma que sua filha falava ao cura de uma existência passada.

Verificamos já que certas crianças têm a intuição de haver vivido anteriormente, e veremos que há outras que conservam indiscutíveis lembranças de suas vidas anteriores. A objeção de que uma criança ignorante poderia formular tão complicado pensamento não é muito válida.

É possível que, ouvindo dizer que ela tinha um tipo meridional, Laure se imaginasse nascida outrora em uma região do Midi, sob o belo céu azul da Itália. Poderia ser, ainda, e é a objeção mais séria, que, durante o sono, tivesse, por clarividência, visitado o país dos seus sonhos, e que, acidentalmente, parasse nos arredores de Gênova, diante da casa de que deu, antes de tê-la visto, tão exata descrição.

Isto seria já um curioso caso de lucidez, mas esta hipótese está longe de explicar todas as circunstâncias. Não explica, com efeito, o conhecimento de que uma senhora, do começo do século XIX, tivesse morrido de doença do peito, nessa casa, nem que fosse inumada em uma igreja, nem a certeza que tinha Laure, em sua infância, de haver vivido anteriormente.

Parece, pois, ressaltar, do exame dos fatos, que a hipótese mais provável, porque é a que melhor explica todos os incidentes desse caso notável, é a preexistência de Laure Raynaud.

O Dr. Gaston Durville não lhe é sistematicamente hostil, pois que declara, ao terminar seu estudo:

> Agora, trata-se de um caso de reencarnação? Confesso que nada sei, mas acho que a hipótese reencarnacionista não é, neste caso, mais absurda que qualquer outra.
> A ilusão, a autossugestão, a lucidez e a vidência não justificam tudo. Podem, talvez, explicar muitas coisas. Há lugar para outras hipóteses; a da reencarnação é uma delas.

Sim, meu caro doutor; esta é, indiscutivelmente, a melhor de todas.

CAPÍTULO 11

Outros fatos que implicam a lembrança de vidas anteriores

GRANDES HOMENS QUE SE LEMBRAM DE TEREM VIVIDO ANTERIORMENTE. — JULIANO, O APÓSTATA. — EMPÉDOCLES. — LAMARTINE. — PONSON DU TERRAIL. — O PADRE GRATY. — MÉRY. — PROFESSOR DAMIANI. — O CASO DE NELLIE FOSTER. — CONHECIMENTOS INATOS DE UM PAÍS ESTRANGEIRO. — O CASO DE RANGOON DE MAUNG KAN. — CASOS EXTRAÍDOS DO INQUÉRITO DO DR. CALDERONE, RELATIVOS A REENCARNAÇÕES NA ÍNDIA. — INQUÉRITO CONFIRMATIVO DO DR. MOUTIN. — O PROFESSOR VINCENZO TUMMOLO. — O CASO TUCKER. — DO MESSAGER DE LIÈGE. — BLANCHE COURTAIN. — O CASO DE HAVANA. — ESPLUGAS CABRERA. — RESUMO.

Vou reproduzir os fatos que reuni em meu relatório sobre as vidas sucessivas, apresentadas ao Congresso Espiritualista de Londres, em 1898. Fá-los-ei seguir das reflexões que aduzi depois.

Juliano, o Apóstata, lembrava-se de ter sido Alexandre, o Grande. Contava Empédocles que ele se lembrava de ter sido rapaz e moça. Como nada sabemos das circunstâncias que poderiam determinar essas afirmativas, passaremos aos escritores de nossos dias que relatam fatos da mesma ordem.

Entre os modernos, o grande poeta Alphonse de Lamartine declara, em sua *Viagem ao oriente* (1835), ter tido reminiscências muito claras. Eis o seu testemunho:

> Não tinha na Judeia nem Bíblia, nem livro de viagens, nem ninguém que me pudesse dar o nome dos lugares, a denominação antiga dos vales e das montanhas; reconheci, entretanto, desde logo, o vale de Terebinto e o campo de batalha de Saul. Quando fomos ao convento, os padres confirmaram a exatidão de minhas previsões; meus companheiros não podiam acreditar. Em Séfora, designei com o dedo e dei o nome de uma colina, no alto da qual havia um castelo arruinado, como o lugar provável do nascimento da Virgem.
>
> No dia seguinte, ao pé de árida montanha, reconheci o túmulo dos macabeus, e dizia a verdade sem o saber. Exceto o vale do Líbano, nunca encontrei na Judeia um lugar ou qualquer coisa que não fosse para mim como uma recordação. Já vivemos, pois, duas vezes, mil vezes? Não será nossa memória uma imagem desbotada, que o sopro de Deus reaviva?

Estas reminiscências não podem ser devidas a lembranças provenientes de leituras, porque a Bíblia não dá a descrição exata das paisagens onde se passaram as cenas históricas; relata, simplesmente, os acontecimentos.

Podem-se atribuir essas intuições, claras e precisas, a uma clarividência durante o sono? Não está de forma alguma demonstrado que Lamartine fosse sonâmbulo, mas, admitida essa hipótese, como poderia ele conhecer os nomes exatos de cada um daqueles lugares? Se são Espíritos que os indicam, por que só se lembra o sensitivo das paisagens e nunca dos seus instrutores invisíveis? Não é preciso fazer intervirem os Espíritos quando sua presença não for demonstrada, e parece-me que este é o caso.

No jornal *La Presse*, de 20 de setembro de 1868, um romancista popular, Ponson du Terrail, aliás inimigo do Espiritismo, escrevia que se

A reencarnação

lembrava de ter vivido ao tempo de Henrique III e Henrique IV, e, nessa revivescência, o rei em nada parecia com o que dele diziam seus pais.

Poderia lembrar, também, que Théophile Gauthier e Alexandre Dumas afirmaram, por diferentes vezes, sua crença nas vidas sucessivas, baseada em lembranças íntimas.[173] Prefiro, porém, as narrativas que trazem consigo as provas de autenticidade.

Devo à gentileza de Edmond Bernus o informe seguinte relativo ao Padre Graty. Assim, escreve ele em *Souvenirs de ma jeunesse*:

> Eu acabava de começar os estudos de latim. Não esquecerei nunca que, em uma noite, num instante, o senso do gênio latino me foi dado. Refletindo em uma frase latina, compreendi, repentinamente, o espírito dessa língua. E, de fato, meus progressos foram singulares. Aprendi o latim de dentro para fora; parece-me que o tirava do fundo do meu espírito, onde ele estava inoculado. Durante muitos anos, pensei em latim. Cheguei a sonhar em latim, a fazer em sonhos discursos em versos latinos, de que me lembrava ao acordar, e que eram corretos.
>
> Exprimia nessa língua, mais facilmente e mais claramente do que em francês, meus menores pensamentos.[174]

Nota Bernus que Graty não conhecia as ideias reencarnacionistas, o que dá muito valor a esse trabalho de suas memórias. Eis outro caso em que a reminiscência se produz pelo uso da língua latina: em um artigo biográfico sobre Joseph Méry,[175] editado quando ele ainda estava vivo, no *Journal Littéraire* de 25 de setembro de 1864, o autor afirma que aquele escritor acreditava firmemente ter já vivido muitas vezes; que se lembrava das menores circunstâncias de suas existências precedentes e as pormenorizava com uma certeza, que impunha a convicção.

---

[173] Nota do autor: Veja-se Le Spiritisme à Lyon, nº 40: *Les Pionners de la Lumière*. O mesmo jornal no nº 72 cita um artigo da *Gazette de Pasts* de 19-4-1872, que contém uma palestra entre Alexandre Dumas e Méry, em que ambos afirmam terem vivido muitas vezes.

[174] TRÉGUIER, Pierre. *Grande Edition*, 1917, p. 13-14.

[175] N.E.: Poeta e jornalista francês (1797–1866).

Assim, diz o biógrafo, ele afirma ter participado das Guerras da Gália[176] e haver combatido na Germânia com Germanicus. Reconheceu, muitas vezes, sítios onde acampou, e certos vales dos campos de batalha em que outrora pelejara. Chamava-se, então, Minius. Há um episódio que parece estabelecer não serem estas lembranças simples miragens de sua imaginação. Cito textualmente:

> Um dia, em sua vida presente, estava em Roma, e visitava a biblioteca do Vaticano. Foi recebido por dois jovens, noviços de longas vestes escuras, que se puseram a falar-lhe no mais puro latim. Méry era bom latinista, no que se refere à teoria e às coisas escritas, mas não experimentara, ainda, conversar familiarmente na língua de Juvenal. Ouvindo esses romanos de hoje, admirando o magnífico idioma tão bem harmonizado com os monumentos, com os costumes da época em que estivera em uso, dir-se-ia que um véu lhe caía dos olhos; que ele mesmo havia conversado, em outros tempos, com amigos que se serviam dessa linguagem divina. Frases inteiramente feitas e irreprocháveis caíam-lhe dos lábios; achou, desde logo, a elegância e a correção; enfim, falou o latim, como fala o francês. Tudo isso não se podia fazer sem uma aprendizagem, e se ele não tivesse sido um súdito de Augusto, se não houvesse atravessado esse século de esplendor, não improvisaria uma ciência impossível de adquirir em algumas horas.

O autor tem razão. É preciso distinguir com cuidado o fato das hiperestesias da memória, muitas vezes observado no sonambulismo, e na doença. Naqueles estados especiais, o paciente repete, por vezes, tiradas inteiras, ouvidas outrora no teatro ou lidas antigamente e profundamente esquecidas em estado normal. Mas, uma palestra sustentada em língua desusada, sem hesitações, sem pesquisas, gozando o indivíduo de todas as suas faculdades, supõe, evidentemente, para a pronúncia e para a tradução, o funcionamento de um mecanismo, muito tempo inativo, mas que se revela no momento propício.

---

[176] N.E.: Campanhas militares empreendidas pelo cônsul Júlio César (100–44 a.C.) entre 58 e 52 a.C.

A reencarnação

Não se improvisa uma linguagem, ainda mesmo que dela se conheçam as palavras e as regras gramaticais. Fica a parte mais difícil: a do enunciado das ideias, que depende dos músculos da laringe e das localizações cerebrais e que não pode adquirir-se senão pelo hábito. Se a esta ressurreição mnemônica se juntam as lembranças precisas de lugares, outrora habitados, há fortes presunções para se admitirem as vidas múltiplas como a mais lógica explicação desses fenômenos. Eles são, aliás, menos raros do que se tem querido pretender. Vou ainda citar alguns exemplos tomados à coleção da *Revue Spirite*.

Um espiritista da primeira hora, o professor Damiani, dirigiu, a 1º de novembro de 1878, ao editor de *Banner of Light* de Boston, uma carta em resposta a certas polêmicas sobre a reencarnação. Extraio a passagem seguinte:

> Que me seja permitido dizer o porquê penso não ter sido enganado em minhas visões espirituais. Antes de ser reencarnacionista, e quando era oposto a essas teorias, diferentes médiuns, que não se conhecem, falaram de minhas reencarnações.
>
> Ri muito e qualificava como histórias essas revelações. Mas, escoados muitos anos, quando já as havia esquecido, adquiri o dom da visão espiritual e me vi a mim no meio das famílias de minhas existências passadas, vestido com as roupas do tempo e dos povos que os videntes me haviam descrito. Oh! para mim, ver devia ser acreditar.

Esta declaração me pareceu probante, pois que emana de observador incrédulo, que só se convenceu depois de observação pessoal. Que causas poderiam produzir as afirmações concordantes de médiuns que se não conheciam?

Se as vidas anteriores deixam traços em nós, se é possível a certas pessoas lerem essas inscrições hieroglíficas, essas ruínas veneráveis, escritas em uma língua, que só a faculdade psicométrica permite decifrar, as descrições dos videntes devem ser semelhantes, pois se apoiam em documentos positivos. Daí, provavelmente, essa unanimidade que o professor Damiani verificou, quando os dons se desenvolveram nele.

A *Revue Spirite* de 1860, p. 206, transcreveu a carta de um oficial da Marinha que se lembra de ter vivido e ter sido assassinado na época da Noite de São Bartolomeu.[177] As circunstâncias dessas existências ficaram gravadas profundamente em seu ser, e ele narra fatos que mostram não serem essas reminiscências devidas a um capricho do seu espírito. Escreve ele:

> Dizia-vos que tinha 7 anos quando sonhei que, fugindo, fui atingido em plenas costas por três punhaladas! Se vos dissesse que a saudação que se faz, em armas, antes de nos batermos, eu a fiz pela primeira vez, quando tive um florete na mão! Se vos dissesse que os [conhecimentos] preliminares, mais ou menos graciosos que a civilização pôs na arte de matar, me eram conhecidos, antes de qualquer educação nas armas!... Essa ciência instintiva, anterior a qualquer preparo, deve ser adquirida em alguma parte. Onde, se só se vive uma vez?

Refere o Sr. Lagrange, em carta dirigida à *Revue Spirite* (ano 1880, p. 361), que conhece, em Vera Cruz, uma criança de 7 anos, chamada Jules-Alphonse, que cura com a imposição de suas mãozinhas, ou com o auxílio de remédios vegetais, de que dá, as receitas. Quando se lhe pergunta onde as teve, responde que ao tempo em que era médico. Essa faculdade extraordinária revelou-se aos 4 anos, e muitas pessoas céticas declararam-se, em seguida, convencidas.

Pode-se pretender que a criança é simplesmente médium; com efeito, ela ouve os Espíritos, mas sabe perfeitamente distinguir o que se lhe revela do que tira do seu íntimo — essa convicção de que era médico. Tal ideia não lhe foi inculcada pelos guias, é inata.

Bouveri cita em *Lotus Bleu* o caso de Isaac G. Foster, cuja filha Maria morreu em Ill, no Condado de Effigam.

---

[177] N.E.: Massacre de religiosos protestantes ocorrida em Paris no dia 24 de agosto de 1572 (*Enciclopédia Século XX*).

A reencarnação

Ele teve, alguns anos mais tarde, uma segunda filha, que nasceu em Dakota, cidade em que veio habitar depois da morte de Maria. A nova filha chamou-se Nellie, mas persistia, obstinadamente, em dizer-se Maria, declarando que esse era o verdadeiro nome pelo qual lhe chamavam outrora.

Em uma viagem, em companhia do pai, ela reconheceu a antiga morada e muitas pessoas que nunca vira, mas que a primeira filha Maria conhecera bem. Diz Foster:

> A uma milha de nossa antiga habitação, encontra-se a escola que Maria frequentava. Nellie, que nunca a vira, dela fez exata descrição e mostrou-me o desejo de revê-la. Levei-a, e, uma vez lá, ela dirigiu-se diretamente à carteira que sua irmã ocupava, dizendo-me:
> — Eis a minha.
> — Dir-se-ia um morto revindo do túmulo — acrescenta o pai.
> É esta a expressão exata, porque, se é possível imaginar que a criança fosse a essa região em estado sonambúlico, ninguém, entretanto, lhe teria podido indicar as pessoas que Maria conheceu, e Nellie não se enganou, apontando-as com segurança.

Se a reencarnação é uma verdade, bastante lógico é que as lembranças referentes a uma vida anterior se revelem, como já o disse muitas vezes, mais frequentemente entre as crianças, visto que o perispírito, antes da puberdade, possui ainda um movimento vibratório que, em certas circunstâncias especiais, pode adquirir bastante intensidade, para fazer renascer recordações da existência anterior.

Vamos ver, ainda, muitos exemplos. Devo o primeiro à gentileza do meu excelente amigo, o Comandante Mantin. Diz ele:

> Minha mãe mantivera, com uma amiga de convento, uma correspondência seguida, da qual extraio o que você vai ler. Esta senhora tinha consigo, em Bordéus, uma sobrinha, filha de uma irmã casada em Valladolid, na

Espanha. Depois de reiterados pedidos para que lhe levasse ou enviasse a filha, a amiga de minha mãe nos escreve que se decidira a confiar a menina — que ela estava levando para Fuenterrabía —, a honestos viajantes espanhóis, que se dirigiam a Segóvia, passando por Valladolid.

Por esse tempo, principiavam a construir-se as estradas de ferro na Espanha; de Fuenterrabía a Irun, San Sebastián e Valladolid, o trajeto fazia-se em diligência e durava muitos dias.

Depois de haver abraçado a sobrinha e tê-la recomendado aos seus companheiros de viagem, a amável tia viu partir o veículo, que acompanhou com os olhos, até que desapareceu numa dobra da estrada.

A menina instalou-se numa banqueta, diante de uma vidraça, a fim de contemplar a paisagem.

Parecia maravilhada, ria, tagarelava sozinha. Depois, como se atravessasse uma região conhecida e já vista, pôs-se a dizer o nome das aldeias por onde o carro ia passando.

A atenção dos viajantes foi despertada pelas citações exatas da criança. Eles a interrogavam, admirados com a memória de tão pequena menina, e lhe perguntaram se ela fizera aquela viagem havia muito tempo.

Atenta ao que lhe parecia conhecer e rever, respondia rindo: "Mas eu nunca vim...". E os espanhóis, entusiasmados, deixavam-na tagarelar, cada vez mais surpreendidos com a memória dela.

A pequena viajante anunciava, de antemão, por toda parte, o que devia desfilar de belo e interessante, sob os olhos de seus companheiros de viagem. Demonstrou que, evidentemente, viera já a San Sebastián. Antes de chegar a Burgos, onde se passou a noite, a criança anunciou que se ia ver a mais bela igreja da Espanha.

E foi assim até Valladolid, onde a diligência chegou no quarto dia; a mãe esperava, impacientemente, a cara filhinha.

Depois de havê-la acariciado com ternura, agradeceu aos viajantes, com sinais do mais vivo reconhecimento, os cuidados que tiveram para com a pequena.

Foi, então, que eles lhe gabaram a memória, que tanto admiraram numa criança, e lhe contaram como a pequena se lembrara maravilhosamente de tudo o que vira na sua precedente viagem. Mas não ocultaram o quanto estavam surpresos com o motivo que levava a menina a desnaturar a verdade, sustentando que vinha à Espanha pela primeira vez.

A reencarnação

A mãe, muito admirada, afirmou que a pequena não tinha mentido, porque era, efetivamente, a primeira vez que saía da França, onde fora confiada à irmã, até que ela e seu marido se instalassem em Valladolid.

A criança, compreendendo que os espanhóis duvidavam das asserções até de sua genitora, pôs-se a chorar, dizendo: "Eu não menti, não me lembro de ter feito uma primeira viagem; o que eu sei é que já vi tudo isso".

Alguns dias depois, um dos companheiros da menina veio entregar à sua mãe a curiosa narrativa desses fatos, que julgou deveria redigir, e intitulou *Sonhos verídicos de uma criança acordada*.

Essa narrativa, recopiada e enviada à minha mãe, permite-me garantir-lhe a autenticidade, e acrescentarei que a história data de 1848.

COMANDANTE MANTIN

Ainda aqui, qualquer interpretação, que não a das lembranças de uma vida anterior, não explicaria o conhecimento, dessa menina, tão numeroso e preciso.

O fenômeno, nas crianças, das lembranças de uma vida passada não é particular a uma época ou a uma nação. Vejamos dois relatos que provam que tanto na Ásia como na América ou na Europa a revivescência da memória se encontra em todas as classes da sociedade:

A POPULAÇÃO INGLESA DE RANGOON ESTÁ EMOCIONADA POR CAUSA DAS REVELAÇÕES DE UMA CRIANÇA. *Londres, 17 de setembro* — A imprensa de além-mar relata um fato que se diz de reencarnação, e que se teria produzido em Rangoon. Perto dessa cidade, morreu em 1903 o Major Welsh. Nesses últimos tempos, uma criança de 3 anos espantava os pais, anunciando-lhes, gravemente, que ela era o referido major, voltado à vida, e o garoto lhes descrevia os pormenores da habitação do oficial defunto; chegou, mesmo, a fazer uma resenha de suas ocupações e a dar o número de seus pôneis. Mais ainda: relata como Welsh pereceu durante uma excursão no lago Mektelea, com duas outras pessoas. Os pais ficaram inteiramente perturbados, visto que o filho nunca soubera nada do major, nem de sua família. Esses casos bizarros, repetidos com grande arruído, preocupam os meios científicos ingleses e os comentários seguem no mesmo passo.[178]

Extrato da descrição do Dr. Henrich Hendsold sobre a visita que fez ao Grande Lama em Lassa:[179].

Há cinquenta anos, duas crianças — um menino e uma menina — nasceram em uma aldeia chamada Okshitgon. Vieram ao mundo no mesmo dia, em casas vizinhas, cresceram juntos, brincaram juntos, amaram-se.

Casaram-se e fizeram uma família, que, para viver, cultivava os campos áridos que circundam Okshitgon. Eram conhecidos pela profunda ligação que um tinha pelo outro, e morreram como haviam vivido, juntos.

A morte os levou no mesmo dia; enterraram-nos fora da aldeia, depois os esqueceram, porque os tempos eram duros.

Nesse ano, após a tomada de Mandalay, a Birmânia inteira sublevou-se; o país estava cheio de homens armados, as estradas eram perigosas, e as noites ficavam iluminadas com as chamas que devoravam os lugarejos. Tristes tempos para os homens pacíficos, e muitos, fugindo de suas habitações, refugiavam-se nos lugares mais habitados e próximos dos centros da administração. Okshitgon estava no centro de um dos distritos mais castigados; grande número de seus habitantes fugiu, entre eles um homem chamado Maung Kan e sua jovem mulher. Eles se estabeleceram em Kabyn. Tiveram dois filhos gêmeos, nascidos em Okshitgon, pouco antes de abandonarem o lar. O mais velho chamava-se Maung-Gyi, isto é, "rapaz grande". As crianças cresceram em Kabu e começaram logo a falar. Seus pais notaram com espanto que, durante as brincadeiras, chamavam-se não Maung-Gyi e Maung-Ngé, mas Maung-San Nyein e Ma-Gyroin; este último é nome de mulher;[180] Maung Kan e a esposa lembraram que

---

[178] *Le Journal,* 18 set. 1907.
[179] N.E.: Capital do Tibete.
[180] N.E.: Nomes birmaneses e títulos prefixados a esses nomes confundem nativos de outras línguas. Um menino será chamado de *Maung* ("irmão mais novo") até que ele tenha cerca de 20 anos; uma menina será denominada *Ma*. Mas *Maung* e *Ma* também podem ser nomes comuns de pessoas. Além disso, um homem mais velho pode abordar outro muito mais jovem como *Maung*, assim como um empresário ou um proprietário de terras pode abordar um empregado ou um lavrador como *Maung* (KHAING, Daw Mi Mi. *The Atlantic*, v. 201, fev. 1958, p. 108).

A reencarnação

assim se chamavam os cônjuges falecidos em Okshitgon, na época em que as crianças nasceram.

Eles pensavam, pois, que as almas daquele homem e daquela mulher haviam entrado no corpo dos filhos, e os levaram a Okshitgon, para os experimentar. As crianças conheceram toda Okshitgon, estradas, casas e pessoas; chegaram a reconhecer as roupas que vestiam na vida anterior.

Não havia dúvida. Um deles, o mais moço, lembrou-se de ter pedido emprestado — quando era Ma-Gyroin, sem que seu marido soubesse — duas rúpias[181] a uma certa Ma-Thet, e essa dívida não fora saldada. Ma-Thet vivia ainda. Interrogaram-na e ela se lembrava, com efeito, de haver emprestado esse dinheiro.

O que não consta é que os pais das crianças tivessem restituído as duas rúpias.

Eu vi as crianças, pouco depois dessa ocorrência. Têm agora 6 anos completos. O menino mais velho, em cujo corpo entrou a alma do homem, é um bom burguês, gordo, rechonchudo, mas o gêmeo cadete é menos forte e tem uma curiosa expressão sonhadora. Contaram-me muitas coisas da vida passada. Disseram que, depois da morte, viveram, algum tempo, sem corpo nenhum, errando no espaço, ocultando-se nas árvores, e isso por causa dos pecados; e, alguns meses depois, nasceram como gêmeos.

"Era tudo tão claro antigamente", diz-me o mais velho, "que eu podia me lembrar de tudo; mas, agora, as ideias se tornam cada vez mais apagadas".[182]

O primeiro dos dois casos precedentes tem um caráter anedótico, que se pode prestar à crítica. "Pode mentir quem vem de longe", diz um provérbio.

Entretanto, se transcrevo a narrativa é porque, quando se fez uma verificação em circunstâncias idênticas, reconheceu-se a veracidade das testemunhas.

Vejamos dois casos publicados pelo Dr. Moutin, em *Inquérito sobre a reencarnação*, do Dr. Calderone.

---

[181] N.E.: *Rúpia* é o nome dado à moeda oficial de diversos países da Ásia Meridional.
[182] DE ROCHAS, *Les Vies Successives*, p. 311.

11.1 Extrato do inquérito do Dr. Calderone

RELATÓRIO DO DR. MOUTIN

Em 1906, o jornal *Paisa Akhabar*, de Lahore, narrou que uma menina de cerca de 7 anos, nascida de uma família muçulmana, na aldeia de Pendjab, tornou-se grave e séria, repentinamente, e falou como uma senhora. Declarou que vivera uma existência anterior e se lembrava agora de todos os seus pormenores. Fora mulher de um hindu; empregava linguagem violenta e insistia para que a levassem junto a seu antigo marido, com quem tinha que liquidar importante negócio. A princípio, não lhe prestaram atenção, mas, como se mostrasse muito obstinada, os pais conduziram-na ao lugar indicado, cedendo em parte às importunações da criança, em parte à própria curiosidade.

Logo que chegou ao lugar, foi diretamente à casa de que havia falado, comportando-se como se a conhecesse bem. Quando se encontrou diante do pretendido marido, disse-lhe muitas coisas que o surpreenderam e lhe pediu que a desposasse.

Para provar que tinha sido sua antiga mulher, fez que trouxessem uma velha mala que lhe pertencera, e que ficara fechada desde seu falecimento. Indicou-lhe exatamente o conteúdo. O antigo esposo e os pais da menina não estavam dispostos ao novo casamento, porque ela era muçulmana e o suposto marido um hindu brâmane; pelo que, foi a criança trazida à força para a casa paterna.

Para assegurar-me da veracidade da descrição, prossegue o Dr. Moutin, escrevi ao diretor do jornal de Lahore pedindo-lhe que me informasse se essa história lhe tinha vindo de fonte digna de fé, e pedi-lhe, ao mesmo tempo, novos detalhes.

O diretor respondeu-me, com amabilidade; declarou que estava absolutamente certo dos acontecimentos publicados por seu jornal, e que não deixaria de transmitir-me novos pormenores, logo que lhe fosse possível.

Escrevi-lhe de novo. Respondeu-me que tinha feito reiteradas tentativas para esclarecer o caso, mas que pessoas implicadas nele se haviam fechado em um mutismo absoluto, declarando que a publicação da história lhes causara muitos aborrecimentos, escandalizando os amigos, que estavam certos

A reencarnação

de que, se continuasse a publicidade, seria difícil encontrar-se esposo para a menina, quando ela atingisse a idade de casar-se.

Outro fato do mesmo gênero, que conheci desde 1906, diz o Dr. Moutin, é uma história publicada nos principais jornais de Bengala, há cerca de dois anos. Dou-lhe a tradução literal:

Ramshadon Guin, de 45 anos, da casta Bratyks Hatéria, é um habitante de Krolberia, na jurisdição de Thanah Bhangore, distrito 24, Parganas. Sua mulher, Manmohini Dassi, morreu de cólera, há doze anos. Seu pai era um Depchand Mandal, da aldeia de Baota. Depois da morte de Manmohini, sua tia materna, que mora em Balgorh, teve uma filha. No mês de agosto último, quando essa filha foi visitar Bamoumuller com sua mãe, passou, por acaso, em Krolberia, e, mostrando a casa de Ramshadon, declarou que esse edifício, com o jardim e o tanque que aí se acham, pertenciam a seu marido, no curso de sua vida anterior. A mãe e a filha penetraram nessa casa. A criança, depois de haver cumprimentado uma velha que lá estava, disse:

— Eis a que foi minha sogra, na precedente existência. Este quarto era o meu; estes jovens eram meus filhos.

Em seguida, declarou a Ramshadon que ele fora seu e insistiu para que a desposasse, sem o que se suicidaria.

Ramshadon pediu-lhe, então, que lhe fornecesse algumas provas. Disse ela:

— No momento de minha morte, costuraram seis rúpias em minha roupa. Retiraste essa importância, e podes lembrar-te de que, em meu leito de morte, pedi algum dinheiro e ornamentos para meu filho mais velho. Deixei um vaso vermelho e algumas fitas para cabelo, na parede, e dois grampos em uma mala. Procura-os e os encontrarás.

Ramshadon descobriu, com efeito, dois grampos cobertos de pó. A menina pediu-lhe, ainda, que visse na mala se sua roupa de seda estava em bom estado; ele a encontrou, realmente, mas rasgada em dois pontos. Quis a menina explicações, visto que a roupa só tinha um rasgão quando ela a usava. Indagou-se e soube-se que a nora de Ramshadon a vestira e a tinha rasgado em outro lugar. Ela reconheceu, em seguida, os filhos e demais parentes, dos quais disse os nomes. Uma mulher presente perguntou-lhe quem ela era. A jovem respondeu:

— Um dia, prestes a morrer de fome, você veio me pedir um pouco de comida; dei-te uma tigela de arroz; chamaste-me, então, de *tua mãezinha*; podes me reconhecer agora.

Gabriel Delanne

Ramshadon Guin declarou que não lhe convinha esposá-la de novo, pois que ele tinha agora 45 anos, quando ela estava, apenas, nos 11. Mas a menina insistiu; não queria voltar para a casa dos pais, a quem chamava tios. Estes a levaram à força, mas, algum tempo depois, Ramshadon consentiu em desposá-la.

Krolberia encontra-se a uma distância de apenas 10 milhas de Calcutá, sob a jurisdição de Sealdah, em tudo que se relaciona com o governo civil. Babu Taraknath Riswas, que dirige o *bureau*[183] de Sealdah, e é muito conhecido no lugar, foi encarregado de verificar a autenticidade desta história. A 17 do mês de Baisakh último, Ramshadon, com outros habitantes de Krolberia, foi a Sealdah para registrar alguns documentos. Ramshadon declarou que tudo o que os jornais haviam publicado era absolutamente verdadeiro e que outros habitantes da cidade poderiam atestar como ele. Confirmou que a mocinha reconhecera todos os habitantes da aldeia, com os quais tinha tido relações, no curso da vida precedente.

Depois que Ramshadon declarou que não podia esposá-la, chorara copiosamente. Ramshadon e os notáveis da aldeia recebiam diariamente cartas de diferentes lugares, que lhes pediam esclarecimentos sobre esse caso. Como não podiam responder individualmente a todos, pediram a Babu Taraknath que achasse um meio de satisfazer os missivistas. O hindu encarregou-se, pois, de informar o público da autenticidade do fato, que poderá servir de estudo aos sábios ocidentais. O atestado público está assinado por

Amabika Charon Gupta

No mesmo inquérito, escreve o professor Vincenzo Tummolo:

Romolo Panzoni, de Roma, é um amigo meu, também conhecido por outros ocultistas, como pessoa absolutamente digna de fé. É um espírito inteligente, embora nada tenha escrito sobre esse assunto. Panzoni e sua mulher, falecida depois, contavam-me, muitas vezes, que adotaram uma pequena, e esta, de quando em quando, referia-se repentinamente a uma vida que passara entre selvagens. Descrevia-lhes maravilhosamente os costumes, dando a mais perfeita ilusão de também haver vivido em estado selvagem.

---

[183] N.E.: Palavra francesa que significa "repartição pública", "agência", "departamento" (*Houaiss*).

A reencarnação

Ainda na Itália, a revista *Ultra*, 1908, menciona este caso de reencarnação. A respeito, reproduz a *Revue Théosophique*, de Roma:

Um inspetor de polícia de Pegu, chamado Tucker, quando perseguia uns bandidos, foi morto por um tiro à queima-roupa. Na mesma época, em outra parte do distrito, uma mulher de humilde condição dava à luz um filho. Até aqui, nada de extraordinário. O maravilhoso começa no dia em que o menino, com a idade de 4 anos, entrou a dizer que era a nova encarnação do inspetor Tucker, de quem nunca se falara diante dele. Contou mais certo número de episódios da vida daquele inspetor, com tal precisão, que os parentes do morto ficaram estupefatos e afirmaram a perfeita realidade dos mesmos episódios. Esses fatos atraíram uma multidão de curiosos, que vêm ouvir os discursos extraordinários do garoto.

O *Messager de Liège* publicou, em seu número de 1910, o interessante artigo em que Henrion consigna os curiosos informes que se vão ler sobre a revivescência da memória de uma menina de 7 anos.

O fato que vamos relatar veio ao nosso conhecimento a 16 de janeiro último. Foi-nos contado pelo Sr. Courtain, maquinista aposentado da Estrada de Ferro do Estado.

A família Courtain não conhecia o Espiritismo na época em que se passaram os fatos, e só em consequência deles se converteu àquela crença.

Essa família, das mais estimáveis, morava em Pont-à-Celles e tinha entre seus filhos uma filha de 7 anos e outra de 5, chamada Blanche. Esta última, muito delicada, dizia aos pais que via Espíritos; fez, entre outras, a descrição dos avós, mortos havia mais de 15 anos antes do nascimento da neta.

Os pais, que atribuíam tais visões a um estado doentio, levaram-na ao Dr. Rœls, em Gouy-lez-Piéton, e este, depois do interrogatório e do exame, receitou uma poção qualquer. A visita e a poção custaram 7 francos e 50 centavos. No dia seguinte, tendo necessidade de forragem para os animais, foram ao prado; a pequena Blanche, com o carrinho, ia na frente dos pais. Chegada a uma grande distância destes, parou para os esperar. Quando eles se aproximaram, disse-lhes ela, em tom resoluto:

— Não tomo o remédio que o doutor receitou.

— E por quê? — pergunta o pai — não hás de querer que botemos fora 7 francos e 50 centavos; é preciso tomar o remédio.

— Não tomo — respondeu Blanche —; há um homem perto de mim que diz que ele me curará sem isso. Aliás, eu sei bem o que devo fazer. Também fui farmacêutico.

— Foste farmacêutico?

E os pais se entreolharam, assombrados, pensando que Blanche estava louca.

— Sim, fui farmacêutico em Bruxelas, rua... número... Se quiser, vá ver. É ainda um farmacêutico que está lá e a porta da farmácia é pintada de branco.

Os pais não sabiam mais o que dizer nem o que fazer, e durante algum tempo não se falou mais nisso; um dia, porém, a filha mais velha devia ir à capital e propuseram à Blanche acompanhá-la.

— Sim, irei — disse ela — e levarei minha irmã aonde lhes disse.

— Mas não conheces Bruxelas.

— Não quer dizer nada. Quando estiver lá, serei eu quem conduzirá minha irmã.

Fez-se a viagem como estava convencionada, mas, chegada à estação, a mais velha disse à Blanche:

— Agora, conduze-me.

— Vem, é por aqui, e depois de caminharem algum tempo: — É esta a rua, olha.

A mais velha, espantada, verificou que era tudo como Blanche dissera, rua, casa, número, cor da porta; nada havia que não fosse exato.

Desde então os pais estudaram o Espiritismo, e a mediunidade de Blanche se foi desenvolvendo. Ela se tornou médium de efeitos físicos, de incorporação, vidência e audição até a morte, que sobreveio depois de um acidente e de sofrimentos que duraram dois anos e meio. Acrescentemos que ela mesma predissera a duração dos sofrimentos pelos quais sucumbiu.

A reencarnação

11.2 Lembrança de uma vida precedente

Para terminar, apresentemos a narrativa publicada pela maior parte dos jornais da América do Sul:[184]

> Muitos jornais espíritas da América Latina, tais como *Fiat Lux*, de Ponce (Porto Rico), *Constancia*, de Buenos Aires, *Reformador*, do Rio de Janeiro, e outros relatam um fato tão interessante que não há possibilidade de explicá-lo sem se admitir a hipótese da reencarnação. Isto, é claro, se o caso estiver exato e fielmente narrado.[185]
>
> É verdadeiramente lamentável que não se encontre no mundo um instituto qualquer que disponha de meios necessários para fazer estudar um caso como este, por pessoas sérias, competentes, que gozem da autoridade científica necessária, de forma a que se possam aceitar os resultados de suas pesquisas.
>
> Na cidade de Havana, Cuba, viviam os esposos Esplugas Cabrera, que tiveram um filho, o pequeno Eduardo, hoje de 4 anos, muito loquaz, de inteligência viva. A residência da família foi sempre na casa nº 44, da rua San José, em Havana, onde Torquato Esplugas se ocupa com uma empresa tipolitográfica, de que é coproprietário.
>
> Foi aí que nasceu o pequeno Eduardo.
>
> Conversando a criança com sua mãe, Cecília, disse-lhe, há já algum tempo:
>
> — Mamãe, eu antes tinha uma casa diferente desta; morava em uma casa amarela, da rua Campanário, nº 69. Lembro-me perfeitamente.
>
> A Sra. Cabrera, no momento, não deu grande importância ao fato. Como, porém, a criança insistisse, de quando em quando, em suas declarações, os pais acabaram por lhe dar atenção, e, depois de havê-la submetido a uma série de perguntas apropriadas, obtiveram do menino as indicações seguintes:
>
> "Quando vivia no nº 69 da rua Campanário, meu pai se chamava Pierre Saco e minha mãe, Amparo. Lembro-me de que tinha dois irmãozinhos com os quais

---

[184] *Revue Scientifique et Morale du Spiritisme*, março de 1907. Caso extraído dos *Annales des Sciences Psychiques*.

[185] Nota do autor: Afirma Quintín López, diretor do jornal *Lumen*, de Terrassa, que, por seu inquérito, o caso é inteiramente autêntico.

brincava sempre e que se chamavam Mercedes e João. A última vez que saí da casa amarela, foi no domingo, 28 de fevereiro de 1903, e minha outra mãe chorava muito, enquanto eu, nesse dia, me afastava de casa. Essa outra mamãe era muito branca e de cabelos pretos; trabalhava numa fábrica de chapéu. Tinha eu, então, 13 anos, e comprava os remédios na farmácia americana, porque eles ali custavam mais barato. Deixei minha bicicleta no quarto de baixo, quando voltei do passeio, e não me chamava Eduardo, como agora, mas Pancho."

Diante de uma exposição tão natural e feita com firmeza estranha, por uma criança de 4 anos, os pais de Eduardo ficaram perplexos, tanto mais quanto a criança nunca estivera no número 69 da rua Campanário.

Passado o primeiro momento de impressão, os esposos Cabrera pensaram em empreender investigações para ver o que podia existir de verdade no que dizia a criança.

Muitos dias mais tarde, saíram com Eduardo e vieram ter, depois de longa volta, à casa da rua Campanário, desconhecida, assim da criança como dos pais. Quando chegaram, Eduardo a reconheceu num instante.

— Olha a casa onde eu morava — gritou ele.

— Então, entra — disse o pai —, se é verdade que a reconheces.

A criança correu para o interior, dirigiu-se para a escada, subiu ao primeiro andar, entrou nos apartamentos, como se os conhecesse, e desceu muito pesaroso por não encontrar mais seus parentes, mas outras pessoas que não sabiam quem eram. Também não encontrou os brinquedos com os quais, dizia, tanto se divertira, junto dos seus irmãos de outrora, Mercedes e Juan.

O casal, dado o resultado da primeira tentativa, continuou as pesquisas necessárias para atingir as provas definitivas, e chegaram, finalmente, às conclusões, com o concurso de elementos oficiais: 1°, a casa n° 69 da rua Campanário foi ocupada até pouco tempo, depois de fevereiro de 1903, por Antonio Saco, hoje ausente de Havana; 2°, a mulher chamava-se Amparo, e do casamento nasceram três filhos, Mercedes, Juan e Pancho; 3°, no mês de fevereiro morreu este último, pelo que a família Saco deixou a casa; 4°, bem perto da casa, existe a farmácia onde o pequeno Eduardo assegura que costumava ir.

Examinando com cuidado os fatos narrados neste capítulo, parece impossível explicá-los logicamente, em seu conjunto, por outra

A reencarnação

hipótese que não seja a da reencarnação. Vimos que hereditariedade fisiológica não existe para os fenômenos intelectuais, não só porque os homens de gênio saem, as mais das vezes, dos meios menos cultivados, como porque seus descendentes não lhes herdam as faculdades.

Existe uma lei de inatidade, como a formulou o Dr. Lucas no último século. O Espírito que reencarna, traz, em estado latente, o resultado de seus estudos anteriores, e assim, quando as circunstâncias o permitem, certas crianças apresentam, desde a mais tenra idade, aptidões incríveis para a aquisição de conhecimentos, que exigem, nos outros seres humanos, longos anos de estudo.

Entretanto, as formas da atividade humana, artística, literária, científica etc., mostram-se com tal precocidade nas crianças-prodígio que é realmente impossível atribuir essas pasmosas manifestações a outra coisa que não a reminiscências, porque o cérebro desses pequeninos seres, apenas formado, seria incapaz de armazenar, só por si, de reter e de coordenar as numerosas e variadas noções indispensáveis à prática dessas artes ou ciências, nas quais eles se revelam, desde logo, infinitamente acima da média intelectual dos homens feitos.

Sem dúvida nenhuma, as crianças-prodígio são exceções; mas eu mostrei, com exemplos, que poderia ainda multiplicar, que as lembranças relativas a uma vida anterior se mostram, frequentemente, entre as crianças, com tal abundância de pormenores que não se lhes pode atribuir um jogo de imaginação.

Na maior parte dos casos, a clarividência, fator cuja importância não se pode negar, não deve ser invocada como explicação do fenômeno, porque, para que a lucidez possa ser posta em ação, é preciso, em regra, uma causa que estabeleça uma relação entre o vidente e a cena descrita. Ora, nos exemplos citados, essa relação não existe.

Mesmo entre os adultos, o fenômeno da revivescência da memória apresenta-se, por vezes, com um acúmulo de circunstâncias, independentes uma das outras, que não permitem atribuir a recordação à dupla vista do paciente. Na maior parte dos casos lembrados, não se trata mais do sentimento do já visto, porque o paciente sabe, de antemão, e descreve exatamente, o que se encontra além do alcance de sua vista; ele tem a noção clara de haver conhecido outrora essas cenas, que vê pela primeira vez.

E quando tudo se pode verificar, como no caso de Laure Raynaud, no das crianças, citadas pelo Dr. Moutin e outros, não é mais possível duvidar que nos encontramos, realmente, em presença da lembrança de uma vida passada.

Sem dúvida, é preciso ainda um número mais importante desses testemunhos, para que esse gênero particular de fenômenos entre definitivamente no domínio da Ciência.

Os fatos são já, bastante numerosos, para que os possam pôr mais de lado, e deverão ser considerados como alicerces de uma demonstração científica da realidade das vidas sucessivas.

Vou passar, agora, a outra ordem de fatos, de modo a confirmar esta grande lei da evolução espiritual, que vai saindo das trevas onde a haviam confinado, e que, em breve, se tornará brilhante para todas as inteligências livres das peias dos dogmas materialistas e religiosos.

CAPÍTULO 12

Os casos de reencarnação anunciados antecipadamente

EXISTEM CASOS EM QUE A REENCARNAÇÃO FOI PREDITA COM BASTANTE EXATIDÃO, PARA QUE SE LHE PUDESSE VERIFICAR A REALIDADE. — A CLARIVIDÊNCIA DO MÉDIUM NÃO BASTA PARA EXPLICAR ESSA PREMONIÇÃO. — EXEMPLOS DE CRIANÇAS QUE DIZEM À SUA MÃE QUE VOLTARÃO. — UM DUPLO ANÚNCIO DE REENCARNAÇÃO. — LEMBRANÇA DE UMA CANÇÃO APRENDIDA NA VIDA PRECEDENTE. — UM CASO QUASE PESSOAL. — UMA ATA DE LYON, DO GRUPO NAZARÉ. — O CASO DE ENGEL. — OS DOIS CASOS CONTADOS POR BOUVIER. — O CASO DE E B. DE REYLE. — O CASO JAFFEUX. — HISTÓRIA DA MENINA ALEXANDRINA, NARRADA PELO DR. CARMELO SAMONA.

Vimos nos capítulos precedentes que a lei das vidas sucessivas não se nos apresenta mais como simples teoria filosófica, visto que se pode apoiar em fatos experimentais, como os que se obtêm produzindo-se em pacientes apropriados à regressão da memória, que é levada além do nascimento atual.

Essa memória latente, que repousa no subconsciente, pode, por vezes, remontar até a consciência normal e produzir os clarões de reminiscência, que levantam um véu no panorama do passado. Nas crianças-prodígio a ressurreição dos conhecimentos anteriores se manifesta com tanto brilho que é impossível deixar de ver aí o despertar de conhecimentos pré-natais.

Discuti as hipóteses lógicas às quais poderíamos recorrer para explicar esses casos, sem fazer intervir a reencarnação; mostrei que elas eram insuficientes. Desejo, agora, passar em revista certo número de narrativas, nas quais os Espíritos, que deviam voltar, fizeram saber previamente, e de diferentes maneiras, a intenção de retomarem um corpo terrestre.

Por vezes, essas afirmações foram acompanhadas de informes precisos, referentes ao sexo e às circunstâncias nas quais se produziria a volta ao mundo.

Examinarei se será possível atribuir todas essas narrativas a simples premonições ou se, pelo contrário, nelas se deve ver a intervenção de seres independentes dos médiuns.

Essa prova resultará, em certos casos, da concordância que existe entre a predição que o Espírito faz do seu próximo retorno, entre nós, e, dado o renascimento, da lembrança que esse Espírito conserva de sua vida anterior.

São esses diferentes aspectos do fenômeno, que vou passar agora em revista.

Começo reproduzindo um artigo da *Revue Spirite* de 1875, página 330.

A reencarnação

Só a evidente sinceridade do narrador me leva a ter em conta o seu testemunho, porque a mãe, o que é lamentável, não se fez conhecer, e ignoramos se era espiritista. Como quer que seja, eis o fato:

12.1 Nova prova da reencarnação

27 de agosto de 1875.

Sr. Leymarie,

É com satisfação que venho trazer ao seu conhecimento uma nova prova, bem evidente, da lei da reencarnação.

A 23 do corrente, estava em um ônibus[186] que ia da avenida Maine à rua Ménilmontant, com a Sra. Fagard. Seu marido, nosso amigo, não pôde achar lugar no imperial.[187]

Uma senhora jovem e distinta colocara-se perto de nós; tinha nos joelhos uma encantadora menina de 15 meses, alegre, jovial, que me estendia seus bracinhos róseos. Hesitava em tomá-la, porque receava desagradar a mãe, mas, vendo-lhe um sorriso aprovador, segurei a atraente menina.

Era gentil e graciosa; nessa idade as crianças são adoráveis e aquela tinha tanta amabilidade, que logo havia a disposição de estimá-la. Disse à senhora:

— Não há dúvida de que deve adorá-la.

— Ó senhor, amo-a muito. Depois, ela tem um duplo motivo para esse amor. Ficará espantado se eu lhe disser que é a segunda vez que sou mãe da mesma criança; minhas estranhas palavras são a expressão da verdade, porque não estou louca, nem alucinada, e não digo nada sem provas certas. Vou explicar-me.

Possuía uma deliciosa filhinha, que a morte me arrebatou aos 5 anos e meio; em seus últimos momentos, esse anjinho, vendo-me as lágrimas e o profun-

---

[186] N.E.: Forma como se chamava uma viatura, de transporte coletivo, puxada a cavalos na França do séc. XIX (*Encyclopédie Larousse*).

[187] N.E.: "Imperial" era o nome dado ao nível superior das viaturas de dois andares (*Encyclopédie Larousse*).

do desespero, disse-me essas memoráveis palavras: "Mãezinha, não te aflijas assim, tem coragem; eu não parto para sempre, voltarei num domingo do mês de abril".

Pois bem, no mês de abril e num domingo, pus no mundo a minha pequena Ninie, que o senhor tem a bondade de acariciar. Todos os que conheceram a primeira Ninie, a reconhecem na segunda. Ela só diz as palavras: papá, mamã, e na última semana, julgue a minha felicidade, a minha grande surpresa, abracei-a, pensando na outra, e lhe dizia: "És tu a Ninie?" E ela respondeu: "Sim, sou eu". Posso duvidar, senhor?

— Não, senhora; seria preciso uma grande teimosia para não compreender que foi o mesmo Espírito que voltou a esse corpo encantador. Deus teve a bondade de preveni-la, eis tudo. Se os homens estudassem, compreenderiam esses fatos naturais e seu inestimável valor.

Não lhe pude dar outras explicações, porque ela desceu; lamento não lhe haver pedido o nome e a morada. Esperemos que estas linhas lhe cheguem às mãos e que ela queira confirmar as minhas palavras, que afirmo, sob palavra de honra, serem a verdade.

Com todo respeito, seu servidor

F<small>LOUX</small> M<small>ARY</small>
5, rue Vauvilliers

S<small>ENHORA</small> F<small>AGARD</small>
à Plaily, Oise

É interessante, se é exata a narrativa, que a criança tivesse, antes de morrer, a premonição exata do dia em que voltaria de novo à sua cara mãezinha.

Vejamos outros dois exemplos, em que o anúncio da reencarnação foi feito a duas pessoas diferentes.

O caso me é assinalado por Warcollier, autor de *La Telépathie*, e o publiquei em minha *Revue Scientifique et Morale du Spiritisme*.

A reencarnação

12.2 Um duplo anúncio de reencarnação

Narrativa feita diretamente pela Sra. B., em julho de 1919, a Warcollier:

A Sra. B. perdeu, durante a guerra, um filho, que estimava muito, e, alguns meses depois, o marido. Ficaram-lhe, ainda, outros filhos, dos quais uma filha casada.

Ainda sob o golpe desses pesares sucessivos, contou-me o curioso caso de reencarnação, com o cunho da mais evidente sinceridade. Disse-me a Sra. B.:

"Meu filho era de rara inteligência, e tinha toda a atividade da juventude; estava nos 18 anos. Colaborava em jornais do seu partido político, e se tornaria com isso uma personalidade notável.

Alistado voluntariamente, no começo da guerra, ganhou rapidamente os galões de alferes, e distinguiu-se durante um ataque; foi mortalmente ferido e faleceu em uma aldeia da retaguarda, para onde o haviam transportado. Oito dias depois, recebi uma carta de um camarada seu, na qual me comunicava que seu corpo fora posto num caixão e enterrado no cemitério da aldeia, e onde me seria fácil encontrá-lo, quando houvesse permissão para isso.

Escrevi uma carta ao cura do lugar e recebi resposta dizendo que meu filho tinha morrido como cristão, que ele lhe havia recolhido o último suspiro, e que viria ver-me em Paris, quando tivesse oportunidade. Alguns dias depois eu sonhava [a Sra. B. é sujeita, desde a mocidade, a sonhos supranormais] que via uma estrada e um talude de caminho de ferro, inteiramente arenoso; aí me precipitei em terra, e, cavando o solo com as mãos, descobri não um ataúde, mas as pernas de um soldado.

Fui cavando a areia, retirei o corpo até a cabeça, mas, chegando ao rosto, uma camada espessa impedia-me de o reconhecer; eu sabia, entretanto, que era o meu filho. Não estava enterrado num cemitério, haviam-me mentido.

Recebi, mais tarde, a visita do sacerdote; suspeitei de sua boa-fé, porque ele não me pôde fornecer nenhum informe sobre meu filho, que lhe não tivesse dado eu mesma; contou-me coisas inteiramente falsas. Fiz, pois, inúmeras diligências nos Ministérios para que me permitissem ir à zona de guerra. No fim de um ano, pude chegar à aldeia, onde devia encontrar meu filho. Ele não estava no cemitério, mas logo reconheci o talude do caminho de ferro, inteiramente arenoso. Com o auxílio de dois coveiros, fiz cavar no local da minha visão. As pernas foram descobertas, em primeiro lugar, depois o corpo foi destacado da areia e, enfim, o rosto irreconhecível sob sua máscara de terra.

Revivi meu horrível pesadelo. A identidade foi fácil de estabelecer pelos objetos pessoais que encontrei no cadáver. Fi-lo pôr num caixão e enterrar no cemitério da aldeia. Alguns meses depois, sonhava com meu filho.

Dizia-me ele: 'Mamãe, não chores, eu vou voltar para junto de ti, mas na casa de minha irmã'. Não compreendi o que ele queria dizer. Minha filha, casada havia alguns anos, nunca tivera filho, e entristecia-me por isso. Eu não pensava em reencarnação.

Dois ou três dias depois, minha filha veio contar-me um sonho extraordinário: vira seu irmão voltar criança e brincar no seu próprio quarto!

Pouco depois, estava grávida. Muitas vezes, em sonho, meu filho me falou da volta próxima, volta em que eu não podia crer. Enfim, um dia, sonhei pela última vez. Ele me deu a visão de um bebê recém-nascido, com cabelos pretos e traços perfeitamente distintos.

Esperava-se o nascimento de um dia para outro: mas, foi precisamente naquele dia que o bebê do meu sonho nasceu em minhas mãos. Reconheci-o, sem dúvida possível. Não acrescentarei qualquer comentário à narrativa, porque desejo registrar apenas um caso verdadeiramente curioso, a fim de que não fique perdido."

Devem, entretanto, ser notadas as impressões da Sra. B.

Ela crê que o neto tem para com ela atenções especiais; sua viva inteligência, a facilidade com que soletra o título dos jornais, leva-a a crer que é ele o seu filho reencarnado.

Fiz-lhe numerosas perguntas para saber se ela era antes reencarnacionista. Garantiu-me que não, acrescentando que era católica de nascimento e "por sua classe social", mas que, apesar de simpatizar com o clero e com o mundo católico, tornara-se absolutamente cética, diga-se mesmo ateia. Contou-me seu caso, com a esperança de que eu lhe pudesse fornecer esclarecimentos sobre a reencarnação, concepção perturbadora para ela.

René Warcollier
Engenheiro Químico
Avenue de la République, 79, Courbevoie

Esse conto é interessante por mais de uma razão. A princípio, porque emana de pessoa que afirma nunca ter acreditado na reencarnação, o que suprime a hipótese de uma autossugestão.

Em segundo lugar, é mais que provável que o caso nítido de clarividência, que permitiu à Sra. B. encontrar o filho em circunstâncias idênticas à do sonho, fosse produzido pela ação medianímica do rapaz; além disso, a filha da Sra. B. viu o irmão voltar como criança, quando se lamentava por não ser mãe, e nada fazia prever uma próxima maternidade.

Enfim, por muitas vezes, a mãe teve a visão, em sonho, de um bebê moreno, tal como ele veio ao mundo.

Parece que esse conjunto de circunstâncias demonstra a ação do Espírito do filho da Sra. B., que preveniu a mãe e a irmã de seu retorno à Terra.

Temos, agora, o relato de um oficial do Exército italiano, de forma alguma espiritista, e que só acreditou na volta da alma ao mundo depois de tê-la verificado na própria família. Copio textualmente a descrição contida nos *Annales des Sciences Psychiques*, página 60, fevereiro de 1912.

12.3 Lembrança de uma canção aprendida em uma vida precedente

A revista teosófica *Ultra*, de Roma, publica, em seu número de 1912, a comunicação seguinte do Capitão F. Battista, de cuja honestidade e caráter sério se faz abonadora a aludida publicação. Trata-se de caso semelhante ao do Dr. Carmelo Samona.

Em agosto de 1905, minha mulher, que estava grávida de 3 meses, foi testemunha, estando de cama, *porém perfeitamente acordada*,[188] de uma aparição que a impressionou profundamente. Uma menina, que perdêramos havia três anos, apresenta-se subitamente diante dela, com aspecto alegre e infantil, dizendo, com voz suave, essas palavras:

— Mamãe, eu volto.

E, antes que minha mulher tornasse a si da surpresa, a visão desapareceu.

Quando entrei em casa e minha mulher, ainda comovida, me fez a descrição do estranho acontecimento, tive a impressão de que se tratava de uma alucinação; não quis tirar-lhe a convicção em que se achava, de um aviso da Providência, e lhe aquiesci imediatamente ao desejo de dar à futura filha o nome da irmãzinha morta: Blanche. Nesse momento, não só não tinha conhecimento nenhum do que aprendi mais tarde — muito tarde — acerca da Teosofia, como chamava louco a quem me falasse de reencarnação, persuadido que estava de que, uma vez morto, não se renasce mais.

Seis meses depois, em 1906, minha mulher deu, felizmente, à luz, uma menina que em tudo se parecia com a irmã defunta, de quem tinha os grandes olhos negros, e os cabelos abundantes e anelados.

Esta coincidência em nada abalou minha convicção materialista; minha mulher, porém, cheia de alegria pela graça recebida, convenceu-se de que o milagre se realizara, tanto mais quanto pusera ao mundo, por duas vezes, o mesmo pequeno ser. Essa criança tem hoje cerca de 6 anos, e, como sua irmãzinha defunta, viu-se nela um desenvolvimento precoce, tanto de sua inteligência, como de sua pessoa. Ambas, aos 7 meses já pronunciavam a palavra "maman", enquanto os outros filhos, também inteligentes, não o conseguiram antes dos 12 meses.

Devo acrescentar que, quando era viva a primeira Blanche, tínhamos por criada uma certa Marie, suíça que só falava o francês. Havia ela importado de suas montanhas natais uma cantilena, espécie de *berceuse*,[189] que devia

---

[188] Nota do autor: grifo nosso.
[189] N.E.: Denominação francesa para as populares "canções de ninar" (*Encyclopédie Larousse*).

A reencarnação

seguramente ter saído da cabeça de Morfeu, tanto sua virtude sonífera agia instantaneamente em minha filhinha, quando Marie a cantava.

Depois da morte da menina, Marie voltou para sua pátria, e a canção, que tanto nos fazia recordar a criança perdida, sofreu em nossa casa pleno ostracismo.

Passaram-se 9 anos, e a cantiga desaparecera-nos por completo da memória; um fato extraordinário, realmente, no-la veio lembrar. Há uma semana, achava-me, com minha mulher, na sala de jantar, junto ao quarto de dormir, quando ouvimos, como um eco longínquo, a famosa cantilena, e a voz partia do quarto, onde tínhamos deixado a filha adormecida. A princípio, comovidos e estupefatos, não tínhamos distinguido, nesse canto, a voz de nossa filha; mas, havendo-nos aproximado do quarto, de onde partia a voz, encontramos a criança, sentada na cama, cantando, com sotaque francês muito pronunciado, a *berceuse* que nenhum de nós lhe havia ensinado. Minha mulher, sem se mostrar muito maravilhada, perguntou o que ela cantava. Com prontidão pasmosa, respondeu que cantava uma canção francesa, apesar de não conhecer desse idioma senão alguns vocábulos, que aprendera com suas irmãs.

— Quem te ensinou esta bela cantiga? — perguntei.

— Ninguém, eu a sei sozinha — respondeu a criança, e continuou o canto, alegremente, com ar de quem nunca cantara outra coisa na vida.

O leitor tirará daí a conclusão que quiser; quanto a mim, os mortos voltam.

Capitão Florindo Batista
Roma, Via dello Statuto, nº 32

A clara lembrança da canção que adormecera a primeira Blanche revelou-se na segunda com um caráter tão preciso que é impossível explicar esta reminiscência sem ser pela verdadeira recordação, por parte da menina, de uma particularidade de sua vida anterior.

O capitão especifica que, depois de 9 anos, essa cantilena não mais fora cantada na casa; não houve qualquer sugestão dos pais, irmãos e irmãs; foi realmente uma prova de que a jovem Blanche tinha retomado o seu lugar no lar paterno.

12.4 Reencarnações anunciadas nas sessões espíritas. Um caso quase pessoal

Tenho sob os olhos um venerável caderno, onde se relatam as comunicações obtidas no meado do século passado, pelo Sr. Page, um excelente amigo de meu pai, e que também foi meu.

Essa preciosa coleção é um histórico das sessões realizadas em um grupo espírita, em Tours, desde 1860. Nota-se-lhe um caráter religioso, que dá às notas um valor moral do mais alto interesse.

Desde as primeiras sessões, um Espírito de nome François manifestou-se; era leviano e ainda estava ligado às coisas materiais. Pouco a pouco, sob a influência de bons conselhos, emendou-se, e suas comunicações denotavam evolução moral muito acentuada. François tinha uma individualidade verdadeiramente diferente da médium, a Srta. Marie Olivier, porque, muitas vezes, se manifestava em outras cidades com um caráter idêntico ao que tinha em Tours. Page casou-se com a Srta. Marie Olivier em 1865. Transcrevo agora, textualmente, as notas do seu caderno:

> A afeição que o amigo François tinha por nós, principalmente por minha mulher, que era sua médium privilegiada, fez que ele, para progredir mais rapidamente e expiar as faltas cometidas em existências anteriores, manifestasse o desejo e a necessidade de reencarnar-se; escolheu, para sua família, aquela que tinha adotado em estado de Espírito.
>
> Anunciou-nos seus projetos a 24 de abril de 1865, em presença de nosso bom amigo Alexandre Delanne, que estava de passagem em nossa cidade. Disse que escolhera, para reencarnar-se, a Senhorita Marie, então minha noiva, e a mim; ao nosso bom amigo Rebondim, de Tours, para padrinho, e a nossa boa amiga, Sra. Delanne, para madrinha. Alexandre Delanne respondeu-lhe que, se suas predições se realizassem, a Sra. Delanne aceitaria, prazenteiramente, o título de madrinha; não declarou o sexo em que reencarnaria.
>
> Terminou aí o diálogo com o amigo François.
>
> Nosso casamento realizou-se a 5 de maio de 1865, um mês antes, por conseguinte, de haver François feito a escolha dos pais e padrinhos.

A reencarnação

Um ano depois, veio François trazer-nos suas despedidas, dizendo-nos que chegara o momento de começar nova existência; em seguida, invocaram-no em Tours, Clisson, Halut, Paris, lugares onde já se tinha manifestado anteriormente, porém, ele nunca mais se comunicou; não havia dúvida: François estava reencarnado. A 29 de janeiro de 1867, tivemos a alegria de ver nascer uma filha, à qual demos o nome de Angèle-Marie-Françoise; *Françoise*, como lembrança do nosso bom amigo; *Angèle*, como lembrança do nome do Espírito protetor de nossa madrinha, e *Marie* como lembrança de nossa cara mãe.

O batismo foi a 27 de fevereiro do mesmo ano, e os padrinhos designados por François levaram-no à pia batismal.

Reproduzo, agora, os exemplos que citei em 1898, no relatório apresentado ao Congresso Espiritualista de Londres.

Eis uma ata feita em Lyon, segundo a qual um médium de incorporação predisse o nascimento de uma criança do sexo feminino, e que, em consequência de fatos da vida passada, deveria apresentar uma cicatriz na fronte. Nasceu efetivamente uma menina com a marca anunciada.

Recebemos de Lyon a seguinte ata, que temos o prazer de publicar, uma vez que conhecemos pessoalmente as autoras:

Grupo Nazareth, 6, rue Terraille, Lyon. A 8 de outubro de 1896, às 20 h 30 min, é aberta a sessão. Estiveram presentes:

Sra. Vernay, dona de armarinho, rue de Sèze, à Lyon; Sra. Valette, serralheira, rue Tronchet, 34, à Lyon; Sra. Guérin, rue Tronchet, 34, à Lyon; Sra. e Srta. Pisenti; Srta. Pisenti, rue Grillon, 62, à Lyon; Srta. Mourlin, parteira, rue de Sèze, 95, à Lyon; Sra. Vanel, dona de mercearia, rue Sébastien-Gryphe, 17, à Lyon; Sra. Toupet, magnetizadora, rue Terraile, 6, à Lyon.

A sessão não deveria realizar-se porque minha mulher estava com dores de parto. Como, porém, nos dissesse a parteira que ainda havia muito tempo, fizemos a sessão assim mesmo.

Começamos pelos trabalhos de escrita, e depois a médium, Senhora Vernay, recebeu um Espírito que procurava o irmão para levá-lo à genitora.

— Ó meu Deus, eles podem estar mortos também — dizia ele. Perguntamos-lhe se se tratava de um crime.

— Não — respondeu —, foi durante a Batalha de Reichshoffen,[190] que meu irmão desapareceu.

Fizemo-lo reconhecer o estado em que se achava, isto é, que sua alma tinha deixado o corpo; e depois, ajudamo-lo a procurar o irmão. Ele viu dois cadáveres, o do irmão Alfred e o seu.

— Os miseráveis — exclamou ele — feriram-no com uma bala na testa.

O médium acorda. Repentinamente, cai de novo em transe:

— Meus amigos — diz —, sou a mãe desses dois irmãos mortos em Reichshoffen; um deles, Alfred, vai encarnar em sua casa, e eu serei o seu guia.

Agradeci ao Espírito e lhe declarei que faria o que em mim coubesse para que ele fosse um homem.

— Não — disse ela —, não será um homem.

Em seguida, o médium acorda bruscamente, dizendo-nos:

— A palavra "fille"[191] não quer sair da minha cabeça.

No dia seguinte, às sete horas da manhã, minha mulher punha no mundo uma criança do sexo feminino, à qual demos o nome de Emilie. Tinha ela na fronte uma cicatriz do tamanho de um grão de trigo.

Essa é a verdade, tal como aconteceu.

São os seguintes os fatos observados na primeira infância da criança: até 3 meses, quando eu imitava a trombeta de cavalaria, punha-se ela a chorar, sem poder ser consolada; brincando, toma sempre a posição a cavalo, imitando o movimento do cavaleiro em marcha. Tem agora 17 meses e seu brinquedo favorito é o cavalo (que ela prefere, às bonecas), mas na rua não se pode aproximar de um cavalo; grita, apavorada.

Seguem-se as assinaturas: Sra. Vernay; Sra. Pisenti; Srta. Pisenti; J.-M. Valette; G. Toupet; Srta. Mourtin; Sra. Valette; Sra. Guérin, Sra. Vanel; Sra. Toupet.

---

[190] N.E.: Um dos combates da Guerra Franco-Prussiana (1870–1871), em Reichshoffen (França), no qual soldados da cavalaria francesa resistiram ao ataque da artilharia alemã, em 6 de agosto de 1870, sendo derrotados.
[191] N.E.: Palavra francesa usada para designar "menina", "filha", "pessoa do sexo feminino" (*Dictionnaire Le Robert*).

A reencarnação

O *Progrès Spirite*, em seu número de 20 de março de 1898, página 45, cita o relato de Pierre Engel, que reproduzo:

Lize-Seraing, 14 de março de 1898.

Caro senhor e irmão,

Tenho a honra de transmitir-lhe alguns informes sobre uma reencarnação, anunciada pelo próprio Espírito, com particularidades que precedem a encarnação e a reencarnação.

Tudo se passou em um lapso de 4 anos, com os detalhes preditos, a princípio por meu filho mais velho, morto em 1874, e em seguida por minha filha, falecida em 1878, depois de quatro anos de sofrimento, que terminou em verdadeiro martírio.

Foram estes os motivos da reencarnação: quando viva, ela tinha um ódio implacável do irmão, que a ofendera, e morrera com esse rancor. Apesar dos seus esforços, não conseguiu expulsá-lo. Vendo o erro profundo dos seus ressentimentos e desejando progredir, solicitou uma reencarnação no corpo de uma criança, que devia nascer em casa desse irmão, pai de família. Deus o consentiu para que o Espírito arrependido pudesse evoluir, e a criança teve por pai o irmão odiado, lá para o fim do ano de 1879.

Estando um dia reunidos, minha esposa e eu, conversamos a respeito do anúncio feito pelo filho morto, de que Marie deveria nascer dentro em breve, e que conheceríamos essa reencarnação porque, em tal dia e em tal hora (5 horas da tarde), a nova mãe de Marie viria à nossa casa e as suas primeiras palavras seriam "Madrinha, eis seu afilhado", e o rapaz daria um grito alto, quando se achasse no regaço de sua primeira mãe.

Dito e feito. Fora também predito, por meu defunto filho, que sua alma irmã, Marie, não viveria mais de quatro anos, e que, em seus últimos momentos, experimentaria terríveis sofrimentos; que só minha esposa poderia acalmá-la, magnetizando-a e orando. Fato extraordinário: minha mulher ia muitas vezes minorar-lhe os sofrimentos, e desde que aparecia na soleira da porta, cessavam-lhe os gritos, e com um sorriso filial estendia os braços. Deixava de chorar horas consecutivas e, logo que minha mulher saía do quarto, recomeçava a gritar.

O pai, um bom e poderoso magnetizador espírita, e que operou maravilhas em muitas ocasiões, não conseguia amenizar-lhe as dores. Eu produzia sobre aquele querubim os mesmos efeitos que minha mulher.

Fomos, de novo, prevenidos de sua desencarnação por meu filho, e ela, sua irmã, dois ou três dias mais tarde, veio dizer-me:

— Pierre Verly, aquela que foi sua filha Marie, está, de novo livre, e também liberta de um terrível ódio contra seu último pai.

E aconselhava-me a não nutrir ódio algum, porque, dizia ela, o ódio é a maior desgraça de uma alma; com ele, não há perdão.

Meu filho Pierre e minha filha Marie eram dois adeptos, profundos e sinceros, do Espiritismo.

Outros fatos, não menos concludentes, sobre a existência das vidas anteriores, me são conhecidos.

Meus defuntos filhos eram tão unidos pelos laços da amizade que um não podia passar sem o outro. Quando meu filho estudava, era preciso que sua irmã lhe ficasse ao lado. Soubemos, por poderosos médiuns, depois que eles morreram, que um número incalculável de anos os havia ligado como almas irmãs, e que nós, iniciados na doutrina, bem devíamos compreender a forte razão dessa amizade. Posso afirmar, enfim, como conclusão, que muitas predições se realizaram inteiramente, o que prova de que os Espíritos velam por nós e que Deus não separa aqueles a quem o amor uniu, nem abandona jamais os que nele confiam.

Pierre Engel
Presidente da União Espírita de Liège

Essa narrativa demonstra que os Espíritos voltam à Terra para melhorar. Não se trata mais de sonâmbulos, mas de médiuns tiptólogos ou escritores, de sorte que não cabe aqui a explicação pela clarividência, a menos que seja atribuída aos Espíritos desencarnados. Porém, ainda assim, apresenta-se outra dificuldade: deve-se supor que esses seres invisíveis nos enganam voluntariamente, que mentem cientificamente, para sustentar um erro? Tal conjectura me parece pouco razoável, quando se refere a Espíritos que deram prova, em muitas circunstâncias, de altas qualidades morais; prefiro admitir o

A reencarnação

que eles anunciam, e que se verifica, a crer num subterfúgio universal e inverossímil.

Extraio os dois fatos seguintes do Sr. Bouvier, grande magnetizador, diretor do jornal *La Paix Universelle*, que se publica em Lyon.[192]

> Um paciente, a quem ele costumava adormecer, e que goza, nesse estado, da faculdade de ver os Espíritos, disse-lhe um dia, espontaneamente, que a alma de uma religiosa desejava falar-lhe. Bouvier perguntou quem era e o que desejava. Ela nomeou-se, indicou o convento situado em Rouen, onde habitava, e disse que voltaria depois de sua morte, que seria próxima. Tanto o paciente como Bouvier ignoravam a existência desse estabelecimento religioso, do qual, mesmo, nunca tinham ouvido falar.
>
> Algum tempo depois, apresentou-se a mesma religiosa e disse que tinha deixado o corpo terrestre, o que posteriormente se reconheceu exato, mas que voltaria a reencarnar na casa da irmã do paciente, que teria, ainda, o sexo feminino e que se viveria três meses. Todos esses acontecimentos se realizaram pontualmente.
>
> Um segundo caso de encarnação foi predito a Bouvier; anunciou-se que o Espírito iria incorporar-se sob a forma feminina, em uma família muito conhecida do diretor de *La Paix Universelle,* e que se duvidava da vinda de outra criança, que ninguém desejava. Declarou ainda o Espírito que seria infeliz, porque não gostariam dele.
>
> Tudo se realizou, infelizmente, nas condições anunciadas. A clarividência magnética do paciente de Bouvier não pode explicar a aparição daquela religiosa, que ele não conheceu, porque o exercício daquela faculdade está ligado a certos laços entre as partes interessadas. Se se pode admitir que a irmã do paciente seja a causa indireta da previsão, inexplicável a intervenção da religiosa, a não ser pela intenção de retomar um organismo terrestre.
>
> No segundo exemplo, não existe qualquer laço entre o sonâmbulo e os parentes da criança; e o Espírito que reencarnou é, por certo, o autor do fenômeno, porque o paciente não era espiritista e não podia autossugestionar-se, como não podia receber a sugestão de Bouvier, que estava longe de esperar essas manifestações.

---

[192] Nota do autor: Ver meu relatório sobre a reencarnação no Congresso Espiritualista Internacional (Londres, 1898).

Gabriel Delanne

Entre as numerosas respostas que recebi ao meu pedido de me comunicarem casos referentes à reencarnação, há uma de um dos meus antigos colaboradores do jornal *Le Spiritisme*. Ela é interessante em mais de um sentido:

Meu caro Delanne,

Pede o amigo que lhe sejam comunicados os fatos tendentes a provar a reencarnação: esses fatos não devem ser frequentes, e por isso lhe comunico um que, não oferecendo nada de transcendente, é, entretanto, em seu gênero, bastante característico.

Em agosto de 1886, fizemos uma sessão de evocação, no curso da qual se apresentou — a princípio, pela tiptologia e, depois, a nosso pedido, pela escrita medianímica — uma entidade que meus pais perderam, ainda de pouca idade, ou como tal se apresentava. Assegurava esperar, para reencarnar-se, o nascimento do meu primeiro filho, especificando que seria rapaz e viria dentro de 18 meses.

Não se esperava uma criança. Ora, em fevereiro de 1888, nascia o nosso filho mais velho, que recebeu o nome de Allan — em homenagem ao pioneiro do Espiritismo —, na data prevista, com o sexo predito, fornecendo uma prova, ou pelo menos uma presunção, em favor da reencarnação.

E. B. DE REYLE
2, Allé du Levrier,
Le Vésinet (Seine-et-Oise)

Eis outro exemplo que colho no belo livro de Léon Denis, *O problema do ser, do destino e da dor*. As circunstâncias em que se deve fazer a reencarnação merecem, por bastante precisas, toda a nossa atenção:

O Sr. Th. Jaffeux, advogado na Corte de Apelação de Paris, comunica-nos o seguinte fato (5 de março de 1911):

A reencarnação

Desde o começo de 1908, tinha como Espírito guia uma mulher que havia conhecido em minha infância e cujas comunicações apresentavam um caráter de rara precisão: nomes, endereços, cuidados médicos, predições de ordem familiar etc.

No mês de junho de 1909, transmitia essa entidade, da parte de Père Henri, diretor espiritual do grupo, o conselho de não prolongar indefinidamente a morada estacionária no Espaço. A entidade respondeu-me por essa ocasião:

— Tenho a intenção de reencarnar; terei, sucessivamente, três reencarnações muito breves.

Para o mês de outubro de 1909, anunciou-me espontaneamente que ia reencarnar em minha família e designou-me o lugar dessa reencarnação; uma aldeia do Departamento do Eure-et-Loir. Eu tinha, com efeito, uma prima grávida nesse momento, e fiz a seguinte pergunta:

— Por que sinal poderei reconhecê-la?

— Terei uma cicatriz de 2 centímetros do lado direito da cabeça.

A 15 de novembro, disse a mesma entidade que, no mês de janeiro seguinte, deixaria de vir, sendo substituída por outro Espírito.

Procurei, desde esse instante, dar a essa prova todo o seu alcance e nada me seria mais fácil, depois de ter feito documentar oficialmente a predição e de conseguir um certificado médico do nascimento da criança.

Infelizmente, encontrei-me em presença de uma família que manifestava uma hostilidade agressiva contra o Espiritismo; estava desarmado.

No mês de janeiro de 1910, a criança nascia com uma cicatriz de dois centímetros do lado direito da cabeça. Ela tem, atualmente, 14 meses.[193]

12.5 As filhinhas gêmeas do Dr. Samona

Chego, agora, a um fato inteiramente notável, não só pelo número das testemunhas que o confirmam, como pelas circunstâncias que precederam a reencarnação da jovem Alexandrina e pelas que se seguiram ao seu segundo nascimento terrestre.

---

[193] DENIS, Léon. *O problema do ser, do destino e da dor*, cap. XIV.

Gabriel Delanne

O Dr. Samona é conhecido nos meios científicos da Itália, e o relatório que ele enviou a seu amigo Calderone apareceu no inquérito publicado por este. É um modelo de precisão e uma conscienciosa análise de todas as circunstâncias relativas a esta verídica história.

Servir-me-ei dos documentos publicados sobre o assunto, no livro do Coronel de Rochas, *As vidas sucessivas* (p. 337 e seguintes), em minha *Revista Científica e Moral do Espiritismo* (1913 e 1917), e no livro recente de Lancelin, *A vida póstuma*, p. 307 e seguintes, no qual ele, com sua costumeira erudição, reuniu tudo que diz respeito a esse sensacional acontecimento.

Eis, para começar, o histórico que nos apresenta o Dr. Samona, em carta dirigida ao diretor da *Filosofia della Scienza*, o Dr. Innocenzo Calderone.

Meu caro Calderone,

Apesar do caráter muito íntimo dos fatos que precederam o nascimento de minhas duas filhinhas, não hesito, no interesse da Ciência, de os dar à publicidade, por intermédio de sua estimável e lida revista, sem calar o nome das pessoas que deles tiveram conhecimento, à medida que se foram desenrolando.

Se me abstenho de os discutir, acho, entretanto, que convém para que outros o possam fazer.

Nenhuma ciência progride se ficar na ignorância dos fatos. Se, no domínio metapsíquico, por temor do ridículo ou de outras razões da mesma ordem, cada qual guardar, para si, esses casos mais ou menos raros, que podem suceder, adeus esperança do progresso.

Envio-lhe uma narrativa sintética, absolutamente fiel dos fatos, como se produziram sem a menor discussão quanto aos interessantes problemas a que deram lugar, sonhos premonitórios, personalidades medianímicas, etc.

Creio que o caso atual se apresenta, favoravelmente, sob o ponto de vista científico, porque as pessoas que desde o começo foram postas a par das diversas e sucessivas particularidades e que as observaram com grande interesse gozam, por sua moralidade e inteligência, da consideração geral.

A reencarnação

Além da narração dos fatos, envio-lhe as declarações de certas pessoas, que confirmam os meus dizeres, e estou pronto a fornecer outras testemunhas da mesma natureza, com todos os esclarecimentos que forem julgados úteis para a investigação científica.

Com toda a estima, seu afetuoso amigo,

CARMELO SAMONA

12.5.1 Exposição sintética dos fatos

A 15 de março de 1910, depois de grave enfermidade (meningite), falecia, na idade de 5 anos, minha filhinha adorada, Alexandrina. Minha dor e a da minha mulher, que quase enlouqueceu, foram profundas.

Três dias depois da morte de minha filhinha, minha mulher sonhou com ela; parecia como fora em vida, e a ouvia dizer: "Mamãe, não chores mais, eu não te deixei; afastei-me, apenas, de ti; veja, eu voltarei pequena assim...". E se mostrava como um pequeno, mas completo embrião; depois acrescentou: "Vais começar a sofrer de novo por mim".

Três dias depois, produziu-se o mesmo sonho. Sabendo do fato, uma amiga de minha mulher, ou por convicção ou por consolá-la, disse-lhe que tal sonho poderia ser uma advertência da menina, que, talvez, se preparasse para renascer; para melhor persuadi-la da possibilidade de semelhante fato, trouxe-lhe a amiga um livro de Léon Denis, em que se tratava da reencarnação.

Mas nem os sonhos, nem aquela explicação, nem a leitura da obra de Denis conseguiram minorar-lhe a dor. Ela ficou igualmente incrédula quanto à possibilidade de nova maternidade, ainda mais após um aborto espontâneo,[194] que necessitou de uma operação (21 de novembro de 1909) e foi seguido de frequentes hemorragias, deixando-a quase certa de não poder mais conceber.

Certa manhã, alguns dias depois da morte da filhinha, chorando, como de hábito, e sempre incrédula, dizia-me ela: "Não vejo mais do que a atroz realidade da perda do meu caro anjinho; ela é muito forte, muito cruel, para que eu possa manter um fio de esperança com simples sonhos, como os que tive, e acreditar num acontecimento inverossímil, como o nascimento, por

---

[194] N.E.: No original em francês, *fausse couche*, expressão que em português também é entendida como "falso parto" ou aborto involuntário.

meu intermédio, de minha filhinha adorada, sobretudo vendo o meu estado físico atual".

De repente, enquanto se lamentava de modo tão amargo e tão desesperado, e enquanto eu me esforçava por consolá-la, três pancadas secas e fortes, como batidas com os nós dos dedos, por pessoas que se querem anunciar, foram ouvidas na porta do aposento em que nos achávamos, e que dá para uma saleta. As pancadas foram também percebidas por nossos três filhinhos, que estavam conosco, no aposento. Acreditando eles que era uma de nossas irmãs, que tinha o hábito de vir a semelhante hora, abriram logo a porta, exclamando: "Tia Catherine, entre!".

Qual lhes não foi, porém, a surpresa, e a nossa, quando não vimos ninguém, e, olhando para o aposento vizinho, pudemos verificar que também não havia pessoa alguma.

Esse incidente muito nos impressionou, principalmente porque as pancadas foram ouvidas no supremo instante do desalento de minha mulher.

Na tarde desse mesmo dia, resolvemos iniciar as sessões medianímicas tiptológicas, e foram elas mantidas, metodicamente, durante uns três meses; nelas tomavam parte minha mulher, minha sogra, e, algumas vezes, os meus dois filhos mais velhos.

Desde a primeira sessão, apresentaram-se duas entidades: uma se dava como minha filhinha, e a outra, como minha irmã, morta havia muito, na idade de 15 anos, e que, segundo dizia, aparecia a título de guia da pequena Alexandrina.

Esta se exprimia com a mesma linguagem infantil de que se servia, quando era viva; a outra tinha uma linguagem elevada e correta, e tomava geralmente a palavra, ou para explicar algumas frases da entidadezinha, que, por vezes, não se fazia bem compreender, ou para levar minha mulher a crer nas afirmações da filha.

Na primeira sessão, Alexandrina, depois de ter dito que fora ela quem apareceu em sonho à sua mãe, e que as pancadas, ouvidas na outra manhã, tinham por fim indicar-lhe a presença e consolar a genitora, por meios mais impressionantes, acrescentou: "Minha mãezinha, não chores mais, porque eu renascerei por teu intermédio, e antes do Natal estarei com vocês". E continuou: "Caro papai, eu voltarei; caros irmãozinhos, eu voltarei; vovó, eu voltarei. Diga aos outros parentes e à tia Catherine, que, antes do Natal, estarei de volta...".

E assim com os demais parentes e conhecidos.

A reencarnação

Seria ocioso transcrever todas as comunicações obtidas, durante cerca de três meses, porque, à parte a variante de algumas frases ternas de Alexandrina para com as pessoas que lhe foram mais caras, elas eram sempre uma repetição constante e monótona de sua volta antes do Natal, especificada, como na primeira sessão, a cada um dos seus parentes e conhecidos.

Muitas vezes procuramos fazer parar uma tão prolixa repetição, assegurando à pequena entidade o nosso cuidado em comunicar a todos a sua volta, ou melhor, o seu renascimento, antes do Natal, sem esquecer ninguém, mas era inútil; ela obstinava-se em não se interromper, até que tivesse esgotado o nome de todos os seus conhecidos.

O fato era estranho; dir-se-ia que o anúncio dessa volta constituía uma espécie de monodeísmo[195] da pequena entidade. As comunicações terminavam sempre por estas palavras: "Deixo-os agora; tia Jeanne quer que eu durma". E desde o começo declarou que se comunicaria conosco durante três meses, porque seria depois ligada à matéria, cada vez mais, e aí adormeceria completamente.

A 10 de abril, minha mulher teve as primeiras suspeitas de uma gravidez.

A 4 de maio, novo aviso de sua vinda, por parte da pequena entidade. Achávamo-nos, então, em Venetico, na Província de Messine. "Mamãe" disse ela, "em ti já se encontra uma outra". Como não compreendêssemos esta frase e supuséssemos que ela se havia enganado, a outra entidade (tia Jeanne) interveio, explicando: "A filhinha não se engana, apenas não se exprimiu bem; ela quer dizer que outro ser volteja em torno de ti, minha cara Adèle; ele quer voltar à Terra".

Desde esse dia, Alexandrina, em cada uma de suas comunicações, constante e obstinadamente afirmava que tornaria, acompanhada de uma irmãzinha, e, pelo modo por que falava, parecia regozijar-se com isso.

Tal fato, em lugar de animar e consolar minha mulher, só fazia aumentar-lhe as dúvidas e as incertezas; depois daquela nova e curiosa mensagem, parecia-lhe que tudo terminaria por uma grande decepção.

Muitos fatos, em verdade, deveriam realizar-se depois desses avisos, para que as comunicações pudessem ser verídicas. Era preciso, com efeito: 1º, que minha mulher se tornasse grávida; 2º, que, em vista dos seus recentes sofrimentos, não tivesse um aborto, como lhe sucedera, precedentemente;

---

[195] N.E.: Estado psicológico em que prevalece uma única ideia ou uma só ordem de associação mental (*Houaiss*).

3º, que pusesse no mundo dois seres, o que parecia ainda mais difícil, visto que o caso não tinha precedentes, nem com ela, nem com qualquer dos seus ascendentes, nem com os meus; 4º, que tivesse dois seres, que não fossem dois machos, nem um macho e uma fêmea, mas duas fêmeas. Seria difícil, em verdade, possuir fé na predição de um conjunto de fatos tão complexos, contra os quais se erguia uma série de probabilidades contrárias.

Minha mulher, apesar dessas belas predições, viveu lacrimejante até o quinto mês, incrédula, com a alma torturada; nas suas comunicações, suplicava-lhe a pequena entidade que se mostrasse mais contente, e dizia-lhe: "Verás, mamãe, que, se continuares escravizada a ideias tristes, acabarás por dar-nos uma constituição medíocre".

Em uma das últimas sessões, minha mulher falou na dificuldade que havia para crer na volta de Alexandrina, pois seria difícil que o corpo da criança revinda se assemelhasse com o da criança morta. A entidade Jeanne apressou-se a responder: "Neste ponto, Adèlie, ficarás satisfeita; ela renascerá perfeitamente semelhante à primeira, e se não muito, pelo menos um pouco mais bonita".

No quinto mês, que coincidia com o mês de agosto, achávamo-nos em Spadafora; minha mulher foi examinada por um sábio parteiro, o Dr. Vincent Cordaro, que, depois de sua visita, disse espontaneamente: "Não posso afirmar de modo absoluto, porque, neste período de gravidez, não há ainda certeza, mas o conjunto de fatos me leva a diagnosticar um parto de gêmeos".

Essas palavras tiveram em minha mulher o efeito de um bálsamo; um luar de esperança começou a despontar em sua alma dolorida, que não devia tardar a ficar de novo atormentada por um acontecimento que se ia produzir.

Tendo entrado apenas no sétimo mês, uma notícia inesperada e trágica impressionou-a de modo tão vivo, que ela foi tomada, subitamente, de dores dos rins; outros sintomas, produzidos durante mais de cinco dias, tornaram-nos ansiosos, fazendo-nos temer um parto antes do tempo, no curso do qual a criatura ou as criaturas que viriam à luz não podiam estar aptas a viver.

Deixo que se calculem os sofrimentos físicos de minha mulher e as angústias que lhe mortificavam o coração, àquele pensamento, depois da esperança que principiava a conceber. E esse estado de alma agravava, ainda, a situação. Foi ela, nesse momento, tratada pelo Dr. Cordaro; felizmente e contrariamente a toda expectativa, evitou-se o perigo.

Completamente curada e certa minha mulher de que se tinham completados os sete meses, voltamos a Palermo, onde ela foi examinada pelo célebre

A reencarnação

médico parteiro Giglio, o qual verificou uma gravidez de gêmeos; assim, uma parte já muito interessante das comunicações achava-se confirmada. Restavam ainda outras, importantes de ser verificadas, como o sexo, o nascimento de duas meninas e a particularidade de que haveria semelhança física e moral de uma delas com a morta Alexandrina.

O sexo ficou confirmado na manhã de 22 de novembro, dia em que minha mulher deu à luz duas pequenas.

Quanto às semelhanças físicas e morais possíveis, é necessário tempo à sua verificação, que será feita à medida que elas forem crescendo.

Todavia, já no ponto de vista físico, manifestam-se certos caracteres que confirmariam a predição, encorajariam a prosseguir na observação e autorizariam a pensar que, ainda nesse particular, as comunicações devem verificar-se literalmente.

As duas gêmeas, presentemente, não se parecem; diferem sensivelmente pelo porte, pela cor e pela forma; a menor uma cópia fiel da morta; é Alexandrina no momento em que nasceu e tem comum com ela as três particularidades seguintes: hiperemia[196] do olho esquerdo, ligeira seborreia[197] na orelha direita e ligeira assimetria da face, inteiramente idêntica à que apresentara Alexandrina ao nascer.

Dr. Carmelo Samona

Acrescentaremos que a irmã gêmea de Alexandrina foi a primeira que veio ao mundo, o que, pelas ideias geralmente admitidas, indicaria que foi ela a concebida em segundo lugar; enfim, os nove meses normais, que deveriam terminar no Natal, não estavam ainda escoados, uma vez que o parto duplo é sempre um tanto antecipado.

Os atestados que precedem[198] afirmam a autenticidade dos fatos e permitem observar que não se trata de uma série de coincidências mais ou menos fortuitas, porque, desde a origem, os fenômenos se

---

[196] N.E.: Acumulação excessiva ou anormal de sangue em qualquer órgão ou parte do corpo (*Houaiss*).
[197] N.E.: Secreção excessiva de sebo, produto das glândulas sebáceas (*Houaiss*).
[198] N.T.: No original, há vários atestados e testemunhos que comprovam o relato do Dr. Samona; deixam de ser traduzidos para não tornarem excessiva e superfluamente desenvolvido aquele longo trabalho.

encaminham e encadeiam com uma sequência lógica, que interdiz qualquer explicação pelo acaso puro e simples.

Isso posto, pode-se supor que, por um fenômeno de autossugestão, teria sido a Sra. Samona a autora do sonho no qual vira a pequena Alexandrina dizer-lhe que voltaria?

Não hesito em declarar que essa suposição é inverossímil, não só porque a senhora do doutor não conhecia, nessa época, a teoria da reencarnação mas também porque estava absolutamente persuadida de que o estado de sua saúde lhe tirava a esperança de ser mãe de novo. Seria dar à subconsciência um papel que nada justificaria, enquanto que a intervenção de Alexandrina, como produtora do fenômeno, é a explicação mais verossímil; ela justifica-se por sua ação física, com as pancadas de improviso, em pleno dia, para que sua presença fosse indubitável; desde esse momento, em cada sessão, continua a predizer sua volta, e, melhor ainda, anuncia que virá, acompanhada de outro Espírito, que terá o sexo feminino. Isto parece inverossímil à pobre mãe, remergulhada em todas as perplexidades, que só tiveram fim quando se verificou que a gravidez era dupla.

Ainda aqui, a intervenção da subconsciência é inteiramente inaceitável, e, se houve clarividência, os fenômenos não deixam de ser extraordinários, porque os fatos ulteriores se desenrolam com precisão matemática e o conhecimento antecipado desses fatos não demonstra que a pequena Alexandrina não seja a autora deles.

Vimos que, depois de reencarnada, a nova Alexandrina apresenta o mesmo aspecto físico da vida anterior: assimetria da face, hiperemia do olho esquerdo, ligeira seborreia da orelha direita; é bem, como disse o pai, uma cópia fiel da primeira Alexandrina.

Ora! dirão os céticos, foi a subconsciência da mãe que modelou esta segunda figura, à imagem da primeira; é um capricho da hereditariedade. Embora não tenhamos muitos exemplos de uma segunda criança, que fosse a cópia fiel de outra morta e profundamente pranteada, admitamos, por instantes, esta hipótese ideoplástica; vamos ver

A reencarnação

que ela não basta para justificar as semelhanças intelectuais que existem entre as duas Alexandrinas.

Eis, com efeito, outra carta do Dr. Samona, publicada em junho de 1913, na *Filosofia della Scienza*, cuja tradução vou buscar ao livro de Lancelin:[199]

> O caso de minhas duas gêmeas, publicado anteriormente na *Philosophie de la Science*, nº 1, de 15 de janeiro de 1911, reproduzido por diversas revistas e em muitas obras, tanto italianas como estrangeiras, despertou interesse em grande parte do mundo intelectual, como se vê de muitas cartas recebidas pela direção e por mim pessoalmente.
>
> Assumo, pois, certa responsabilidade, continuando a espalhar o conhecimento do fato, porque não tenho a presunção de possuir todo o espírito de observação que seria necessário para aprofundar o estudo de um caso tão importante, a ponto de se tornar de interesse geral.
>
> Creio não haver notado certos incidentes dignos, talvez, de particular atenção, e de ter, pelo contrário, registrado outros, que não mereciam nenhuma. Mas, minha qualidade de pai, que fazia com que estivesse, sem cessar, com minhas filhinhas diante dos olhos e conhecesse as particularidades relativas à pequenina morta, contribuiu para que eu fosse o único observador e a única testemunha possível.
>
> Entretanto, apresso-me a insistir no fato de que a qualidade de pai não perturbou, de nenhum modo, como alguns poderiam supor, a serenidade de minhas observações; também, e por isso mesmo, procurei sempre manter-me na objetividade, sem deixar-me arrastar por teorias concebidas a *priori* ou simplesmente sentimentais.
>
> Assim, como já o disse no citado número da *Filosofia dela Scienza,* era necessário, em um caso desse gênero, deixar passar algum tempo, para poder recolher utilmente certas observações, se a ocasião se apresentasse, e de fato, hoje, que se escoaram dois anos e sete meses, tenho algumas que merecem certa atenção.
>
> Não se esperem, porém, casos sensacionais; não se produziu até agora nenhum desse gênero; e, entretanto, os que colhi são dignos de algumas reflexões.

---

[199] LANCELIN, Charles. *La Vie Posthume*, p. 324 et seq.

No ponto de vista físico, a dissemelhança entre as duas gêmeas manteve-se constantemente, e, agora, ela não somente física, como se podia observar no princípio: existe igualmente no ponto de vista moral.

Quero sublinhar esta diferença; posto que, à primeira vista, não pareça ter nenhuma importância, possui, entretanto, um valor, que é este: faz, de uma parte, sobressair melhor a semelhança da Alexandrina atual com a Alexandrina precedente, e, de outro lado, tende a eliminar a ideia de uma influência sugestiva da mãe, no desenvolvimento material e moral da Alexandrina atual.

De qualquer modo, conforme a decisão que tomei, quando publiquei este caso, abstive-me de qualquer opinião ou interpretação pessoal, limitando-me à simples exposição das observações feitas, e deixando a cada um tirar delas as conclusões que quisesse.

A Alexandrina atual continua a mostrar uma semelhança perfeita com a falecida. Isto ainda não se pode ver perfeitamente nas fotografias que eu publico, ou porque não reproduzem posições idênticas, o que seria difícil obter, ou talvez, e mais ainda, porque as fotografias da morta a representam em uma idade mais avançada que a da Alexandrina de agora. Em todo o caso, posso afirmar que, à parte os cabelos e os olhos, que são atualmente um pouco mais claros que os da primeira Alexandrina, na mesma idade a semelhança continua a ser perfeita.

Mais ainda, que no ponto de vista físico, o conjunto das manifestações psicológicas, gradualmente desenvolvidas na criança, dá ao caso um novo e maior interesse. Desde que a vida das gêmeas começou a entrar em relações com o mundo exterior, encaminhou-se logo em duas direções diferentes, de sorte que já podemos verificar nelas duas naturezas absolutamente distintas.

Deixo de falar, de modo especial, das características de Maria Pace, porque o conhecimento de sua psicologia e suas diferenças com a de Alexandrina não apresentam nenhum interesse para o leitor. Vou, pois, depressa, ao estudo da psicologia de Alexandrina.

Indicarei desde logo diversos pormenores de sua natureza, que lhe mostram o caráter afetuoso e a inteligência.

É geralmente calma, ao contrário da irmã, e essa tranquilidade se estende mesmo às manifestações do seu afeto, que não é por isso menos terno, nem menos carinhoso.

Se lhe sucede ter a seu alcance panos ou roupas, fica horas inteiras a dobrá-los, a alisá-los com as mãozinhas, e a pô-los em ordem, como lhe parece,

A reencarnação

em uma cadeira ou em um cofre. Se não pode entregar-se a este prazer, seu passatempo preferido é o de ficar apoiada a uma cadeira, na qual coloca um objeto, que lhe serve de brinquedo; entrementes, fala à meia voz e pode permanecer muito tempo nessa ocupação, sem fatigar-se.

Compreende-se que, deste modo, causa poucas inquietações, ao passo que Maria Pace, muito viva e sempre em movimento, não demora na mesma brincadeira, e precisa da companhia de alguém para divertir-se.

Ora, aquela calma e as duas ocupações especiais que eram, sobretudo, as características da defunta Alexandrina logo atraíram nossa atenção.

Sem dúvida nenhuma, a gêmea Maria Pace gosta ternamente de sua mãe, e dela se aproxima, muitas vezes, para a acariciar e a cobrir de beijos; mas essas manifestações de ternura, feitas tumultuosamente, são de pouca duração, e ela quer logo voltar a seus folguedos. Alexandrina, ao contrário, procura igualmente a mãe; porém, como o disse, é mais calma em suas manifestações afetuosas, sem por isso ser mais fria. Suas carícias são delicadas, suas maneiras, doces, e quando está no colo da genitora não a quer mais deixar: este caso é o único que faz exceção à tendência que experimenta de bastar-se a si mesma, e quando a mãe quer deixá-la, para tratar de suas ocupações, não lhe é fácil fazê-lo sem suscitar choros e gritos.

É um gracioso espetáculo o comportamento diverso das duas meninas, numa sala. Maria Pace caminha rapidamente, sem hesitar, dá a mão a todo o mundo, enquanto Alexandrina vai esconder o rosto e as lágrimas no seio materno. Mas, em poucos instantes, a cena muda: Maria Pace, fatigada, quer deixar o salão, enquanto Alexandrina, familiarizada com as pessoas, não quer retirar-se e fica nos joelhos de sua mãe, atenta, como se estivesse tomando parte na conversa. Ainda nisso é ela a reprodução fiel daquela que a precedeu.

Vou citar, ainda, alguns traços especiais do caráter da criança, que servirão para mostrar uma perfeita semelhança com os hábitos e as impressões da primeira Alexandrina.

Um grande silêncio reina em torno da casa que habitamos, de sorte que o ruído de um carro se faz ouvir fortemente. Ora, esse ruído, quando ela está distraída, perturba o espírito de Alexandrina, que se oculta no regaço materno, dizendo: *Alexandrine si spaventa* ("Alexandrina tem medo").

Tudo, até mesmo as palavras, precisamente iguais, e o emprego da terceira pessoa, lembra o modo de agir e de falar, em caso idêntico, da primeira Alexandrina.

Como esta, tem terror ao barbeiro, quando o vê em casa. Inútil dizer que Maria Pace não possui iguais pavores.

Ela não gosta das bonecas e prefere as crianças de sua idade, o que se notava, igualmente, na outra Alexandrina. Como a outra, ainda, quer que as mãozinhas estejam sempre limpas, e reclama, insistentemente, que as lavem, desde que as vê um pouco sujas. Como a outra, tem repugnância pelo queijo, e recusa a sopa, por pouco que seja e ainda que a ocultem.

A primeira Alexandrina morreu sem desembaraçar-se completamente do defeito de ser canhota, apesar dos nossos esforços por corrigi-la; a atual Alexandrina mostra-se obstinadamente canhota, e, naturalmente, recomeçamos os mesmos esforços por modificá-la. Nenhum outro filho meu, Maria Pace inclusive, apresentou essa tendência.[200]

No quarto dos seus irmãos, há um pequeno armário onde se guardam os sapatos. É para ela um grande divertimento, quando encontra o armário aberto, tirar os sapatos e pôr-se a brincar com eles. Era esta uma paixão da outra Alexandrina, mas, o que mais nos impressionou foi que esta, como a outra, quer sempre calçar, num pezinho, um dos sapatos, necessariamente muito grande para ela, e passeia assim através do quarto.

Enfim, há outra particularidade digna de nota, porque foi bem uma característica da falecida Alexandrina; e minha irmã, a quem ela se refere, especialmente, guardava-a como um critério probante, esperava a realização na criança, e conservava o caso em segredo, sem falar a ninguém, com medo que a menina o repetisse por sugestão. A primeira Alexandrina, aos 2 anos, começou, por capricho, a mudar os nomes; de Angelina ela fazia "Caterana" ou "Caterona", e assim, por capricho, chamava, constantemente, "tia Caterana".

Ninguém tinha notado esse pormenor e foi minha própria irmã quem verificou o fato aludido, quando Alexandrina tinha a mesma idade da outra; ela nos fez lembrar aquela particularidade que a todos maravilhou.

É inútil acrescentar que nenhuma dessas características se manifestou em Maria Pace.

Outro fato, ainda, me atraiu a atenção; não quero falar dele, porém, porque não tive confirmação plena do mesmo.

---

[200] N.E.: O sinistrismo ou canhotismo — característica daquele que usa preferencialmente a mão esquerda — era tradicionalmente combatido e reprimido socialmente [...]

A reencarnação

Certamente, para estranhos que não conhecem as duas meninas, que não vivem em sua intimidade, a simples exposição desses fatos não diz a que ponto se correspondem as duas pequenas Alexandrinas. Para nós, a semelhança é tão perfeita que, para exprimir a opinião de toda a família, só posso estabelecer esta comparação: o desenvolvimento da vida da Alexandrina atual, nos seus aspectos, hábitos e tendências, é como se revíssemos o mesmo filme cinematográfico, já desenvolvido em vida da outra.

Em todo o caso, se estranhos não podem sentir e julgar exatamente como nós, da família ou íntimos, aquela correlação dos fatos, em uma idade em que o campo da consciência está ainda limitado, poderão, entretanto, verificar como é difícil explicá-los pelas coincidências fortuitas ou pela hereditariedade, sobretudo tendo em conta, particularmente, as outras circunstâncias que precederam o nascimento das duas filhinhas.

Dr. Carmelo Samona

No *Journal du Magnétisme*, de setembro de 1913, o Doutor Fugairon publicou um artigo no qual critica os relatos do Dr. Samona; afirma ele que o caso não é demonstrativo da reencarnação. Em primeiro lugar, porque Alexandrina teria dito à sua mãe: "Vê, eu estou pequena assim", e mostrava um embrião. Em segundo lugar, porque a concepção das gêmeas seria anterior à morte de Alexandrina, já que elas nasceram prematuras, e, enfim porque, se esta se achava reencarnada, era-lhe impossível manifestar-se tiptologicamente.

O Dr. Samona respondeu a essas críticas na *Filosofia della Scienza*, n.º 4, de 15 de dezembro de 1913.

Fez notar que houve erro na tradução francesa do seu artigo: onde se lê "vê que estou pequena", leia-se "*serei* pequena".

No que concerne à concepção, o Dr. Samona, com o duplo título de pai e de médico, está melhor qualificado que o Dr. Fugairon para informar exatamente sobre este ponto.

Os nascimentos duplos se produzem muito frequentemente antes dos nove meses da gestação. Ora, as meninas nasceram com 8 meses, o que é perfeitamente normal para multíparas.[201]

Enfim, a objeção de que a pequena Alexandrina não poderia manifestar-se, se a reencarnação tivesse começado, é inexata, pois sabemos que o Espírito encarnado pode perfeitamente dar comunicações, e, com mais forte razão, quando não se acha, ainda, completamente ligado ao corpo que está para constituir-se.

Não se podem também atribuir os hábitos da Alexandrina nº 2 à influência do meio e da educação, porque sua irmã gêmea, Maria Pace, que está submetida às mesmas condições de existência, difere completamente de Alexandrina. Foi esta que voltou, porque física e moralmente é ela a ressurreição da primeira.

Essas legítimas induções fortificam-se e tornam-se certeza quando verificamos que uma lembrança da primeira Alexandrina despertou na segunda com um caráter tão nítido que a dúvida não é mais possível.

Vejamos um último documento, tomado, ainda, ao Dr. Lancelin, que estabeleceu peremptoriamente a volta a este mundo da pranteada filha do Dr. Samona.

Lancelin, que estava sempre em contato com o Dr. Samona, obteve dele informações do mais alto interesse, com relação à Alexandrina n.º 2.

Leiamos alguns tópicos da carta publicada nas páginas 362 e seguintes do seu livro *La Vie Posthume*. Foi escrita a 20 de março de 1921:

> Minhas gêmeas, que já passaram de alguns anos a idade da primeira Alexandrina, estão bem desenvolvidas, física e moralmente. Continuam a ser muito diferentes, uma da outra, e quanto ao físico parecem de idade diversa, visto que Maria Pace é dum porte muito mais elevado e robusto que Alexandrina. Esta continua a parecer-se com a outra,

---

[201] N.E.: Mulheres que já tiveram muitos filhos (*Aurélio*).

A reencarnação

de maneira surpreendente; tem os mesmos hábitos; é sempre canhota, com grande desespero da governanta, que busca sempre corrigi-la.

As duas meninas são, aliás, muito inteligentes e não têm as mesmas inclinações. Maria é mais inclinada às ocupações domésticas e Alexandrina às coisas espirituais. Maria ocupa-se com as bonecas e a outra com os livros. Alexandrina, apesar de esperta, costuma concentrar-se em uma espécie de meditação, que, muitas vezes, produz reflexões acima de sua idade.

Descreverei, agora, dois fatos:

1º) A primeira Alexandrina morreu de meningite; a doença começou por dores de cabeça. Ora, a atual Alexandrina tem um medo extraordinário à mais ligeira dor de cabeça.

2º) Há dois anos, dissemos às gêmeas que as levaríamos em excursão a Monreale. Em Monreale há a mais bela igreja normanda do mundo. E minha mulher acrescentou:

— Vocês vão ver coisas que nunca viram.

Alexandrina respondeu:

— Mas, mamãe, eu conheço Monreale, já vi.

Minha mulher, então, fez-lhe notar que ela nunca fora a Monreale. A criança replicou:

— Sim... já fui... Não te lembras de que havia uma grande igreja com uma estátua (homem) muito grande, no telhado, com os braços abertos?

E ela fazia o gesto com os braços. E continuou:

— Não te lembras de que fomos com uma senhora de chifres, e que encontramos uns padrezinhos vermelhos?

Não tínhamos consciência de jamais haver descrito Monreale; com efeito, Maria Pace não tinha dali o menor conhecimento; poderíamos, entretanto, admitir que qualquer outra pessoa da família lhe houvesse falado da grande igreja e do Salvador, sobre o portal do monumento; mas não sabíamos que pensar da dama dos chifres ou dos padres vermelhos. De repente, lembrou-se minha mulher, da última vez que fora a Monreale, com a pequena Alexandrina, antes de sua morte; levávamos conosco uma senhora de nosso conhecimento, que viera da província para consultar os médicos de Palermo, a respeito de grandes excrescências em sua fronte; à entrada da igreja, encontramos um grupo de jovens padres gregos, que traziam vestes azuis, ornadas de vermelho.

Recordamo-nos, então, que esses incidentes haviam impressionado muito a pequena Alexandrina.

Ora, se se admite que alguém tivesse podido falar à atual Alexandrina da igreja de Monreale, não é de supor que quem quer que seja tivesse um instante pensado na senhora de chifres e nos padrezinhos vermelhos, visto que para nós eram estas circunstâncias muito insignificantes.

Eis o fato em toda a sua simplicidade infantil. Como a pequena se obstinasse nessas três lembranças, para provar-nos que tinha ido a Monreale, não insistimos, porque, naquela idade, é fácil sugestionarem as crianças com perguntas. Assim, contentamo-nos em ouvir-lhe as narrativas e evitamos qualquer alusão à outra Alexandrina.

12.5.2 Alguns reparos

Os fenômenos referentes ao aviso de uma futura reencarnação são já bastante numerosos para se imporem como realidade.

Poderia multiplicá-los, se tomasse em conta todos os que me foram enviados; tive, porém, que eliminar alguns, não só por falta de espaço, como porque, apesar de apresentar caracteres evidentes de autenticidade, poderiam ser interpretados ou por sugestões dos parentes ou por transmissões do pensamento.

Pode-se verificar que me esforcei por só citar exemplos em que aquelas interpretações parecem despidas de fundamento. Notar-se-á, com efeito, que, no primeiro caso, é a menina que anuncia à mãe sua próxima volta; de outra feita, o Espírito que deve voltar manifesta-se à primeira e segunda mãe, independentemente uma da outra; o sexo e o aspecto físico do recém-nascido correspondem perfeitamente à imagem vista em sonho. No caso do Capitão Batista, a reminiscência da cantilena é uma demonstração evidente do despertar de uma lembrança, que dormia na subconsciência da criança. Essa narrativa aproxima-se do episódio da segunda Alexandrina Samona, e prova a perenidade da memória, apesar da transformação do envoltório corporal do ser.

Esses casos espontâneos são de grande valor, pois os seus narradores não tinham nenhum conhecimento das leis da reencarnação.

A reencarnação

Nas sessões espíritas, devemo-nos premunir contra as causas de erro, que resultariam da autossugestão dos médiuns.

Examinei, em cada caso, o valor dessa hipótese, e creio haver demonstrado que ela era insuficiente para explicar o fenômeno, mormente no que se refere aos relatos de Bouvier, Toupet, Engel, de Reyle e Jaffeux.

Chegamos, enfim, ao bem documentado caso do Dr. Samona; nenhuma dúvida razoável é possível; a identidade das duas Alexandrinas, física e intelectualmente, afirma-se com tal evidência que creio inútil insistir no assunto. Foi o mesmo ser que, por duas vezes, veio ao mesmo lar. Se os outros casos tivessem sido estudados com tão minucioso cuidado e com tão precisa documentação, poderíamos afirmar, altamente, que a demonstração científica das vidas sucessivas seria, de ora em diante, um caso resolvido.

Se não chegamos, ainda, até aí, não será menos certo, para os que estudarem imparcialmente os exemplos citados, que há tal probabilidade a favor da palingenesia, que ela constitui uma prova moral de primeira ordem.

Não há dúvida de que o futuro nos trará novas e decisivas confirmações, e a grande lei da reencarnação tomará lugar definitivo no domínio da Ciência.

CAPÍTULO 13

Vista de conjunto dos argumentos que militam em favor da reencarnação

A ALMA É UM SER TRANSCENDENTAL. — O PERISPÍRITO E SUAS PROPRIEDADES. — ONDE PUDERAM SER ADQUIRIDAS? PASSANDO ATRAVÉS DA FIEIRA ANIMAL. — ANALOGIA ENTRE O PRINCÍPIO INTELECTUAL DOS ANIMAIS E O DO HOMEM. — AS PROVAS QUE POSSUÍMOS. — A REENCARNAÇÃO HUMANA E A MEMÓRIA INTEGRAL. — O ESQUECIMENTO DAS EXISTÊNCIAS NÃO É SINÔNIMO DE ANIQUILAMENTO DA MEMÓRIA. — A HEREDITARIEDADE E AS CRIANÇAS-PRODÍGIO. — AS REMINISCÊNCIAS E AS VERDADEIRAS LEMBRANÇAS DAS VIDAS ANTERIORES. — AVISO DE FUTURAS REENCARNAÇÕES. — A PALINGENESIA É UMA LEI UNIVERSAL.

Chegados ao termo deste trabalho, se lançarmos um olhar ao caminho percorrido, verificaremos que a grande teoria das vidas sucessivas, que nasceu na aurora da Humanidade, atravessou os séculos e as civilizações, com fortuna diversa, e, nos tempos modernos, tomou vida nova graças aos pensadores que a estudaram no último século, às observações e às experiências dos espiritistas.

Parece que ela deve sair, agora, do domínio filosófico para entrar no da Ciência. Se as observações e as experiências são, ainda, relativamente pouco numerosas, algumas já se acham bem estabelecidas, e é impossível não as ter em consideração.

Elas são os primeiros degraus desse monumento, que a ciência de amanhã certamente construirá.

Para que se aprecie o justo valor dos argumentos de diferente natureza que reuni neste volume, seguindo o método indutivo, é indispensável, em primeiro lugar, conhecer bem as demonstrações científicas sobre as quais repousa a certeza da existência da alma, como princípio independente do corpo, e a do *substratum* imaterial que a individualiza e de que é inseparável.

13.1 A alma é um ser transcendental

Vê-se, indiscutivelmente, das pesquisas feitas há meio século, pelos sábios mais notáveis do mundo inteiro, que existe no homem um princípio transcendental, desconhecido dos quadros da Fisiologia oficial, porque nos é revelado com faculdades que o tornam muitas vezes independente das condições de espaço e de tempo, que regem o mundo material.

É o que se verifica dos trabalhos da Sociedade Inglesa de Pesquisas Psíquicas que, desde 1882, publicou mais de 30 volumes, com as observações e as experiências que seus membros registraram, depois de minuciosos inquéritos. Os nomes de Crookes, de Sidgwick, de Myers, de Gurney, de Barret, de Oliver Lodge e de muitos outros são penhores seguros da realidade dos fatos ali relatados.

Inquéritos semelhantes foram feitos nos Estados Unidos, pelo ramo americano de Pesquisas Psíquicas, sob a direção do professor Hyslop e de Hodgson; na França, por grande número de psiquistas

A reencarnação

e, em particular, por Camille Flammarion, em seus três volumes: *La Mort et son Mystère*.

Ultimamente, René Warcollier, engenheiro químico, publicou um volume sobre a telepatia, e o Dr. Osty, dois livros: *Lucidité et Intuition* e *La Connaissance Supranormale*, que se referem às faculdades desconhecidas do ser humano.

Na Itália, a revista *Luce e Ombra* reuniu indiscutível quantidade de testemunhos e Bozzano publicou uma série de monografias sobre este assunto, e que são do mais alto interesse.

É, pois, absolutamente certo que o pensamento de um indivíduo pode exteriorizar-se e agir sobre outro ser vivo, independentemente de qualquer ação sensorial, apesar da distância que os separa. É a este fenômeno que se dá o nome de telepatia. Não menos certo que a visão a distância, apesar dos obstáculos interpostos, se exerce durante a vigília ou o sono, sem recorrer ao sentido ocular, o que necessita um poder diferente do puramente fisiológico.

Eis-nos, ainda aí, em presença de uma faculdade inteiramente distinta das que os fisiologistas reconhecem à substância nervosa. Enfim, está estabelecido, por exemplos numerosos e indiscutíveis, que um fenômeno tão extraordinário como o do conhecimento do futuro ou a da premonição foi várias vezes verificado. Tudo prova que existe no homem um ser independente do organismo físico e que rigorosamente condicionado pelas leis que regem o mundo material.

Isto, agora, é tão incontestável que um filósofo da envergadura de Bergson não recuou dizer, numa Conferência sobre a alma e o corpo, a 28 de abril de 1912:

> Se, como procuramos demonstrar, a vida mental transborda a vida cerebral, se o cérebro se limita a traduzir em movimentos uma pequena parte do que se passa na consciência, a sobrevivência, então, se torna tão verossímil que a obrigação da prova incumbirá àquele que nega, em vez de àquele que

afirma, porque a única razão de crer na extinção da consciência depois da morte é que se vê o corpo desorganizar-se, e esta razão não terá mais valor se a independência da quase totalidade da consciência em relação ao corpo for também um fato verificável.[202]

13.2 O perispírito e suas propriedades

A independência desse princípio interior foi estabelecida por provas numerosas e variadas. A alma é individualizada pelo perispírito.

Há, melhor ainda; esse princípio espiritual não é uma vaga entidade metafísica, uma palavra abstrata ou uma função da substância nervosa, mas um ser concreto, com individualidade, porque, mesmo durante a vida, é esse ser ao qual se deu o nome de alma ou de espírito, que pode separar-se do corpo e manifestar sua realidade objetiva nos fenômenos de desdobramento.

O desdobramento do ser humano está, agora, demonstrado por observações mil vezes reiteradas. Verificou-se, de uma parte, a presença do corpo material, em um determinado lugar e, simultaneamente, a existência do duplo em outro.

O fantasma do vivo traz, consigo, a sensibilidade, a inteligência e a vontade; pode-se reproduzir esse fenômeno experimentalmente, o que é uma segunda demonstração da independência do ser interno, designado habitualmente sob o nome de *espírito*.[203]

É ele que, depois da morte, sobrevive e se manifesta objetivamente, por aparições materializadas, que são, em todos os pontos, semelhantes às dos vivos. Eis-nos, pois, em presença duma demonstração direta e imediata:

---

[202] BERGSON, Henri. *L'énergie spirituelle* (1919).
[203] DELANNE, Gabriel. *Les Apparitions Matérialisées, Les Fantômes des Vivants*, t. I.

A reencarnação

a) O Espírito não é um produto do corpo, pois que sobrevive à sua desagregação;

b) Possui, sempre, o mesmo organismo fluídico, que o acompanha durante a vida, e que o individualiza, ainda, depois que se separa do corpo material.

Durante a vida, o conhecimento do perispírito faz-nos compreender:

a) A conservação do tipo individual, apesar da renovação incessante de todas as moléculas carnais;

b) A reparação das partes lesadas;

c) A continuidade das funções vitais, num meio continuamente em renovação.

Os espiritistas conhecem há muito esses interessantes e curiosos fenômenos e veem com satisfação que a ciência oficial, pela voz de alguns dos seus representantes e dos mais autorizados, vai sancionando, pouco a pouco, todas as ordens de fatos que compõem esta nova ciência. É, pois, legítimo que nos sirvamos desses preciosos conhecimentos para experimentar resolver o problema da origem da alma e de seus destinos.

Está perfeitamente demonstrado[204] que nas sessões de materialização se forma um ser estranho aos assistentes, e que é objetivo, porque todo o mundo o descreve da mesma maneira; porque é possível fotografá-lo; porque deixa impressões digitais ou moldagens dos seus órgãos; porque age fisicamente, deslocando objetos; porque pode falar ou escrever.

Este ser possui, pois, todas as propriedades fisiológicas de um ser humano comum e faculdades psicológicas.

---

[204] DELANNE, Gabriel. *Les Apparitions Materialisées*, t. II.

Não se trata de um desdobramento do médium, não só porque dele difere em todos os pontos de vista mas também porque costumam aparecer, simultaneamente, vários Espíritos materializados. De mais, tem-se, por vezes, verificado que o médium, acordado, conversa com a aparição. Em outras ocasiões, o Espírito materializa-se, de maneira idêntica, com médiuns diferentes, e, enfim, sua identidade é frequentemente estabelecida pelos que o conhecem.

Uma vez que o perispírito possui a faculdade, após a morte, de materializar-se, reconstituindo, integralmente, o organismo físico que aqui possuía, somos levados a supor que, no instante do nascimento, é ele que forma seu invólucro corporal, o qual não passa de uma materialização estável e permanente, enquanto nas sessões experimentais ela é apenas temporária, porque produzida fora das vias normais da geração.

Essa opinião, que eu emitia há 25 anos em *A evolução anímica*, acaba de ser aceita pelo eminente *Sir* Oliver Lodge, numa conferência feita na Inglaterra, em 1922, diante de um público selecionado. Ele não teme se manifestar assim:

> Frequentemente, nesse tipo de demonstrações, as forças usadas não são de alta essência: o ectoplasma, por exemplo, é uma dessas manifestações materiais que podem se submeter ao exame de nossos sentidos. Esses fatos por si só já parecem extraordinários; contudo, *são fatos*, e é preciso estudá-los, como é preciso estudar essas vozes ouvidas, essas escritas diretas constatadas, e convém acreditar nelas como acreditamos nas sentenças lidas sobre o muro pelos convivas do festejo de Baltasar.[205] Há imensas verdades nas "lendas" da Bíblia. As materializações, os fantasmas não são alucinações. Nós mesmos, não somos nós materializações que podem durar 70 anos como as outras duram 70 segundos?[206]

O corpo espiritual, a que a alma está indissoluvelmente ligada, conserva o estatuto das leis biológicas que regem a matéria organizada.

---

[205] N.E.: A esse respeito, ver *Daniel* 5:1 a 4.
[206] CASSIOPÉE, M. Chronique Étrangère. *Revue Spirite*, fev. 1923, p. 76.

A reencarnação

Ele contém, igualmente, todos os arquivos da vida mental, porque a consciência só nos faz conhecer uma fraca parte desse imenso oceano, à superfície do qual ela emerge, e que constitui o fundo de nossa individualidade.

Pode-se dizer, portanto, que o conhecimento do perispírito é o fecho de toda a explicação das vidas sucessivas. A cada nascimento, é um ser antigo que reaparece.

13.3 Onde e como o perispírito pôde adquirir suas propriedades?

Uma das mais belas conquistas da ciência do século XIX foi a demonstração da unidade fundamental da composição de todos os seres vivos: todos nascem de um ovo, todos são formados de células, cujo protoplasma é sensivelmente o mesmo, apesar de sua prodigiosa diversidade. Todos os seres nascem, evoluem e morrem. Todas as funções orgânicas são essencialmente semelhantes: a nutrição, a digestão, a respiração e a reprodução operam-se de maneira quase idêntica.

É uma demonstração pelo fato da unidade de plano da Natureza e, desde que a inteligência, posto que diferente da matéria, lhe é, entretanto, associada, lícito é acreditar que o princípio espiritual lhe é também fundamentalmente o mesmo, apesar das diferenças quantitativas que existem em todos os graus de seu desenvolvimento.

Verificamos que as faculdades transcendentais, como a telepatia, a clarividência, e mesmo a ideoplastia existem igualmente nos animais, o que é uma razão a mais para admitir a identidade do plano da Criação.

Se assim é, se realmente a alma vem subindo os degraus da escala zoológica, não será surpreendente que a cada nascimento ela reproduza, em resumo, toda a história do seu passado, como se nota durante a vida embrionária de todos os seres.

Estas induções são legítimas encadeiam-se mutuamente, e podemos considerá-las como provas da palingenesia universal.

Não se compreende, ainda, claramente, como o princípio inteligente, que anima inumeráveis bilhões de organismos rudimentares e primitivos, chegue a sintetizar-se em uma unidade de uma ordem superior, assim como não se pode explicar, claramente, como essa passagem se opera de uma espécie a outra. Não é, entretanto, menos real que existe uma ligação permanente e contínua entre todos os degraus de escala vital, e se a vida é una no Universo, o mesmo acontece com o princípio espiritual.

Somos, daí, obrigados a perguntar onde o perispírito pôde adquirir suas propriedades funcionais, e parece lógico supor que ele as fixou em si, no curso de suas evoluções terrestres, passando, sucessivamente, por toda a fieira da série animal, integrando em sua substância indestrutível as leis cada vez mais complicadas que lhe permitem animar e reparar, automaticamente, organismos cada vez mais complexos, das formas mais simples ao homem. É uma gradação sucessiva e uma evolução contínua.

Se esta hipótese é exata, devem-se reencontrar, na série animal, fenômenos análogos aos observados na Humanidade. É indiscutivelmente o que se dá, pois que já verificamos que a alma do animal sobrevive à morte.

Em obra precedente, *A evolução anímica*, procurei indicar como se podia conceber o desenvolvimento progressivo do princípio espiritual, e mostrei que, colocando-se a causa da evolução nos esforços empregados pelo princípio inteligente, para libertar-se progressivamente dos laços da matéria, explicam-se melhor os fatos do que pela teoria materialista dos fatores únicos da hereditariedade e do meio.

O progresso físico e intelectual provém de esforços incessantes, reiterados, de melhoramentos quase imperceptíveis, a cada passagem, mas cujo termo está na Humanidade, que resume e sintetiza essa grande ascensão.

A reencarnação

O ser, chegado a um grau qualquer da escala vital, não pode mais retroceder, simplesmente porque não encontraria mais, em razão do seu estado evolutivo, as condições necessárias para encarnar nas formas inferiores, que já ultrapassara.

Os cruzamentos são, em geral, infecundos, entre espécies diferentes, porque os híbridos não se reproduzem, e com mais forte razão entre as famílias e os ramos.

Notemos, ainda, que as funções vitais, nutrição, respiração, reprodução, e mesmo a sensibilidade e a motricidade não criam diferenças essenciais entre os animais e os vegetais, o que estabelece a grande unidade fundamental que existe sob o véu das aparências.

Demonstrou-nos a Ciência que o transformismo não passa de um caso particular de uma lei geral.

Tudo evoluciona, tanto as nações como os indivíduos, assim os mundos como as nebulosas. Tudo parte do simples para chegar ao composto; da homogeneidade primitiva vai-se prodigiosa complexidade da natureza atual, realizada por leis que só pedem tempo para produzir todos os seus efeitos.

Vimos que, nos vertebrados superiores e mais particularmente entre os animais domésticos, a inteligência adquiriu grande desenvolvimento para compreender a linguagem humana, para formular raciocínios, para resolver certos problemas.

É evidente que se encontra, ainda, num grau inferior de mentalidade, mas que da mesma natureza que a nossa.

Assinalei, igualmente, que os chamados poderes supranormais — como a telepatia, a clarividência e o pressentimento — se observam bastantes vezes na raça canina, o que permite, ainda, assimilar o princípio espiritual do animal ao do homem e, repito-o, existem fantasmas de animais inteiramente análogos, em suas manifestações, às manifestações materializadas dos mortos.[207]

---
[207] *Revue Métapsychique*, jan.-fev. 1923.

Em resumo, em todos os seres vivos há as mesmas contribuições orgânicas, as mesmas funções vitais, o mesmo princípio pensante, o mesmo invólucro perispiritual.

Magnífica demonstração é essa da grande lei de continuidade que rege o Universo inteiro.

13.4 A reencarnação humana e a memória integral

Para chegarmos à verificação experimental da realidade das vidas sucessivas e para explicar por que não se conservam as lembranças das existências anteriores, é preciso estudar sumariamente as diferentes modalidades da memória.

Se a alma é individualizada em uma substância, que a acompanha durante todo o tempo de sua evolução; se esse corpo espiritual é o guardião indefectível de todas as aquisições anteriores, estamos no direito de perguntar por quê, a cada volta, aqui, não temos conhecimento do passado?

Para compreender o olvido das vidas anteriores seria indispensável mostrar que, mesmo em nossa atual existência, produzem-se profundas lacunas relativamente a uma multidão de incidentes que nos sucedem, e, por vezes, períodos inteiros apagam-se de nossa lembrança. Não será, portanto, extraordinário que o mesmo se dê com tudo o que precede a vida atual, pois que o perispírito experimenta profundas modificações íntimas, ao reaparecer na Terra. Estabelece-se, de cada vez, um novo equilíbrio, que modifica, necessariamente, o estado da memória.

É, pois, indispensável mostrar que, se a memória é indestrutível, ela só se torna consciente em condições particulares.

Aqui, ainda, não se trata de uma teoria imaginada com todas as suas peças, mas de fatos atualmente conhecidos.

A reencarnação

As experiências de Pitres, Bourru e Burot, Janet e outros provaram que tudo que recebemos deixa um traço indelével. Sem dúvida, as aquisições intelectuais não se apresentam simultaneamente à consciência. A regra é que o seu maior número seja esquecido. Mas esquecimento não quer dizer destruição. A subconsciência registra sempre os estados mentais e, fato ainda mais notável, ela as associa indissoluvelmente aos estados fisiológicos contemporâneos, de sorte que, ressuscitando-se os primeiros, fazem-se renascer, ao mesmo tempo, os segundos, e vice-versa. Como já o disse, essa regressão da memória pode apresentar-se espontaneamente ou é possível provocá-la por diferentes processos e, principalmente, pela hipnotização de certos pacientes, que têm o poder da ressurreição mnemônica.

Os espiritistas, praticando as experiências magnéticas, descobriram esse poder de renovação das lembranças terrestres, durante a vida, e prosseguiram na regressão até os estados anteriores ao nascimento atual.

Já disse por que esse método não deu até então, apesar de algum êxito, os resultados que se poderiam esperar, mas estou persuadido de que ele será fecundo no futuro, quando tiver eliminado as causas de erro devidas à sugestão do operador, à autossugestão dos pacientes; quando se tiver atuado sobre o Espírito exteriorizado, em colaboração com os guias do médium, estes saberão empregar os meios mais eficazes para tornar a fornecer à memória perispiritual toda a sua intensidade. O método, aliás, não foi sempre infecundo, visto que o professor Flournoy, apesar do seu conhecido ceticismo, foi obrigado a confessar que não sabia como Hélène Smith teria haurido os conhecimentos da linguagem sânscrita da princesa Simandini.

Tenho feito reservas a propósito das narrativas em sessões espíritas, em que há reconhecimentos recíprocos, porque não têm sido fornecidos elementos para a verificação da realidade dos acontecimentos relatados pelos pacientes, o que não quer dizer, aliás, que as narrativas sejam falsas.

O mesmo não sucede em alguns casos em que é possível, até certo ponto, verificar a exatidão dessas rememorações.

Com efeito, quando, espontaneamente, a senhora inglesa, inteiramente ignorante do estado normal da política francesa, faz prova, durante o desprendimento, de profundos conhecimentos sobre o mesmo assunto, e afirma ter vivido outrora em nosso país, devemos ter, na maior conta, essa observação, proveniente de um meio em que a reencarnação não é geralmente admitida.

Igualmente para com a história do Príncipe Wittgenstein, em que o Espírito de sua prima afirma ter vivido em Dreux, nas circunstâncias dramáticas que relatamos. A identidade do Espírito parece bem estabelecida, dada a semelhança da letra das comunicações com a da religiosa viva, e, em parte, confirmada pelas pesquisas a que um amigo do autor procedeu para encontrar os restos do convento em que ela estivera.

Enfim, o reconhecimento da medalha é também um argumento que não se pode desprezar.

Com o caso relatado pelo Príncipe Wiszniewski, a prova é completa. Uma mulher, inteiramente ignorante, utilizando-se apenas de um dialeto do baixo alemão, exprime-se em francês, narra acontecimentos de sua vida passada, os quais são verificados como perfeitamente exatos. Eis-nos em presença de um verdadeiro caso de reencarnação, que nenhuma outra hipótese poderia logicamente explicar.

O exemplo do louco Sussiac não é menos demonstrativo, porque, depois da morte, se lembra de ter habitado um castelo, e lhe indica com exatidão o lugar, por todos ignorado, e no qual estão documentos, que foi possível encontrar, de acordo com as indicações dadas.

Esses fatos verificáveis são, infelizmente, muito raros; não temos, porém, o direito de os desprezar, porque servem para estabelecer, experimentalmente, a realidade das vidas anteriores, que vamos ver confirmadas por outros fenômenos não menos interessantes e ainda mais demonstrativos.

A reencarnação

Notemos que as personalidades que se observam em cada encarnação, tão distintas entre si, não são incompreensíveis para nós e não prejudicam o princípio da identidade, pois verificamos que um mesmo indivíduo, no curso da vida, pode apresentar oposições prodigiosas de caráter.

Louis V., por exemplo, ora é calmo, honesto, submisso; ora sob o choque de uma emoção ou de uma desordem orgânica, torna-se turbulento, ladrão, insubmisso; as fases são separadas pela perda de conhecimento de certos estados intelectuais anteriores.

Nota-se o mesmo contraste no caso de Félida e, sobretudo, no da Srta. Beauchamps. Dir-se-ia que essas diversas personalidades são estados alotrópicos da individualidade total.

Desde que a reencarnação traz, fatalmente, um tônus vibratório inteiramente distinto do da vida do espaço e das existências anteriores, é natural que, a cada retorno à Terra, o ser que reencarna difira, mais ou menos, do que era antes, não obstante conservar uma individualidade inalterável.

13.5 A hereditariedade e as crianças-prodígio

Desde que a ciência materialista atribui as faculdades intelectuais ao funcionamento do cérebro, os estudos aqui feitos obrigar-me-iam, necessariamente, a indagar, até que ponto o fenômeno da hereditariedade poderia fornecer uma explicação para o caso das crianças-prodígio.

Vimos que, pela palavra hereditariedade, é designada a transmissão dos caracteres anatômicos e fisiológicos entre os pais e seus descendentes; o fato é indiscutível.

A ciência atual, porém, não lhe fornece nenhuma explicação válida. Todas as teorias imaginadas por Herbert Spencer, Darwin, Necgeli, Weismann e outros são absolutamente incapazes de elucidar esse fenômeno, porque as gêmulas, micelas, ideoplasmas, ideias determinantes, bióforos etc. não são mais que palavras, que não correspondem a qualquer realidade objetiva. Ser-nos-á, pois, permitido, a nós, espiritistas, utilizar os conhecimentos que adquirimos experimentalmente; eles nos autorizam a formular uma explicação que tem, pelo menos, o mérito de apoiar-se na observação e na experiência.

Desde que o perispírito possui o poder de organizar a matéria, é a ele que atribuímos essa função para explicar a formação do embrião e do feto.

Se, em verdade, o princípio espiritual sobe lentamente os degraus da série zoológica, se conserva em sua substância os traços indeléveis (órgãos atrofiados) dessa evolução, é natural que ele a reproduza, em síntese, durante os primeiros meses da gestação.

Os caracteres secundários, que pertencem aos pais, podem ser atribuídos a uma ação magnética do pai e da mãe, que modifica mais ou menos profundamente o tipo perispiritual do ser que encarna, para lhe dar uma semelhança com os seus progenitores.

Essa hereditariedade física não é nem geral nem absoluta; entretanto, existe por vezes, o que não está em contradição com a explicação que dei.

O mesmo já não acontece quando se trata da hereditariedade psicológica. Esta não existe nunca, por assim dizer, e se, às vezes, podemos descobrir aptidões intelectuais semelhantes entre pais e filhos, estas semelhanças nunca são transmissões diretas.

Um matemático, por exemplo, não comunicará a seu filho o conhecimento da Álgebra, assim como um linguista não lhe dará o das línguas que ele conhecer.

Citei numerosos exemplos que demonstram não só que muitos homens saíram dos meios mais obscuros, nos quais seria impossível descobrir a causa de suas eminentes faculdades, como também que os maiores vultos só tiveram, as mais das vezes, filhos degenerados.

A hereditariedade psicológica é tão pouco frequente que certo número de fisiologistas foi constrangido a imaginar uma lei de inatidade. Em realidade, é o que sucede: cada ser, voltando à Terra, traz consigo toda a bagagem do passado e manifesta, por vezes, desde a mais tenra infância, tão prodigiosos conhecimentos que é impossível atribuí-la à hereditariedade ou ao funcionamento da matéria cerebral, que não poderia ter adquirido todas as suas propriedades funcionais.

As formas da inteligência manifestaram-se, com brilho incomparável, em músicos como Mozart e Beethoven, antes mesmo que eles pudessem conhecer as noções fundamentais de sua arte.

O mesmo se deu com pintores, tais como Giotto, e escultores como Michelangelo, que na idade de 8 anos não tinha mais nada a aprender da técnica de seu mister.

Como explicar o caso inverossímil, mas bem real, de Heineken, que, aos 2 anos, sabia três línguas, e com 2 anos e meio, mamando, ainda, pôde prestar um exame de História e de Geografia; de Hamilton, que conhecia aos 3 anos o hebraico e aos 7 estava mais adiantado que a maior parte dos candidatos à academia?

É bem certo que o cérebro dessas crianças só podia servir mecanicamente para o enunciado das ideias, porque ele seria incapaz de registrar, em razão do seu incompleto desenvolvimento, a multidão de conhecimentos, de associação de ideias, e de raciocínios de que essas ciências necessitam.

Como já disse, era provavelmente por um fenômeno de exteriorização que o Espírito encarnado manifestava as prodigiosas aptidões, e estas, por certo, só as pudera adquirir nas existências passadas.

Esses fenômenos são tão embaraçosos para a ciência materialista que ela os passa cuidadosamente em silêncio.

13.6 As reminiscências

Indiquei já as razões pelas quais a lembrança do passado, que se manifesta de maneira tão brilhante nas crianças-prodígio, não é geralmente conservada. Entretanto, como não existem regras sem exceção, é possível, por vezes, que o Espírito encarnado, sob o império de diferentes circunstâncias, recupere, momentaneamente, parte de suas lembranças anteriores, encontrando-se em lugares que habitou outrora.

Essas reminiscências podem ser vagas, mas adquirem, algumas vezes, bastante intensidade para imporem, àqueles que as experimentam, a certeza de que já viu a região em que se acha, e mesmo que a habitou.

Nem o sentimento do já visto nem a clarividência são suficientes, em certos casos, para explicar completamente o fenômeno. A teoria que fica de pé, por consequência, é a das vidas anteriores.

Vimos, assim, que a reminiscência, posto que geralmente imprecisa, é muito frequente nos verdes anos. Mas, na impossibilidade de verificar a realidade dessas impressões, só as indiquei para não deixar nada de lado, reservando para depois os exemplos autênticos em que a reminiscência foi observada.

Com os casos do Major Welesley, do clérigo e da Sra. de Krapkoff, demos um passo avante.

13.7 Verdadeiras lembranças de vidas anteriores

Já não é o simples sentimento do já visto; o percipiente tem a sensação nítida de haver vivido outrora, e não a de assistir simplesmente a uma visão do passado.

Bem demonstrativo é o caso da senhora russa: desde criança, desenha, sem modelo, personagens vestidas como no século XVIII; reconhece o castelo de Versalhes e as ruínas de Marly, sem nunca os ter visto; tem a sensação perfeita de ter vivido aí em outros tempos.

Assim também com Katherine Bates, cuja escrita anterior foi reconhecida como a que possuía outrora; vem depois a visão, o conhecimento exato da aldeia de Broadway, fatos verdadeiramente

A reencarnação

demonstrativos, pois que, em sua existência atual, jamais conhecera aquela região e ignorava que seu antepassado aí tivesse vivido, o que exclui a hipótese da clarividência.

O inquérito do Dr. Gaston Durville, a propósito da vida anterior da Sra. Raynaud, é muito interessante, em vista da documentação exata que pôde ser reunida para a verificação de todas as particularidades. É um notável exemplo de lembrança de uma vida passada, porque nenhuma outra hipótese pode explicar os vários incidentes.

Viu-se, pelo meu relatório ao Congresso de 1898, que muitos homens célebres afirmam lembrar-se de ter vivido antigamente. É impossível não levar em conta, entre os modernos, atestados de homens como Alphonse de Lamartine e Joseph Méry, tão demonstrativos sob vários pontos de vista.

O mesmo para com o padre Graty; ele declara que o gênio da língua latina lhe foi revelado repentinamente (de dentro para fora); isto é, necessariamente, o despertar de uma ciência outrora aprendida.

Indiscutivelmente, o mesmo se deu com a menina Nellie Foster, que reconhece uma região que nunca viu e designa as pessoas com quem se relacionara em encarnação precedente, quando se chamava Maria.

Não se pode apelar para o conhecimento criptestésico, porque ninguém falara à criança da região que sua família habitara precedentemente.

Também o mesmo, com relação ao caso apresentado pelo Comandante Mantin, no qual uma menina designa exatamente os nomes das localidades espanholas por onde nunca passara durante o curso de sua vida atual.

É do mais alto interesse observar que os casos de lembranças de vidas anteriores podem verificar-se em todos os países, em todas as raças, em todas as épocas, ainda mesmo em meios em que ideias reencarnacionistas são completamente desconhecidas; parece, pois, que os fatos espontâneos são, realmente, manifestações da continuidade da memória subconsciente.

A raridade relativa deles não é razão suficiente para negar os que havemos colhido.

Com efeito, vimos que, na Índia, os exemplos de lembranças das vidas anteriores são bastante comuns; os casos assinalados pelo Dr. Moutin foram bem verificados e não podem ser bem compreendidos se não admitirmos a reencarnação. Os da reconstituição da individualidade, inteiramente desconhecida pelas crianças que pretendem ter sido personagens que já existiram, são igualmente do mais alto interesse.

Os exemplos de Tucker na Itália e do Major Welch, na Índia, se fossem mais bem documentados, seriam inteira e completamente demonstrativos.

Notei-os de memória, mas as descrições de Courtain e o caso de Havana foram seriamente observados e provam a sobrevivência da memória da última encarnação de certas crianças.

Não ignoro as críticas que possam ser suscitadas relativamente ao método histórico e no que concerne ao valor das testemunhas colhidas em fontes tão diferentes; seria necessário, para sua verificação, que se efetuassem inquéritos semelhantes aos empreendidos pelos Drs. Moutin e Durville.

Não é permitido, porém, desprezar sistematicamente os exemplos que citei. Parece-me impossível que tantos testemunhos fornecidos por pessoas honestas, que não se conheciam, de todas as classes da sociedade, sem qualquer interesse de enganar, sejam completamente despidas de valor.

Os exemplos emanam de fontes tão diversas e têm, entretanto, caracteres tão comuns que é impossível atribuí-los à fantasia dos narradores ou à imaginação das crianças, tanto mais quanto, por vezes, eles se produzem, espontaneamente, em meios nos quais a ideia da vida anterior era absolutamente estranha, assim aos pais como aos filhos.

Seria preciso fechar voluntariamente os olhos para não compreender a importância de semelhantes comprovações; são fatos e ninguém possui, cientificamente, o direito de os desatender.

A reencarnação

Até prova em contrário, eles me aparecerão como demonstrações positivas da indiscutível realidade das vidas anteriores.

13.8 Avisos de futuras reencarnações

Se é útil assinalar cuidadosamente o caso da revivescência da memória, não é menos necessário registrar as narrativas nas quais foi dado o aviso de uma futura reencarnação.

Ora a predição se realiza espontaneamente, ora é produzida durante o sono, ora, enfim, no correr de sessões espíritas.

Vimos essas revelações manifestarem-se sob as mais variadas formas. É, a princípio, uma criança que, antes da morte, tem a intuição de voltar à Terra, e fixa o dia de seu novo nascimento.

Depois, é o caso em que o Espírito desencarnado informa em sonho à sua mãe e àquela que foi sua irmã que renasceria em casa desta, e o recém-nascido tem os caracteres físicos idênticos aos que sua mãe vira em sonho. São complicações que nenhum acaso poderia combinar.

É ainda por uma visão que a mulher do Capitão Batista sabe que a sua querida pequena Blanche lhe voltará, e esta é tão bem a reencarnação da primeira Blanche que se lembra da cantilena, em língua francesa, que tantas vezes a adormecera na vida precedente.

A revivescência da lembrança mais completa no caso de Nellie Foster, em que os pormenores da vida anterior ressuscitam com inteira fidelidade.

São fatos esses eminentemente convincentes, e que por si sós bastariam para apoiar, solidamente, a teoria das vidas sucessivas, visto que nenhuma outra explicação lógica poderia intervir aí.

Mostrei que, nas sessões espíritas, os Espíritos anunciavam frequentemente que renasceriam em certa família, de antemão designada, com sinais característicos, e essas predições se realizaram minuciosamente.

É útil assinalar o caráter moral que se desprende de algumas destas observações; de modo geral, as almas que vêm retomar um corpo o fazem com o fim de melhorar, e anunciam explicitamente o fato, como uma necessidade que lhes é imposta pela Justiça imanente.

Trata-se de um traço comum do ensino dos guias espirituais. Tais foram os casos citados por Bouvier, Toupet, Jaffeux.

Eles são, de alguma sorte, resumidos e completados pela descrição do Dr. Samona, na qual o aviso da futura reaparição da pequena Alexandrina se complica com a de uma irmã gêmea, com tal abundância de provas, que é impossível a dúvida.

Não somente o caráter, os hábitos de Alexandrina n.º 1 se repetem na recém-vinda, como ainda as lembranças, o que não permite duvidar que a pequena desaparecida tenha voltado.

Seria demais insistir na importância deste caso. É possível que tal conjunto de fenômenos seja o resultado de simples coincidências? Como se poderiam explicar as propriedades do corpo espiritual, que ressuscita a sua forma antiga nas sessões de materialização? A não admitir que foram adquiridas aqui, quem nos poderá dar uma explicação lógica das recordações e das reminiscências, de que encontramos tão grande número de exemplos?

Como recusar crédito às predições feitas nas sessões espíritas quando elas se realizam com tão perfeita exatidão?

Todos esses fenômenos, aparentemente tão diversos, têm uma explicação comum. É a teoria da reencarnação, que nos mostra o Espírito, subindo lentamente a árdua rota que o deve conduzir à felicidade, preço dos seus incessantes esforços.

CAPÍTULO 14

Conclusão

A EXPLICAÇÃO LÓGICA DAS DESIGUALDADES INTELECTUAIS E MORAIS. — O ESQUECIMENTO DO PASSADO. — O PROBLEMA DA EXISTÊNCIA DO MAL. — O PROGRESSO. — CONSEQUÊNCIAS MORAIS DA DOUTRINA.

Durante todo o curso desta obra, esforcei-me por apresentar aos leitores os fatos de natureza diversa, que pareciam provar cientificamente as vidas sucessivas.

Abandonei, voluntariamente, os ensinos que nos foram dados pelos Espíritos a respeito da grande lei de evolução espiritual; devo, porém, agora, resumi-los a fim de que se lhes possa apreciar a importância e a grandeza.

Eles esclarecem com luz nova o problema do destino humano, oferecendo-nos novas soluções para a natureza divina e o verdadeiro destino reservado a todos os seres humanos.

Com efeito, os filósofos espiritualistas de nossos dias se têm ocupado pouco com a origem da alma; se o futuro dela nos tem interessado, o mesmo não acontece com o seu passado. Parece, entretanto, que os dois problemas se ligam e que são iguais em mistério.

Os teólogos têm tido mais zelo com esta questão; ela diz de perto com a base em que repousa o Cristianismo: a transmissão do pecado original. As suas opiniões podem reduzir-se a duas hipóteses. Uns admitem que todas as almas estavam contidas na de Adão, e que se transmitiam pela geração: tal era em particular a opinião de Tertuliano, Jerônimo de Estridão e Lutero; Leibniz e Mallebranche filiaram-se a esta doutrina. Ela não foi universalmente admitida, e a opinião comum é que é preciso um ato da vontade divina para que se crie uma alma a cada nascimento. Mas esbarramos aqui com dificuldades logicamente insuperáveis, porque esta hipótese é inconciliável com a bondade e a justiça de Deus.

Às provas clássicas referentes à demonstração da existência da causa primária, o Espiritismo veio acrescentar uma nova, de alguma sorte experimental, que resulta de nossas relações com os Espíritos desencarnados. O estudo das comunicações espíritas provou-nos, de maneira irrefutável, que a situação da alma, depois da morte, é regida por uma lei de justiça infalível, segundo a qual os seres se encontram em condições de existência, que são rigorosamente determinadas por seu grau evolutivo e pelos esforços que faz para melhorar.

Nossas relações com o Além ensinaram-nos, ainda, que não existe inferno, nem paraíso, mas que a lei moral impõe sanções inelutáveis àqueles que a violaram, enquanto reserva a felicidade aos que se esforçaram por praticar o bem, sob todas as formas.[208] A bondade e a justiça do Todo-Poderoso parecem falhas, quando examinamos as inúmeras desigualdades físicas, morais e intelectuais que existem entre todos os seres, desde seu nascimento.

Por que, diremos com Allan Kardec, se o fim que devemos atingir é o mesmo para todos, favoreceria a Potência divina certas criaturas, recusando a outras as mesmas faculdades para que chegassem à felicidade futura? É evidentíssimo que existem entre as raças, que

---

[208] Nota do autor: Ver *O céu e o inferno*, de Allan Kardec; neste livro, encontramos a justificação para estas afirmações. Consultar também *O livro dos espíritos*, que é uma síntese do ensino espírita.

povoam a Terra, diferenças profundas de mentalidade, e mesmo em cada nação, desde o nascimento, uma incalculável desigualdade entre todos os indivíduos.

É absolutamente certo que a alma da criança apresenta, desde tenra idade, aptidões diversas e independentes da educação. Por que revelam alguns, desde a infância, aptidões para as artes e para as ciências, enquanto outros ficam medíocres e inferiores toda a vida?

Donde vêm em uns as ideias inatas ou intuitivas, que não existem em outros?

Como admitir que uma alma nova, vinda pela primeira vez à Terra, já esteja gafada de vícios e demonstre irresistíveis propensões para o crime, enquanto outras, ainda que em meios inferiores, possuam sentimentos perfeitos de dignidade e doçura?

Qual será a sorte das crianças mortas em pouca idade, e por que cria a Potência infinita almas que devem habitar corpos de idiotas e de cretinos,[209] sem utilidade social?

É claro que a educação é impotente para dar aos homens as faculdades que lhes fazem falta, e ela desenvolve, apenas, as que eles trazem do berço.

Se a nossa eternidade futura depende de uma só passagem aqui (o que não passa de um segundo na imensidade do tempo), por que Deus, eterno, infinito, onisciente, para quem não existe passado nem futuro, sabendo a sorte que está reservada a cada criatura, dá-lhe a existência? Temos o direito de perguntar por que cria ele estes monstros cuja vida é uma série de crimes a serem punidos com suplícios sem-fim.

Assim, também sabendo o que deve suceder a cada um de nós, por que favorecerá a uns, à custa dos outros, o que é contrário, ao mesmo tempo, à bondade e à justiça de quem Jesus chamou Pai celestial, e cujo amor se deve estender a todos os que saem dele?

---

[209] N.E.: Portadores de *cretinismo*, deficiência congênita severa causada por falta de tiroxina, resultando em atraso severo no desenvolvimento do cérebro e do psiquismo (*Dicionário de psicologia*).

Quando uma doutrina filosófica ou um dogma religioso conduz a tais inconsequências, pode-se assegurar que esse dogma ou essa doutrina são erros manifestos, e temos o direito de procurar uma explicação melhor para essas aparentes anomalias. Desde, então, a explicação pelas vidas sucessivas adquire um valor incontestável, pois que oferece uma solução racional a todos os problemas que, sem ela, permaneceriam insolúveis.

De fato, se admitirmos que o nascimento atual é precedido por uma série de existências anteriores, tudo se esclarece e se explica facilmente. Os homens trazem, ao nascer, a intuição daquilo que adquiriram, e são mais ou menos adiantados, segundo o número de existências que percorreram. Sendo contínua a criação, existem em uma sociedade, ao mesmo tempo, seres cuja idade espiritual difere consideravelmente. Daí provêm as desigualdades morais e intelectuais que as diversificam. Podemos, pois, dizer com Allan Kardec:

> Deus, em sua justiça, não podia criar almas mais ou menos perfeitas; mas, com a pluralidade das existências, a desigualdade que vemos nada tem de contrário à mais rigorosa equidade; é que nós encaramos o presente e não o passado.
>
> Este raciocínio repousa em um sistema, uma suposição gratuita? Não. Partimos de um fato patente, incontestável, a desigualdade das aptidões e do desenvolvimento intelectual e moral, e achamos esse fato inexplicável por todas as teorias em curso, enquanto a sua explicação é simples, natural, lógica, por uma outra teoria. É racional preferir a que não explica, àquela que explica?

Se as almas devem passar por todas as situações sociais e por todas as condições físicas para desenvolver-se moral e intelectualmente, as desigualdades de toda a natureza, que se verificam entre os seres, compensam-se na série das vidas sucessivas. Cada qual, a seu tempo, ocupará todos os degraus da escala social, o que cria uma perfeita igualdade nas condições do desenvolvimento dos seres; em virtude da lei de justiça, todos se encontram na condição social que melhor convém ao seu progresso individual, porque todo renascimento é condicionado pelas consequências das vidas anteriores.

Toda falta acarreta efeitos inelutáveis; já mostrei como se opera, de alguma sorte automaticamente, essa justiça distributiva, que é infalível.

14.1 O esquecimento do passado

A objeção mais comumente feita à palingenesia é o esquecimento quase geral das existências anteriores.

Pareceria ilógico, no ponto de vista da justiça, fazer-nos expiar em uma existência faltas cometidas nas vidas passadas, de que tivéssemos perdido a lembrança. É bom observar, desde logo, que o esquecimento de uma falta não lhe atenua as consequências, e que o conhecimento da mesma seria para muitos um fardo insuportável e uma causa de desânimo, o que nos tiraria a força de lutar para o nosso soerguimento.

Se a renovação do passado fosse geral, ela perpetuaria os ressentimentos e os ódios que foram a causa das faltas anteriores, e se oporia a qualquer progresso.

É bom observar que todos os incidentes infelizes da vida não são, necessariamente, expiações de faltas anteriores. As provas são condições indispensáveis para obrigar-nos a vencer nosso egoísmo e a desenvolver as faculdades ou as virtudes que nos fazem falta. Aliás, o esquecimento do passado não é absoluto nem permanente. Já vimos os casos em que se conservou a memória das existências passadas.

Em certo grau de elevação, encontramos, no Espaço, entre duas encarnações, a lembrança de nossas vidas anteriores, e isto nos permite conhecer melhor o que nos falta ainda para elevar-nos na hierarquia dos Espíritos, desenvolvendo os predicados intelectuais e morais que estão em gérmen em nossa consciência e cujo desabrochar deve conduzir-nos aos mais altos cimos da Espiritualidade. Essa visão panorâmica de nossa evolução espiritual dá-nos o sentimento da identidade e da perpetuidade de nosso ser espiritual.

O olvido dos incidentes de nossas vidas anteriores é necessário para que possamos abandonar mais facilmente os erros e preconceitos adquiridos. A justiça, entretanto, exige que resgatemos nossas faltas, quando as houvermos cometido conscientemente. Eis por que diz o Dr. Geley:

> Cada um de nossos atos, de nossos trabalhos, de nossos esforços, de nossas penas, de nossas alegrias, de nossos erros, de nossas faltas, tem uma repercussão fatal, reações mentais em uma ou outra de nossas existências.

14.2 O problema da existência do mal

Se o Espiritismo conquistou milhões de adeptos no mundo inteiro, não foi somente porque traz à Humanidade a demonstração científica da existência da alma e da sua imortalidade, mas também porque propõe soluções lógicas para todos os enigmas que as religiões ou as filosofias não puderam resolver até então. Não se contenta ele em consolar aqueles que a tristeza de perder os seres amados reduzira ao desespero, responde às nossas interrogações sobre nossas origens e nossos destinos, com teorias concordantes, assim, com a justiça e a bondade de Deus, e com as exigências da Ciência.

Que mais angustiosa questão que a existência do mal? Como um ser todo-poderoso deixá-lo-ia subsistir, se só depende de sua vontade o desaparecimento desse mal? Por que os bens naturais, saúde, força, inteligência, parecem distribuídos ao acaso, assim como a fortuna e as honras, sendo, até, muitas vezes, o apanágio dos menos dignos? Por que essas calamidades que assolam regiões inteiras, mergulhando na dor milhares de seres inocentes?

A reencarnação

A doutrina das vidas múltiplas faz-nos entrever uma parte da solução do problema. Se voltarmos grande número de vezes à Terra, o jogo das reencarnações colocar-nos-á, sucessivamente, em todas as posições possíveis, e a desigualdade real, que existe para uma só vida, compensa-se, quando abraçamos a multiplicidade das condições físicas, morais, intelectuais e sociais que alternativamente temos ocupado aqui. O que havia de arbitrário desaparece, desde que todos os seres inteligentes experimentam provas semelhantes.

14.3 O progresso

O mal já não é uma fatalidade inelutável de que não nos poderíamos libertar; ele aparece como um aguilhão, como uma necessidade destinada a compelir o homem para a estrada do progresso. Apesar dos sofismas dos retóricos, o progresso não é uma utopia. A existência do homem, na época quaternária, errante através das florestas, ou vivendo nas cavernas, não é comparável à do mais miserável camponês de nossos modernos países.

À medida que penetramos no mecanismo da natureza, vamos podendo utilizar-nos da Ciência, para melhorar nossa situação física; foi o que sucedeu no correr das idades, pela transformação gradual das plantas, que são úteis à nossa alimentação, pelo saneamento das regiões insalubres, pela dragagem e regularização dos cursos d'água, que suprimem as inundações; assim, também, os flagelos naturais como a cólera, a peste, a difteria, a raiva, diminuem dia a dia de intensidade, graças aos imortais descobrimentos de Pasteur e seus discípulos. Temos o direito de esperar que, pelos progressos da Ciência, a tuberculose[210] e outras doenças epidêmicas, que dizimam, ainda, a Humanidade, não serão mais, daqui a alguns anos, que um mau sonho, dissipado pela luz da Ciência.

---

[210] N.E.: Atualmente, sob tratamento adequado, existem grandes chances de cura para essa doença.

A civilização dá ao homem uma segurança que seus precursores não conheciam; a agricultura e a indústria lhe têm proporcionado um bem-estar, que os antepassados nunca teriam ousado sonhar. As comunicações rápidas fizeram desaparecer as fomes periódicas, esse flagelo da Antiguidade e da Idade Média, assim como a higiene diminuiu as epidemias.

No ponto de vista moral, o progresso tem sido mais lento; a luta pela existência é ainda cruel, mas, quem compararia o proletariado atual com a escravidão antiga? Se as guerras não parecem desaparecer, já não se arrancam as populações dos seus lares para serem vendidas em leilão, e os soberanos não gastam os seus ócios, como os da Assíria ou do Egito, furando os olhos dos prisioneiros ou elevando pirâmides com seus membros mutilados.

O sentimento da solidariedade afirma-se hoje pela multiplicação dos hospitais, pelas pensões aos velhos, pelo auxílio aos enfermos, pelas associações contra os riscos da doença e do desemprego.

Sente-se que um novo estado de coisas está em via de elaboração; se ainda se acha rudimentar e defeituoso em muitos pontos, é de crer que vá tomando voo. A evolução para melhor surge como consequência da elevação intelectual da massa social, que a instrução, liberalmente distribuída, começa a fazer sair do seu torpor. Não se espera mais a felicidade por uma intervenção sobrenatural. Compreende-se que ela será o resultado do esforço coletivo. É preciso deixar aos amadores os paradoxos fáceis da negação do progresso, porque este aparece como a lei espiritual que rege o Universo inteiro.

Daí resulta que somos criadores de um determinismo ulterior, que será a consequência de nossas ações passadas; possuímos a possibilidade de modificar nossas existências futuras, no mais favorável sentido, conforme o grau de liberdade moral e intelectual, em relação com o ponto de evolução a que tenhamos chegado.

A reencarnação

14.4 Consequências morais

As vidas sucessivas tem por objeto o desenvolvimento da inteligência, do caráter, das faculdades, dos bons instintos, e a supressão dos maus.

Sendo contínua a evolução e perpétua a criação, cada um de nós, no correr das existências, é, a todo o instante, feitura de si mesmo. Com efeito, trazemos conosco uma sanção inevitável, que pode deixar de exercer-se imediatamente, mas que, cedo ou tarde, terá uma repercussão certa nas vidas futuras.

As desigualdades morais e intelectuais já não são o resultado de decisões arbitrárias da divindade e a justiça já não se acha ferida.

Partindo todos do mesmo ponto, para chegar ao mesmo fim, que é o aperfeiçoamento do ser, existe, realmente, uma perfeita igualdade entre todos os indivíduos.

Essa comunhão de origem mostra-nos claramente que a fraternidade não é uma palavra vã. Em todos os degraus do desenvolvimento, sentimo-nos ligados uns aos outros, de sorte que não existe diferença radical entre os povos, a despeito da cor da pele ou do grau de adiantamento. A evolução não é somente individual, é coletiva. As nações se reencarnam por grupos, de sorte que existe uma responsabilidade coletiva como existe a individual; daí resulta que, qualquer que seja nossa posição na sociedade, temos interesse em melhorá-la, porque é o nosso futuro que preparamos.

O egoísmo é, ao mesmo tempo, um vício e um mau cálculo, porque a melhoria geral só pode resultar do progresso individual de cada um dos membros que constituem a sociedade. Quando estas grandes verdades forem bem compreendidas, encontrar-se-á menos dureza entre os que possuem, e menos ódio e inveja nas classes inferiores.

Se os que detêm a riqueza ficarem persuadidos de que, na próxima encarnação, poderiam surgir nas classes indigentes, teriam evidente interesse em melhorar as condições sociais dos trabalhadores; reciprocamente, estes aceitariam com resignação a sua situação momentânea, sabendo que, mais tarde, poderiam estar, por sua vez, entre os privilegiados.

A palingenesia é pois uma doutrina essencialmente renovadora, é um fator de energia, visto que estimula em nós a vontade, sem a qual nenhum progresso individual ou geral poderia realizar-se.

A solidariedade impõe-se a nós como uma condição essencial do progresso social; é uma Lei da Natureza, que já podemos verificar nas sociedades animais, constituídas para resistir à lei brutal da luta pela vida.

O mal não é uma necessidade fatal imposta à Humanidade.

Em resumo, a teoria das vidas sucessivas satisfaz todas as aspirações de nossas almas, que exigem uma explicação lógica do problema do destino. Ela concilia-se, perfeitamente, com a ideia duma providência, ao mesmo tempo justa e boa, que não pune nossas faltas com suplícios eternos, mas que nos deixa, a cada instante, o poder de reparar nossos erros, elevando-nos, lentamente, por nossos próprios esforços, subindo os degraus dessa escada de Jacó, onde os primeiros mergulham na animalidade e os últimos chegam à mais perfeita espiritualidade.

Podemos dizer com Maurice Maeterlinck:

Reconheçamos, de passagem, que é lamentável não sejam peremptórios os argumentos dos teósofos e dos neoespiritistas; porque, não houve nunca uma crença mais bela, mais justa, mais pura, mais moral, mais fecunda, mais consoladora, e até certo ponto mais verossímil que a deles. Tão somente com sua doutrina das expiações e das purificações sucessivas, ela explica todas as desigualdades sociais, todas as injustiças abomináveis do destino. Mas a qualidade de uma crença não lhe atesta a verdade. Ainda que ela seja a religião de seiscentos milhões de homens, a mais próxima das origens misteriosas, a única que não é odiosa, a menos absurda de todas, é preciso não fazer o que fizeram as outras, mas trazer-nos testemunhos irrecusáveis, pois o que

A reencarnação

ela nos deu até agora não é mais do que a primeira sombra de um começo de prova.[211]

As provas que Maeterlinck pede, creio tê-las trazido.

O que possuímos agora é uma demonstração positiva, e ela nos permite compreender não só a sobrevivência do princípio pensante senão também a sua imortalidade, pois que, durante milhões de anos, havemos evolucionado nesta Terra, que deixaremos, quando nela mais nada houver que aprender.

---
[211] MAETERLINCK, Maurice. *Our Eternity*, 1913, p. 169-170.

O EVANGELHO NO LAR

Quando o ensinamento do Mestre vibra entre quatro paredes de um templo doméstico, os pequeninos sacrifícios tecem a felicidade comum.[1]

Quando entendemos a importância do estudo do Evangelho de Jesus, como diretriz ao aprimoramento moral, compreendemos que o primeiro local para esse estudo e vivência de seus ensinos é o próprio lar.

É no reduto doméstico, assim como fazia Jesus, no lar que o acolhia, a casa de Pedro, que as primeiras lições do Evangelho devem ser lidas, sentidas e vivenciadas.

O espírita compreende que sua missão no mundo principia no reduto doméstico, em sua casa, por meio do estudo do Evangelho de Jesus no Lar.

Então, como fazer?

Converse com todos que residem com você sobre a importância desse estudo, para que, em família, possam compreender melhor os ensinamentos cristãos, a partir de um momento de união fraterna, que se desenvolverá de maneira harmônica e respeitosa. Explique que as reflexões conjuntas acerca do Evangelho permitirão manter o ambiente da casa espiritualmente saneado, por meio de sentimentos e pensamentos elevados, favorecendo a presença e a influência de Mensageiros do Bem; explique, também, que esse momento facilitará, em sua residência, a recepção do amparo espiritual, já que auxilia na manutenção de elevado padrão vibratório no ambiente e em cada um que ali vive.

Convide sua família, quem mora com você, para participar. Se mora sozinho, defina para você esse momento precioso de estudo e reflexões. Lembre-se de que, espiritualmente, sempre estamos acompanhados.

Escolha, na semana, um dia e horário em que todos possam estar presentes.

O tempo médio para a realização do Evangelho no Lar costuma ser de trinta minutos.

---

[1] XAVIER, Francisco Cândido. *Luz no lar.* Por Espíritos diversos. 12. ed., 7. imp. Brasília: FEB, 2018. Cap. 1.

As crianças são bem-vindas e, se houver visitantes em casa, eles também podem ser convidados a participar. Se não forem espíritas, apenas explique a eles a finalidade e importância daquele momento.

O seguinte roteiro pode ser utilizado como sugestão:

1. Preparação: Leitura de mensagem breve, sem comentários;
2. Início: Prece simples e espontânea;
3. Leitura: *O evangelho segundo o espiritismo* (um ou dois itens, por estudo, desde o prefácio);
4. Comentários: breves, com a participação dos presentes, evidenciando o ensino moral aplicado às situações do dia a dia;
5. Vibrações: pela fraternidade, paz e pelo equilíbrio entre os povos; pelos governantes; pela vivência do Evangelho de Jesus em todos os lares; pelo próprio lar...
6. Pedidos: por amigos, parentes, pessoas que estão necessitando de ajuda...
7. Encerramento: prece simples, sincera, agradecendo a Deus, a Jesus, aos amigos espirituais.

As seguintes obras podem ser utilizadas nesse momento tão especial:

- *O evangelho segundo o espiritismo*, como obra básica;
- *Caminho, verdade e vida; Pão nosso; Vinha de luz; Fonte viva; Agenda cristã.*

Esse momento no lar não se trata de reunião mediúnica e, portanto, qualquer ideia advinda pela via da intuição deve permanecer como comentário geral, a ser dito de maneira simples, no momento oportuno.

No estudo do Evangelho de Jesus no Lar, a fé e a perseverança são diretrizes ao aprimoramento moral de todos os envolvidos.

FEB editora
Livro espírita para um novo mundo
www.febeditora.com.br
@febeditoraoficial
@febeditora

Conselho Editorial:
Carlos Roberto Campetti
Cirne Ferreira de Araújo
Evandro Noleto Bezerra
Geraldo Campetti Sobrinho – Coord. Editorial
Jorge Godinho Barreto Nery – Presidente
Maria de Lourdes Pereira de Oliveira
Miriam Lúcia Herrera Masotti Dusi

Produção Editorial:
Elizabete de Jesus Moreira

Revisão:
Davi Miranda

Capa, Projeto gráfico e Diagramação:
Rones José Silvano de Lima – instagram.com/bookebooks_designer

Normalização Técnica:
Biblioteca de Obras Raras e Documentos Patrimoniais do Livro

Esta edição foi impressa no sistema de Impressão pequenas tiragens, em formato fechado de 155x230 mm e com mancha de 122x185 mm. Os papéis utilizados foram o Off white 80 g/m² para o miolo e o Cartão 250 g/m² para a capa. O texto principal foi composto em fonte Adobe Garamond Pro 13/16 e os títulos em Minion Pro Cond 22/24. Impresso no Brasil. *Presita en Brazilo.*